SEXUS
POLITICUS

CHRISTOPHE
Dubois
CHRISTOPHE
Deloire

SEXUS
POLITICUS

DOCUMENT

« Mieux vaudrait apprendre à faire l'amour correctement que de s'abrutir sur un livre d'histoire. »

Boris Vian

Sommaire

SEPTIÈME PARTIE
Derniers obstacles avant le sommet

HUITIÈME PARTIE
Révolutions de palais

Préface

« Vous n'y arriverez pas », « il y aura trop de pressions », « ce que vous faites est impossible en France », combien de fois nous a-t-on rebattu les oreilles avec ces conseils, ces mises en gardes, ces amicales pressions ? D'autres clamaient haut et fort dans le Tout-Paris que le livre ne verrait jamais le jour, que le manuscrit finirait un beau matin au cimetière des projets avortés. Enfin il y avait ces journalistes, spécialistes de la chose politique, enclins par habitude à afficher leur scepticisme : « tout ça ne nous intéresse pas ».

Ils allaient déchanter. De notre côté, nous avions confiance. Nous savions que des dizaines d'hommes et femmes politiques, non seulement ne nous avaient pas raccroché au nez quand nous les avions appelés, mais en outre nous avaient reçus et par-dessus le marché donné le meilleur accueil.

La première édition de *Sexus politicus* parut en septembre 2006. Provoqua-t-elle le bruit d'une bombe dans un couloir ? Non, la publication suscita au contraire un concert de musique de chambre. *Le Monde* releva la sobriété du propos : « Ce livre a le mérite de traiter calmement, sans sensationnalisme, un sujet propre à nourrir les fantasmes. » *Le Figaro Magazine* : « documenté et judicieusement mis en scène, *Sexus politicus* n'est l'œuvre ni de détectives de bas étage ni de procureurs Starr en herbe ».

Dans *Le Point*, un historien aussi à cheval sur les principes que René Rémond, ancien président de la

Fondation nationale des sciences politiques, se demandait si l'on a raison de parler de tout ça, mais ajoutait : « *ces deux journalistes, je tiens à le dire, ont mené une enquête considérable* ».

De manière générale, comme on dit, *Sexus politicus* bénéficia d'une « très bonne presse ». Bien entendu, la critique eut son lot d'hypocrisie. La plupart des présentateurs de radio et de télévision s'obligeaient à présenter l'ouvrage comme « sulfureux » face à la caméra alors qu'en privé ils juraient qu'il n'en était rien. Certains organes de presse évoquaient l'ouvrage sans oser rapporter sa teneur réelle, comme s'il fallait épargner certaines vérités au bon peuple.

Mais le plus surprenant, invisible de France, fut la réaction des médias étrangers. Pas un jour sans que les plus grands journaux du monde évoquent le phénomène *Sexus politicus* en France. Un jour, c'était le quotidien américain de référence, le *New York Times*, qui consacrait toute sa page 4, relevant que le sujet ne choquait pas grand monde en France et que même les personnages évoqués dans le livre, « *plutôt que de protester* » étaient « *restés calmes* ». Un autre, le grand hebdomadaire brésilien *Veja* accordait cinq pages à un article sur le livre. Sur tous les continents, au Japon, en Australie, en Inde, en Russie, au Canada, en Colombie... *Sexus politicus* suscitait des reportages et des commentaires. En Europe aussi, le livre suscita l'intérêt des plus grands journaux : en Italie *La Stampa*, en Espagne *El País*, en Angleterre le *Sunday Times*, aux Pays-Bas *De Telegraaf*.

De la Pologne au Portugal, d'Israël au Mexique, les médias s'interrogeaient sur ce pays si particulier, la France, où la séduction n'est pas un vilain mot, où un goût pour les femmes ne constitue pas un talon d'Achille. À force d'accorder des interviews à des télévisions asiatiques aussi bien qu'à des radios amazoniennes, et de poser à notre tour des questions aux journalistes, nous devinâmes la raison de la fascination de la planète pour cette exception française.

La raison, c'est que la France, aux yeux du monde, est un pays exceptionnel dont le président peut avoir deux femmes, comme dans une République polygame, et où cela ne choque personne. La photo des obsèques de Mitterrand à Jarnac, avec les deux familles réunies dans une même douleur, a ému le monde entier. La France est un pays extraordinaire où ce n'est pas un crime d'être libertin. La France enfin est pour les hommes politiques un paradis sur terre où l'on ne démissionne pas pour la simple raison qu'on a une petite amie.

Le lecteur s'en apercevra, c'est parfois un peu plus compliqué. Car la politique est une guerre de tous contre tous dans laquelle tous les moyens sont souvent bons. En attendant d'en venir à ces révélations, il ne reste qu'à laisser les derniers mots aux intéressés.

Le 25 octobre 2006, l'ancien président de la République Valéry Giscard d'Estaing est interrogé sur *Sexus politicus* par l'animatrice de télévision Mireille Dumas. Après une courte intervention de l'un des auteurs sur le caractère aphrodisiaque du pouvoir, Giscard part dans un éclat de rire, se rengorge et lâche : « Il n'y a rien à ajouter ! » Puis : « C'est excellent son papier, j'espère que son livre ne fera pas concurrence au mien.[1] » De ce point de vue, il sera déçu. L'animatrice lui demande, à propos du pouvoir : « Au niveau de la séduction, est-ce que ça rend plus irrésistible ? » L'ex-chef de l'État rétorque : « Ah oui. Il y a une chose très mystérieuse pour moi, c'est l'attrait des femmes pour le pouvoir. » Puis dans une envolée : « J'aime les Françaises. Les Françaises sont très remarquables, elles sont libres, assez jolies sans en faire trop, elles ne sont pas exhibitionnistes. Donc j'étais amoureux d'elles. »

Alors en fonction à l'Élysée, le successeur de Giscard, Jacques Chirac réagit aussi à *Sexus politicus*. Il répond

---

1. Vie privée vie publique, 25 octobre 2006.

en fait à la question suivante du journaliste Pierre Péan, qui prépare son livre *L'inconnu de l'Élysée*[1] :

— Hier soir, j'ai lu le premier chapitre de *Sexus politicus*, qui raconte une relation passionnelle que vous auriez eue avec une journaliste, alors que vous étiez pour la première fois à Matignon...

Le chef de l'État feint de découvrir cette histoire. Il demande :

— Entre 1974 et 1976 ?

Péan est obligé d'évoquer des détails. Chirac finit par dire :

— Je ne le conteste pas.

Après un silence, le chef de l'État réfute encore moins que « cela ait existé », mais tient à préciser qu'en aucune manière il n'a songé à quitter sa femme à ce moment-là.

Quelques semaines plus tard, Péan converse avec l'épouse du président et fait allusion à *Sexus politicus*. D'elle-même, Bernadette Chirac cite le titre. Le journaliste écrit : « Elle sourit et me fait comprendre qu'elle est parfaitement au courant de cette histoire ; en même temps, elle me dit croire le président quand il déclare n'avoir jamais voulu la quitter. »

Et l'actuel président, Nicolas Sarkozy, comment a-t-il accueilli la publication du livre ? L'honnêteté oblige à dire : mal. Très mal. Car *Sexus politicus* révèle ses jeux avec la vérité quand il s'agit de présenter ou d'occulter sa vie privée. Un jour, dans un avion, alors qu'il était encore un ministre de l'Intérieur en campagne, il prononça cette phrase peu amène à l'égard des auteurs : « si je n'étais pas ministre, et si je les croisais dans la rue, je leur casserais la gueule ». Heureusement que l'époque des convocations en duel est révolue...

Christophe Deloire
et Christophe Dubois

---

1. Pierre Péan, *L'inconnu de l'Élysée*, Fayard, 2007.

Avant-propos

La politique, tâche astreignante et noble, ne se réduit pas à des réunions d'alcôve. C'est avant tout la défense des idéaux et des intérêts de classe, la réflexion sur la cité, le travail militant guidé par des conceptions de justice ou d'efficacité. Mais chez nous, l'Homo politicus est souvent porté sur la chair. Il a le goût de la sensualité. Il aime conquérir les femmes. Sexus politicus ? Pour nous, ce Don Juan a dévoilé son vrai visage. Son moteur est le désir, son but le plaisir. Énarque besogneux qui a longtemps mis ses pulsions en berne, ancien militant de base ayant passé ses nuits à coller des affiches au lieu de rester au chaud dans son lit, Sexus politicus cherche la récompense. Après tant d'efforts et d'abnégation, le pouvoir lui offre enfin la faveur de plaire aux dames. Le pouvoir, cet « aphrodisiaque absolu » selon le mot de Kissinger, qui rend beaux même les plus laids.

Ce livre rose de la politique n'est ni une étude de société ni un essai philosophique. Il décrit par le menu les charmes discrets de la vie électorale et ses périls. Le livre établit que l'appétit de séduction, au cœur de la conquête du pouvoir, met parfois en danger ceux qui en rêvent. Tant d'épisodes inédits, révélés ici, prouvent que l'histoire de la Ve République est pleine de coups tordus, de traquenards, de manipulations sur fond de frivolité. Car les adversaires visent les talons d'Achille. Les guetteurs d'officine regardent par les trous de serrure. Jusqu'à récemment, la police tenait la chronique

15

des alcôves. Elle continue, de manière plus relâchée désormais, car les sujets de scandale se raréfient. Les services secrets surveillent les Mata Hari contemporaines liées à des puissances étrangères. Si des hommes politiques de premier rang tombent dans le piège, ils sont rappelés à l'ordre. Ce livre ouvre pour la première fois certaines portes, visite les cinquièmes bureaux du sexe, essuie la poussière des archives.

La vie privée de l'Homo politicus ne nous concerne pas. Mais quand on les interroge sur la relation entre politique et sexe, les intéressés eux-mêmes ne sont pas choqués. Ils savent que, depuis des lustres, les collections de maîtresses ont été des attributs du pouvoir comme les favorites royales l'étaient à Versailles sous l'Ancien Régime. Personne ne trouve que le duc de Saint-Simon était hors sujet quand, dans ses *Mémoires*, il évoquait les mœurs de la Cour de son temps, le siècle des Lumières, ce XVIIIe qui nous obsède toujours. Ce pair de France n'hésitait pas, selon sa propre expression, à passer « derrière la tapisserie » et à écrire que Louis XIV avait été « dans sa jeunesse plus fait pour les amours qu'aucun de ses sujets ». Il dessinait le portrait des courtisanes et des maîtresses. Serait-on à côté de la plaque quand on s'intéresse au même sujet sous les règnes des monarques républicains, Giscard, Mitterrand ou Chirac, qui, comme leurs prédécesseurs couronnés, furent sensibles aux charmes des femmes de leur temps ?

Le duc de Saint-Simon a fait des émules. En 1902, un ponte de la Bibliothèque nationale, Georges de Dubor, publia un livre entier sur les favorites royales. Il répertoriait les cinquante-quatre conquêtes à l'actif d'Henri IV, le Vert-Galant : « Nous ne parlons, bien entendu, que des conquêtes sérieuses, bien établies, laissant de côté les causettes d'une heure que le roi batailleur eut en ses nombreuses pérégrinations[1]. » Il

---

1. Georges de Dubor, *Les Favorites royales*, Librairie Borel, 1902.

ne faut pas voir là que des anecdotes sans intérêt. En 1515, Nicolas Machiavel révèle dans *Le Prince* que la vertu politique, la *virtù*, est liée à la virilité. La politique, Mars contre Vénus. « La puissance génitale a toujours symbolisé la puissance tout court[1]. » Sous l'Ancien Régime, la personne masculine du roi incarnait l'État. Après la Révolution, les allégories de la République seront féminines, maternelles ou séductrices. Marianne empruntera son buste à des sex-symbols comme Catherine Deneuve ou Laetitia Casta. À charge pour les hommes de les prendre d'assaut, de soumettre les femmes, de les mettre dans leur lit pour les écarter du pouvoir. Dans son *Histoire de la sexualité*, Michel Foucault établit l'« isomorphisme », la corrélation « entre relation sexuelle et rapport social[2] ». Il serait interdit, aujourd'hui, d'aborder ces questions cruciales ? Il n'est pas interdit de penser, d'ailleurs, que Sexus politicus est en voie d'extinction. Que pour la première fois la France n'exclue pas de porter à sa tête une femme n'a rien d'anodin, ni pour les femmes en général, ni pour les hommes politiques.

Il n'est pas question ici de jugement moral. S'ils scrutent les conceptions du pouvoir, les auteurs ne considèrent pas que les sensuels oublient l'intérêt général sous les draps. On peut songer à la chose publique et à la chose tout court. Nulle contradiction là-dedans. Nulle réprobation, nulle tartufferie. La République des copines et des coquines nous amuse. Le goût de la gaudriole est plutôt le signe d'un esprit libre et d'une bonne santé. Cette liberté, les hommes et les femmes politiques français nous l'ont témoignée, en nous recevant bien plus facilement que nous ne l'imaginions au début de notre enquête. Pour la première fois, d'anciens Premiers ministres, des ministres passés ou en fonction, des conseillers et des hauts fonctionnaires ont accordé

1. Eugène Enriquez, *De la horde à l'État. Essai de psychanalyse du lien social*, Gallimard, 1983.
2. Michel Foucault, *Histoire de la sexualité*, Gallimard, 1986.

de leur temps pour évoquer un sujet a priori délicat. Sans doute les quelque deux cents personnes avec qui nous avons eu rendez-vous avaient-elles compris notre état d'esprit. Elles savent aussi combien le sujet est crucial. Les histoires de cœur et de mœurs sont des munitions. À droite et à gauche, voilà des hommes et des femmes prêts à l'affrontement général, disposés, le cas échéant, à viser en dessous de la ceinture de leurs adversaires.

PREMIÈRE PARTIE

Sous l'œil des médias

Où l'on entre dans les secrets des salles de rédaction. Où l'on découvre que, dans notre pays, les frivolités des hommes politiques n'offusquent pas les journalistes, d'autant qu'il arrive à certaines de séduire... et de succomber.

1

La liaison dangereuse de Chirac

Dans un coin de son appartement parisien avec vue imprenable sur le jardin du Luxembourg, elle ne suit l'actualité du couple Sarkozy qu'avec indifférence. Et pourtant, elle a failli faire basculer la carrière d'un futur président qui, pour elle, était sur le point de divorcer. C'était il y a trente ans. Cette femme charmante au regard noisette a gardé quelques poèmes signés de la main de « Jacques ». Sur une étagère, elle conserve aussi le livre *Belle du seigneur*, offert par « François ». Dans le chef-d'œuvre d'Albert Cohen se mêlent la grandeur et le cynisme de l'amour. Dans les années soixante-dix, Chirac l'a aimée, Mitterrand l'a consolée. Le premier l'a séduite en alexandrins. Avec sa plume, le second l'a réconfortée. Assise dans son vaste salon, elle n'a ni remords ni regrets. Cette retraitée active, qui a huit ans de moins que l'ancien président de la République, se veut philosophe : « On guérit plus facilement des chagrins d'amour que des amitiés qui se rompent. » Entre-temps, elle a soigné ses blessures et réussi sa carrière. L'extraction rurale de cette fille grandie en province lui a permis de garder les pieds sur terre.

En 1974, sa petite histoire a rencontré la grande. En mai de cette année-là, les gaullistes doivent céder l'Élysée à un homme qu'ils n'aiment guère. Le président issu des urnes, Valéry Giscard d'Estaing, nomme Jacques Chirac à Matignon. À quarante et un ans, le nouveau Premier ministre, énarque élu de Corrèze, déborde d'ambition. Depuis ses débuts au *Figaro*, elle n'a encore jamais croisé son chemin. Cette journaliste piquante a plutôt fréquenté les cercles de gauche. Dans les années soixante, elle avait même épousé un proche de François Mitterrand, qui deviendra un ministre important en 1981. Mais leur relation a fait long feu. Un conseiller de Matignon, Xavier Marchetti, lui suggère de rédiger un portrait de Chirac. La rédaction, pas très rebelle, accepte. La journaliste ne dépend pas de la rubrique politique, toutefois sa plume est alerte. Elle n'est pas de droite, le propos n'en sera que plus crédible. Marchetti l'ignore, mais il joue les entremetteurs.

Pour les besoins de son enquête, la jeune femme accompagne Chirac en voyage officiel en Roumanie. Là, derrière le rideau de fer, l'étoile montante de la Vᵉ République craque pour son sourire espiègle. C'est le début d'une histoire d'amour, l'une des plus passionnelles qu'un Premier ministre en fonction ait jamais vécues. Cadeaux, rendez-vous secrets, missives enflammées. Pour les beaux yeux de sa dulcinée, Chirac trouve un appartement dans l'une des avenues les plus prisées du VIIᵉ arrondissement de Paris. Entre le nid d'amour et Matignon, il fait installer une ligne directe. Sur un nuage, le Premier ministre est plein d'attentions. À son amante, il offre des draps Porthaud, une marque chic et chère, luxueusement installée à deux pas de leur refuge, avenue Montaigne. Il en a eu l'idée d'une manière curieuse. Des années plus tôt, lorsqu'il était ministre des Finances, Giscard offrait la même lingerie haut de gamme à Mireille Darc. Chirac, à l'époque, l'avait su. La ligne de téléphone de l'actrice était sur écoute, car elle hébergeait un truand corse.

Les deux amants ne gardent pas longtemps leur secret. Lors d'un voyage officiel à Delhi en janvier 1976, ils interprètent à leur manière *Les Indes galantes*. Les journalistes à bord de l'avion de la République notent les fréquents allers-retours de leur consœur entre l'arrière de l'appareil, où sont situés les sièges dévolus aux médias, et l'avant, où le Premier ministre dispose d'un espace privé.

Point besoin d'une grande sagacité pour observer le petit manège. Et pourtant, Bernadette accompagne son époux ! Sur place, le Premier ministre rencontre son homologue Indira Gandhi. Avec Bernadette, il visite le Taj Mahal et l'ancienne cité impériale de Fatehpur Sikri. Dans son article, l'envoyée spéciale du *Figaro* évoque le faste, « les colliers de roses, les sourires et les paroles de bienvenue plus que chaleureuses ». Chirac pense à elle. De retour à Paris, les amoureux se voient souvent, en dépit de l'emploi du temps dément de Matignon. Le chef du gouvernement estime avoir enfin trouvé l'âme sœur. Déjà quinze ans qu'il profite des ors de la République. Maintenant il s'imagine une autre vie. Un jour, il annonce à sa dulcinée son intention de divorcer de Bernadette. La journaliste devine à ce moment-là que l'histoire d'amour va virer au cauchemar. Dans les années soixante-dix, se présenter à l'élection présidentielle sans épouse à ses côtés est impensable. « Divorcer serait un suicide », analysent les conseillers de Chirac. Depuis trop longtemps, Marie-France Garaud et Pierre Juillet trouvent leur « poulain » insaisissable, distant et distrait. Une passade n'est jamais dangereuse, mais les plans sur la comète, cela les inquiète autrement.

L'entourage de Chirac entreprend alors d'exercer des pressions terribles. La garde rapprochée ébauche un plan méthodique. Dévoué au pouvoir en place, le rédacteur en chef du *Figaro* la place sous étroite surveillance. Chirac insiste pour qu'elle suive ses déplacements. La hiérarchie du quotidien rechigne. La jeune femme est bientôt privée de reportages, d'enquêtes et surtout de voyages officiels. Au même moment, ses amis du Parti socialiste, qui apprécient peu cette liaison qui ne passe pas inaperçue, prennent leurs distances. Face aux menaces, la jeune femme se sent fragile. Deux grognards gaullistes, René Tomasini et Alexandre Sanguinetti, la mettent en garde : « Tu es menacée. On en veut à ta vie ! » La romance vire au roman noir. Marie-France Garaud l'invite à déjeuner. Son message en substance : « La passion n'est pas conciliable avec le pouvoir. » S'il veut briguer l'Élysée, le jeune espoir des gaullistes doit à tout prix éviter un scandale. L'égérie que Chirac ne laisse d'ailleurs pas indifférente est sans ambiguïté : « Je vous demande de quitter Chirac dans l'intérêt de la France ! » Et dans son intérêt à lui ?

Malgré ces avertissements, la journaliste rêve d'une vie à deux. Le Premier ministre aussi. Ils continuent à se voir. Un jour, elle rentre chez elle. Le ménage a été fait. Au sens propre. Toutes les lettres envoyées par Chirac ont disparu du coffre. Au cours de l'été 1976, après deux années fusionnelles, le Premier ministre l'appelle au téléphone. L'air effondré, il lui tient ce discours : « C'est fini. J'ai l'interdiction de te revoir. » Une phrase extraordinaire qui en dit long sur la réalité du pouvoir des entourages. Le 25 août 1976, le chef du gouvernement annonce à Giscard qu'il démissionne. Deux ruptures, deux abandons, deux renoncements. Pour une seule finalité : la course à l'Élysée. La femme délaissée est désespérée. Elle absorbe des médicaments, mais, malgré deux jours de coma, sa tentative échoue. Chirac envoie des *missi dominici* à son chevet à l'hôpital.

En septembre 1976, elle obtient de le revoir une dernière fois. L'entrevue se déroule dans le bureau de Marie-France Garaud, dans une annexe de Matignon, rue Vaneau. La gêneuse n'a pas le temps de s'apitoyer sur son sort que l'un des jeunes cadres du parti pousse la porte et interrompt les adieux. Dans les dîners en ville, la rumeur se propagera qu'un plombier a mis fin à cette scène tragique. Non, c'était Juppé. Quelques mois plus tard, Jacques Chirac crée le Rassemblement pour la République (RPR) qui le portera finalement jusqu'au sommet. Pour concrétiser ses ambitions, *Sexus politicus* est parfois obligé de renoncer à ses désirs. Pas question de faire comme le général Boulanger, ce « Roméo de garnison » qui renonça à prendre l'Élysée d'assaut sous la IIIᵉ République pour mieux se consacrer à sa maîtresse, sur la tombe de laquelle il finit par se suicider en septembre 1891 !

2

Villepin fait rire avec sa « maîtresse »

Le 1er septembre 2005, Dominique de Villepin effectue sa rentrée sous forme d'une conférence de presse. Devant un parterre de journalistes, le Premier ministre annonce une réduction de l'impôt sur le revenu pour 2007. L'heure d'un premier bilan, alors que, en référence à Napoléon, se profile le cap des cent jours passés à Matignon. Au micro, Villepin évoque le souvenir de son institutrice qui, lorsqu'il avait dix ans, inscrivait sur sa copie : « Se donne beaucoup de mal, mais peut mieux faire. » Villepin ne dit pas « mon institutrice », mais « ma maîtresse ». L'expression n'a rien d'un lapsus, les enfants et leurs parents parlent ainsi. Pourtant, une partie des journalistes s'esclaffe. Même un ministre important du gouvernement, à côté de Villepin, étouffe un rire. Quelle est donc la raison de cette étrange hilarité ? Le Tout-Paris politico-médiatique a en tête un incident survenu plusieurs mois auparavant au très sélect Racing Club du bois de Boulogne. Ce jour-là, Marie-Laure de Villepin, l'épouse de celui qui n'est pas encore Premier ministre, aurait eu une violente prise de bec avec une jeune et élégante pharmacienne du VIIIe arrondissement qui, à son goût, serait de trop près son mari. L'altercation, déplacée dans un club aussi distingué, n'est pas restée très discrète, et une journaliste de TF1, membre du Racing, en a beaucoup parlé dans sa rédaction. L'information a fait le tour de la capitale, non sans quelques amendements. Comme les virus, les rumeurs mutent, pour mieux survivre. Selon des proches du Premier ministre, toute cette histoire est le fruit de l'imagination de cette pharmacienne, qui aurait cherché à se donner une certaine importance en inventant ce geste dont elle aurait été la victime : « De toute façon, le règlement du Racing est très strict. Ce genre d'écart aurait signifié une exclusion immédiate. »

Autres cieux, mêmes allégations. En février 2006, un ancien patron du bureau de l'AFP à Bogota, Jacques Thomet, publie un livre sur Ingrid Betancourt, otage des Forces armées révolutionnaires de Colombie (Farc) depuis quatre ans[1]. L'auteur explique que cette Colombienne, qui a obtenu la nationalité française grâce à un premier mariage en 1984, a bénéficié d'un traitement de faveur de la France en raison des relations étroites qui se sont nouées entre plusieurs protagonistes de l'affaire. Cette interférence aurait fini par lui nuire et retarder sa libération. Le journaliste évoque la relation amoureuse entre l'ambassadeur de France en Colombie, Daniel Parfait, et Astrid, la sœur d'Ingrid. Mais aussi la très ancienne amitié qui lie les deux sœurs à Villepin. La rumeur courrait depuis longtemps, mais Thomet dévoile le premier les faits.

En résumé, Ingrid fut l'« admiratrice sans bornes » de l'actuel Premier ministre au début des années quatre-vingt, quand il était son professeur à Sciences-Po. Depuis, les liens n'ont jamais été rompus. En novembre 2002, lors d'un discours en Colombie, Villepin, ministre des Affaires étrangères, est encore très ému. Quand il parle d'Ingrid, il a « une larme au coin de chaque œil », et pourtant « Marie-Laure, son épouse [...], se trouve au premier rang, dans une robe bleue ». En jan-

---

1. Jacques Thomet, *Ingrid Betancourt, Histoire de cœur ou raison d'État ?*, Hugo doc, 2006.

vier 2004, lors de la présentation des vœux au personnel des Affaires étrangères, la femme du ministre assiste à une scène similaire : « Un témoin de la scène, qui s'était trompé de porte, a aperçu une Marie-Laure ébranlée par un nouvel hommage de Villepin à Ingrid. » On raconte même qu'un jour Villepin émit l'idée de se rendre seul dans la jungle négocier avec les dirigeants des Farc pour ramener Ingrid Betancourt ! L'actuel chef du gouvernement n'a pas mis son projet à exécution. Mais c'est lui qui, en juillet 2003, a envoyé au Brésil un avion Hercule C-130 rempli d'agents secrets de la DGSE pour tenter de l'extraire de ses geôles. Ce fut un échec et, qui plus est, la cause d'un incident diplomatique. Mais le cœur a ses raisons que la raison ne connaît pas.

On ne prête qu'aux riches ? En tout cas, avec son port altier, son visage en lame de couteau, sa chevelure digne de Chateaubriand, Villepin plaît aux femmes et ne l'ignore pas. Le 3 septembre 2005, à La Baule où se déroulent les universités d'été de l'UMP, le Premier ministre organise une mise en scène digne de la version masculine d'Ursula Andress dans *James Bond 007 contre Dr No*, comme le relève alors le chroniqueur politique Alain Duhamel. Villepin fait un tour sur la plage, se déshabille, et plonge une tête dans l'eau froide de l'océan Atlantique. Une envie subite à laquelle il aurait cédé sans réfléchir ? Un indice : les gardes du corps avaient prévu leurs maillots de bain, et l'un d'entre eux a eu droit à la baignade, à distance suffisante du Premier ministre pour ne pas figurer sur les photos publiées dans la presse. Quand l'Apollon de Matignon remonte sur la plage d'un pas décidé, les appareils crépitent. Sur son torse sans graisse, les reflets font comme une myriade de paillettes. Pris au dépourvu, les proches de Sarkozy, qui a renoncé à son jogging en raison d'un état grippal, ironisent sur le côté « Aldo Maccione » du chef du gouvernement. Maigre consolation : le rival de Matignon a bien joué le coup.

Un jour, dans un dîner, un présentateur de télévision lance à Villepin : « Cher Dominique, ma fiancée a une théorie vous concernant. Elle pense qu'un tiers environ de l'électorat féminin ne vote pas en fonction de critères politiques, mais « à la gueule du client ». Et elle affirme qu'avec votre physique vous feriez un tabac si vous vous présentiez à l'élection présidentielle[1]. » Villepin répond sans sourire : « C'est très intéressant. » D'autant plus intéressant que même l'acteur et sex-symbol Alain Delon trouve l'ancien ministre des Affaires étrangères « beau comme un Dieu[2] ». Le président du groupe communiste à l'Assemblée nationale, Alain Boquet, commet un jour un lapsus, lors des questions au gouvernement. Il commence sa question en s'adressant à « Monsieur le Premier minet »...

Si Villepin n'est pas indifférent à son pouvoir de séduction – loin de là ! –, son entourage ne méprise pas non plus les choses de la chair. Ainsi Bruno Le Maire, l'homme de l'ombre de Villepin, sa boîte à idées et son nègre. Normalien et énarque, le conseiller n'a pas l'apparence d'un chaud lapin. Mais la pruderie n'est pas son genre. La preuve ? Un livre, *Le Ministre*[3], dans lequel il raconte les coulisses de la confrontation entre la France et les États-Unis avant que ne débute la guerre en Irak. Villepin était alors aux Affaires étrangères. Dans un récit de bonne facture, l'énarque évoque les négociations diplomatiques, mais aussi un week-end à Venise avec son épouse Pauline, en janvier 2003. Elle lit *Le Paradis* d'Hervé Guibert. Lui, *La Mort à Venise* de Thomas Mann. Est-ce la sensualité des deux ouvrages qui fait tourner la tête au plus proche conseiller de Villepin ? En tout cas, à la page 107, il évoque son réveil comme le ferait un invité d'une émission de Mireille Dumas : « Je me laissais envahir par la chaleur du bain, la lumière de la lagune qui venait flotter sur les glaces de la porte, le savon de thé vert, et la main de Pauline

1. Yves Derai et Aymeric Mantoux, *L'homme qui s'aimait trop*, L'Archipel, 2005.
2. *Paris Match*, 15 septembre 2005.
3. Bruno Le Maire, *Le Ministre*, Grasset, 2005.

qui me caressait doucement le sexe. » Le repos du guerrier ministériel…

Villepin ou le romantisme au pouvoir, commentent très vite les gazettes. Villepin ou un poète aux affaires, selon d'autres. Auteur des *Voleurs de feu*, de *La Mouette et le Requin* et autre *Cri de la gargouille*, le Premier ministre affectionne Saint-John Perse, cet ancien diplomate qui, dans *Amers*, écrivait : « Maître du lit, ô mon amour, comme le Maître du navire. Douce la barre à la pression du Maître, douce la vague en sa puissance. Et c'est une autre, en moi, qui geins avec le gréement… » Villepin le politique use d'expressions parfois plus imagées que celles du poète. Après la victoire contre Balladur en 1995, il s'était exclamé en privé : « Ceux-là, on les a baisés avec du gravier[1] ! » Il est capable de dire : « Un homme politique français, c'est quelqu'un qui a une femme en province et une maîtresse à Paris[2]. » Parisiens exclus, sans doute. Villepin prononce le mot « couilles » à peu près aussi souvent qu'un Jean-Marie Bigard. Ainsi, à l'occasion de la crise autour du contrat première embauche – le désormais fameux CPE – en mars 2006, il a asséné plusieurs fois à des interlocuteurs : « Nous sommes en 14-18, il faut reprendre l'offensive, sortir de la tranchée. On va montrer qu'on a des couilles ! » À quoi Nicolas Sarkozy aurait répliqué : « Vous savez, dans ce pays, on ne coupe pas les couilles, mais les têtes[3] ! » Au Premier ministre, on prête même cette délicate métaphore : « La France a envie qu'on la prenne, ça la démange dans le bassin[4]. »
Ce n'est pas seulement en poète que Villepin s'intéresse au tréfonds de l'âme humaine, c'est aussi en dis-

1. *Le Monde*, 1er juin 2005.
2. *Le Nouvel Observateur*, 9 juin 2005.
3. *Le Point*, 23 mars 2006.
4. Franz-Olivier Giesbert, *La Tragédie du président*, Flammarion, 2006.

ciple de Fouché, dans une version plus moderne ainsi que l'a montré l'affaire Clearstream. Le terrible ministre de la Police de Napoléon et de tant de régimes, dont le pouvoir reposait sur les fichiers et les manipulations, était un bon mari, et fidèle par-dessus le marché. Mais, comme disait Talleyrand, c'était « un homme qui se mêle de ce qui le regarde et ensuite de ce qui ne le regarde pas ». Dans son livre *Les Cent-Jours*[1], Villepin observe que Fouché « a la maîtrise de l'information et l'instinct de la haute et de la basse police ». Le Premier ministre s'en inspire-t-il ? Comme lui, il est avide de connaître les faiblesses, les turpitudes et les amours de ses amis comme de ses ennemis. Il n'a jamais dédaigné les notes des services secrets en dessous de la ceinture. Ministre de l'Intérieur, il s'était plaint un jour auprès d'un haut responsable de la place Beauvau : « J'étais mieux renseigné à l'Élysée ! » Il ne parlait pas du terrorisme... En 2005, lorsque Cécilia Sarkozy quitte le domicile conjugal, la réputation de Villepin attire sur lui les suspicions. En ville, on murmure que l'un de ses affidés a téléphoné à Cécilia pour l'avertir que son mari prenait des libertés avec la fidélité. C'est ce qui l'aurait décidée à laisser son époux en plan à une semaine du référendum sur la Constitution européenne.

Alors, la rupture a-t-elle été provoquée ou pas ? Nicolas Sarkozy hurlera de manière allusive que ce qu'on lui a fait, on ne l'avait jamais fait à personne d'autre. Il est certain, par ailleurs, que Cécilia confiera à la journaliste Valérie Domain, auteur d'une biographie « interdite », qu'on lui avait donné « des noms, des dates, des lieux », comme il est écrit dans le manuscrit qui ne sera jamais publié. En bref, qu'on l'avait renseignée sur d'éventuelles entorses de son mari à la fidélité conjugale, précisions à l'appui[2]. Valérie Domain explique :

---

1. Dominique de Villepin, *Les Cent-Jours ou l'esprit de sacrifice*, Perrin, 2001.
2. Malgré des appels téléphoniques réitérés, Cécilia Sarkozy n'a pas donné suite aux demandes d'entretien des auteurs.

« C'est Cécilia elle-même qui me l'a raconté. Elle était très en colère. On lui avait présenté un dossier personnel sur son mari. Elle ne m'a jamais dit qui était venu la voir, mais c'était à l'évidence quelqu'un de proche de l'Élysée[1]. » Depuis longtemps, on cherchait à vérifier des rumeurs sur les amies prétendues du ministre. En décembre 2003 déjà, un haut responsable policier lié à l'Élysée se renseignait sans trop se cacher sur l'adresse parisienne d'une élue de Corse à qui certains prêtaient une proximité avec Sarkozy. Quand on cherche une adresse, c'est pour s'en servir, par exemple en prenant des photos... À l'époque, Villepin était encore ministre des Affaires étrangères, pas encore celui de l'Intérieur. Deux ans plus tard, dans ses vœux à la presse de janvier 2006, cet homme-là incitera les Français à « distiller des gouttes d'humour et de tendresse ». Provocation ou humour noir ?

---

1. Entretien avec les auteurs.

3

L'autre journaliste du *Figaro*

L'histoire bégaie souvent, mêlant politique et romantisme. En France, les plumes du *Figaro* attirent. La maxime affichée chaque jour à la une du quotidien, « Sans liberté de blâmer, il n'est point d'éloge flatteur », est de Beaumarchais. L'auteur du *Mariage de Figaro* inspire, semble-t-il, une forme de frivolité. Même si cela avait mal commencé. En mars 1914, l'épouse du ministre des Finances, Joseph Caillaux, avait en effet abattu à l'arme à feu le directeur du journal, Gaston Calmette. Celui-ci venait juste de publier une lettre que l'homme politique avait adressée à sa femme quand elle n'était encore que sa maîtresse. Depuis cette époque, les dirigeants du quotidien libéral ont retenu la leçon. Ils se gardent bien de trahir les secrets, d'autant que la presse – et *Le Figaro* apparemment ! – fascine toujours les hommes politiques. Certes, les pistolets ne sont plus de mode, mais le terrain reste à haut risque.

En mai 2005, dans un scénario digne de *La Femme du boulanger* de Pagnol, Cécilia quitte le domicile conjugal. À peine est-elle partie que, dans le plus grand secret, l'époux délaissé se retourne vers une jeune femme charmante, une journaliste, depuis longtemps pilier du service politique du *Figaro*. Avec lyrisme, tel un Roméo ministériel, l'homme qui n'a pas peur des mots déclare sa flamme. Le tribun prononce une déclaration d'amour comme on n'en fait plus. Vite, la jeune femme se laisse séduire par cette force qui va. Sarkozy est aux anges. Lui qui a juré qu'on ne le reprendrait plus à parler de sa vie privée ne parvient pas à tenir sa langue. Après avoir quelque peu perdu la face, il voudrait tant que les Français sachent qu'il ne pleure pas dans son coin.

C'est la journaliste, par égard pour ses propres enfants, qui dissuade Sarkozy de rendre publique leur relation. Elle s'oppose à l'entourage du président de l'UMP, favorable à ce que des photos du couple, prises en septembre 2005 dans le XVIᵉ arrondissement de Paris, soient publiées dans la presse. Celles-là ont été prises par des paparazzi. Mais la photographe attitrée du ministre, Élodie Grégoire, fait poser le nouveau couple devant un drapeau tricolore dans le bureau officiel. Sait-on jamais, ces clichés pourraient servir un jour ! Au fond, l'homme politique aimerait que les Français comprennent qu'il a refait sa vie avec une jeune et jolie femme. Certains des conseillers aussi, qui se disent que la publicité empêchera un retour de Cécilia, qu'ils ne portent pas dans leur cœur. Certes, lorsque *France-Soir*, puis l'AFP publient son nom, qui d'ailleurs circule sur Internet, « Nicolas » et elle attaquent les deux organes de presse pour atteinte à la vie privée. Là encore, c'est elle qui l'a voulu. Le jour d'octobre 2005 où ils vont chez Darty acheter de quoi équiper l'appartement qu'elle loue désormais, elle note combien Sarkozy fait tout pour se faire remarquer.

La journaliste sent bien que son amoureux trépigne, qu'il veut afficher leur histoire sur la place publique. De fait le ministre parle. Et pas seulement à ses proches. Le 6 octobre 2005, il revient d'un déplacement en Libye. Dans l'avion, il avale macaron sur macaron. Devant les journalistes, il évoque sans retenue sa nouvelle compagne. Il ne prononce pas son nom, il est vrai, mais chacun comprend. En instance de divorce, cette mère de famille a choisi, après avoir annoncé à son journal cette liaison un peu spéciale, de quitter le service politique pour se consacrer à une autre rubrique. Entre deux bouchées, Sarkozy confie à ses interlocuteurs : « J'aime une femme. Que dois-je faire ? Que dois-je dire ? Je suis amoureux. Et alors ? Moi, ça m'est égal. Mais c'est pour elle. » Il n'ignore pas qu'un candidat à la fonction suprême ne peut rester longtemps un célibataire, seul dans sa salle de bains le matin. C'est du moins ce qu'il croit, comme Giscard, comme Mitterrand, comme Chirac avant lui. Bientôt, Sarkozy autorise des journalistes à publier des allusions à sa nouvelle vie : *Le Figaro Magazine*, *Le Point* et *VSD* forgent l'image d'un ministre heureux : « Si j'ai une soirée de libre, je sais avec qui j'ai envie de la passer[1]. »

Pendant sept mois, la grand reporter du *Figaro* prend ses quartiers place Beauvau. Peu après le départ de Cécilia, elle s'installe dans l'appartement de fonction, sauf lorsqu'elle a la garde de ses enfants, qu'elle préfère ne pas amener au ministère. Elle impose un autre style. La journaliste refuse un rôle officiel au sein du cabinet. Déjà rodée aux milieux du pouvoir, elle observe cependant de plus près encore les méthodes des dirigeants. Elle assiste ainsi à des réunions de cabinet. Au début, le directeur de cabinet, Claude Guéant, dit au ministre, comme pour plaisanter : « Attention, c'est quand même une journaliste. » Elle regarde avec curiosité l'aventure de son compagnon vers la présidence. Mais elle garde la tête froide.

Le couple semble vivre une parfaite idylle. En romantique attentionné, Sarkozy emmène sa chère et tendre en escapade à Venise. Un déplacement qu'il valait mieux tenir secret au moment où la France était secouée par les violences urbaines ! Dans la foulée d'une visite officielle au Maroc, voilà le couple à la Mamounia, l'hôtel de luxe de Marrakech. Très empressé, Sarkozy présente la nouvelle élue à sa famille. Elle assiste à la fête donnée pour les quatre-

---

1. *Le Point*, 27 octobre 2005.

vingts ans de la mère du ministre. Elle fait la connaissance de ses deux frères et de sa sœur. Mais aussi de ses plus proches amis, Martin Bouygues et Arnaud Lagardère. De son côté, le président de l'UMP insiste pour être présenté au père de la journaliste, à laquelle il envoie des lettres enflammées rédigées sur papier à en-tête du ministère de l'Intérieur. Elle les met en sécurité. Elle sait pertinemment que, trente ans plus tôt, de semblables missives se sont envolées de l'appartement de l'autre journaliste du *Figaro*, la maîtresse de Chirac. L'ordinateur portable de l'amie de Sarkozy est d'ailleurs volé, le 31 octobre 2005, à son bureau. Elle trouve l'incident troublant. Serait-elle au centre du conflit entre Sarkozy et Villepin ? D'une guerre des nerfs, en tout cas, certainement. Car la rumeur court que la journaliste a eu une liaison avec le Premier ministre, dix ans plus tôt, quand il était secrétaire général de l'Élysée ! La rumeur est infondée, mais les milieux policiers la présentent comme vraie. Sarkozy lui-même pose un jour la question à sa dulcinée : « Alors, tu as été avec Villepin ? » Elle dément. Il a un sourire qui lui fait penser qu'il ne la croit pas. Il faut dire que de son côté, il réfute avoir eu une aventure avec une élue corse ou l'épouse de l'un de ses collaborateurs, Christian Estrosi. Là, c'est à elle de ne pas vraiment le croire.

Mais les heures de bonheur vont être fugitives, car Cécilia, comme Villepin, est en embuscade. De New York où elle habite à ce moment-là, cette dernière ne cesse d'envoyer des SMS ou de téléphoner pour renouer le dialogue avec Nicolas. À la mi-novembre 2005, l'épouse partie de son plein gré tente de revenir en force. Elle débarque un jour au ministère de l'Intérieur avec ses valises. L'affaire n'est pas du goût de la nouvelle amie de Sarkozy, ni de ce dernier d'ailleurs. Du Maroc, où il passe le week-end en duo, il ordonne qu'on renvoie les bagages de Cécilia. Le 25 décembre, le ministre et la journaliste s'envolent pour l'île Maurice. Agacée par les tentatives de retour de l'épouse, elle rassure Sarkozy, en référence à la tentative de suicide de la maîtresse de Chirac : « Tu sais, je ne ferai pas comme "elle". » Entre deux bains de soleil, le ministre offre une bague incrustée de diamants à sa nouvelle compagne. C'est une forme de promesse. Dans l'avion du retour, des passagers assistent à d'étonnantes scènes de complicité.

Lors du réveillon du 31 décembre, la journaliste est présente dans le cercle des intimes pour fêter les premières heures de l'an 2006. Le matin du 2 janvier, le ministre lui passe un coup de fil pour lui dire qu'il va chercher son fils qui arrive de New York. Elle lui demande si Cécilia revient aussi. Il lui répond que non, qu'elle ne doit pas s'inquiéter. En fait, au bas de la passerelle, le ministre tend les bras à son épouse, qui rentre avec lui place Beauvau. Surprise ! Rebondissement inattendu de l'affaire : dans l'après-midi, le patron de l'UMP s'enferme avec Cécilia. Il refuse de prendre quiconque au téléphone, y compris ses plus proches amis et conseillers. Il passe juste un coup de fil à la journaliste du *Figaro*, pour lui annoncer que c'est fini. « Je n'ai pas réussi à tourner la page », lui déclare-t-il en substance. Il lui écrit un petit mot, aussi. Et puis plus rien. Aussitôt, il change de téléphone portable. Les fils sont coupés.

Alors cette femme discrète n'a plus que son stylo pour coucher sur le papier ses souvenirs. Une chose l'amuse : Elle reçoit des petits mots de gens qu'elle connaît, à l'Élysée ou à Matignon. Certains renouent sans doute un contact qu'ils auraient estimé délicat quand elle vivait avec l'ennemi. D'autres sont plus intéressés. Ils aimeraient qu'un jour, par esprit de vengeance, elle raconte ce qu'elle a vu, entendu, et ce qui lui est arrivé. Dans l'entourage de Dominique de Villepin, on rêve de débriefer la jeune femme. Au ministère de l'Intérieur, on craint les confidences de celle qui a été le témoin de la face la plus vulnérable du candidat.

Dans le même temps, la machine à réécrire l'histoire se met en marche. Le magazine *Gala* consacre un arti-

cle aux retrouvailles – ce ne seront pas les dernières –
du ministre de l'Intérieur et de son épouse. Censée
démontrer la solitude de l'homme pendant cette
période, une photographie le montre assis dans un fauteuil à côté de la cheminée en train de consulter un dossier. Elle est légendée : « Nicolas Sarkozy photographié
à l'automne 2005. À l'époque dans son bureau du ministère, la photo de Cécilia trônait toujours en bonne
place. Il a tout fait pour la reconquérir. » C'est la version officielle de l'affaire, celle que Sarkozy veut propa-
ger. Le 10 janvier, lors de ses vœux au conseil général
des Hauts-de-Seine, il affirme au micro : « Que l'on soit
sur cette tribune ou dans cette salle, la vie est la même.
Les difficultés sont les mêmes. La vie est dure pour tout
le monde quand on est seul le soir dans sa chambre. »
Pour apitoyer dans les chaumières, le ministre réécrit
l'histoire. « Seul le soir dans sa chambre », voilà un
petit mensonge que la grand reporter du *Figaro* trouve
effronté, presque grossier. Quand la photo publiée pour
Gala a été prise, elle était juste à côté de Sarkozy, mais
hors champ.

Comble de l'inélégance, après la rupture avec cette
journaliste dans les premiers jours de 2006, un des proches de Sarkozy, Patrick Balkany, affirme au *Parisien*
que cette relation n'a été au fond qu'une passade, la
jeune femme un simple objet pour que le ministre
puisse se rassurer sur sa capacité de séduction. Faisant
allusion à Cécilia, cet ami confie sans vergogne : « Il a
eu une aventure, mais il fallait bien qu'il se prouve qu'il
était capable de vivre sans elle[1]. » Mensonge, là encore.
C'est peu dire que la journaliste le prend mal.

Et puis voilà qu'au bout de quelques jours Cécilia
repart à New York. Les journaux sont soudain moins
diserts. Sarkozy reconstituant sa petite famille
d'accord, mais cette petite famille en train de se déliter
à nouveau, ça non. Les lecteurs ne méritent pas de tout

---

1. *Le Parisien*, 13 janvier 2006.

savoir. Le ministre n'a pas perdu le numéro de téléphone de la journaliste du *Figaro* et il la rappelle. Renouer ? Elle est un peu réticente. Un jour, c'est Martin Bouygues, le patron de l'empire des travaux publics et des médias, qui lui passe un coup de fil, pour lui dire combien son ami Nicolas ne peut vivre sans elle. Finalement, elle accepte de passer l'éponge. Bientôt, Sarkozy annonce à son cabinet qu'il a définitivement refait sa vie. En fait, ils vont vivre quelques mois supplémentaires seulement. Au début du mois de mars, Cécilia revient à nouveau quelques jours. Puis dans une chorégraphie vaudevillesque, repart une troisième fois, son fils avec elle. Désormais, le petit Louis sera scolarisé à New York. Comme tous les pères séparés, Sarkozy souffrira de cette absence prolongée. Aucun de ses collaborateurs n'osera y faire allusion.

Le 9 mai 2006, le président de l'UMP prononce à Nîmes un discours important, qu'il considère comme un « rendez-vous » avant la présidentielle. La grand reporter du *Figaro* est au premier rang. Elle, qui comme tous les journalistes n'applaudit jamais les discours, a du mal à frapper dans ses mains. Elle ne parvient pas à entrer dans le rôle de la groupie et de l'égérie dont Sarkozy a tant besoin. Bientôt, c'est elle qui va s'éloigner. Comme disait Marx, dans l'histoire la tragédie se reproduit souvent sous la forme d'une farce. Tel le Phénix qui renaît sans cesse de ses cendres, Cécilia réintègre le domicile familial. Le 22 juin, c'est l'épouse légitime qui se retrouve au deuxième rang d'un meeting, à Agen. Une actualité chasse l'autre. Deux jours plus tard, voilà les Sarkozy réunis en week-end amoureux à Venise. La journaliste du *Figaro* doit se dire que l'eau coule vite sous le pont du Rialto.

4

Duo de charme

Tout a commencé à la fin des années soixante. Deux jeunes femmes faisaient leurs débuts à *L'Express*. Elles étaient belles comme le jour, ces deux-là qui n'avaient pas encore trente ans. Dans un univers machiste et collet monté, ces créatures apportaient la grâce. C'est le fondateur du magazine, Jean-Jacques Servan-Schreiber, qui avait eu l'idée d'affecter ces jolis minois au service politique. L'homme qui voulait réformer la France souhaitait user de cette arme fatale pour ramener potins et confidences. Il allait, sans le vouloir, fabriquer un petit milieu très homogène. Il est vrai que les bonnes manières autant que le regard de biche, mais aussi l'intelligence du « commando de charme » servaient la cause du journal. Catherine Nay était chargée de la droite, Michèle Cotta de la gauche et une troisième, Irène Allier, du centre. Contrairement à la légende qui a fait d'elle l'instigatrice du procédé, la dame patronnesse du journal, Françoise Giroud, féministe notoire, avait été tenue à l'écart de ces méthodes. « Elle était outrée », assure Michèle Cotta.

Plus de trente-cinq ans ont passé. Dans l'intervalle, les deux femmes se sont fait une place au soleil. Aujourd'hui présidente du conseil de surveillance d'AB Sat, Michèle Cotta a travaillé dans les principales rédactions parisiennes, du *Nouvel Observateur* au *Point*, de

France Inter à RTL, de France 2 à TF1, dont elle dirigea l'information. Catherine Nay, elle, est, sur Europe 1, l'une des plus grandes voix du journalisme politique. Après avoir consacré plusieurs livres à François Mitterrand, notamment *Le Noir et le Rouge* – le premier best-seller sur l'ancien président dès 1983 –, elle s'est intéressée à Jacques Chirac et à Édouard Balladur en 1995, et aujourd'hui à Nicolas Sarkozy dont elle publie une biographie. Plus de trente-cinq ans ont passé, mais, quand elles boivent un verre dans un café, les deux femmes se comportent comme deux copines qui se racontent leurs anciennes farces en gloussant.

Ce jour d'hiver 2005, les voilà réunies au Café Mode, à côté d'Europe 1. Les yeux pétillent toujours. Autour d'un thé, elles jubilent en évoquant cette belle époque. Sourire espiègle et humeur printanière, Michèle s'est assise sur la banquette à côté de Catherine, regard doux, gestes élégants et voix traînante.

Leur récit confine aux « Je me souviens » de Georges Perec. Je me souviens de ce jour de 1968. À l'Assemblée nationale, ce jour-là, Michèle Cotta arrive en tailleur-pantalon rouge, Catherine Nay en minijupe plissée bleu marine. Pour compléter le tableau, la seconde arbore des cuissardes blanches. Je me souviens des talons hauts de la première qui claquent sur le marbre des couloirs. Dans la salle des Quatre Colonnes, où se croisent députés et journalistes, la seconde croise et décroise ses longues jambes dans les fauteuils en velours. Les élus se frottent les yeux. Une journaliste moins gâtée par la nature les fusille du regard : « Allez vous rhabiller ! » Les huissiers eux-mêmes en perdent leur flegme et entreprennent de rabrouer les deux impétrantes. Le président de l'Assemblée, Jacques Chaban-Delmas, est obligé d'intervenir auprès des fonctionnaires sourcilleux : « Laissez-les tranquilles ! » Chaban, il est vrai, n'a jamais baissé les yeux devant une jolie femme. À la table du café, en 2005, elles prennent encore une mine candide : « Nous étions dans un journal à la mode. Nous venions habillées de la même manière que nous l'étions à la rédaction. »

De 1967 à 1975, les deux charmantes travaillent dans le même bureau. Armées de calepins et d'escarpins, elles ne reviennent pas bredouilles. « On ramenait des informations, souligne Catherine Nay. Envoyer des filles pas trop bêtes et pas trop laides, ça raccourcissait les distances[1]. » Michèle Cotta confirme : « Les élus préféraient nous parler plutôt qu'aux hommes[2]. » De l'art du rapprochement tactique. Mais les jambes n'allaient pas sans la tête : « Il fallait être au niveau, sinon cela pouvait se retourner contre nous. » Parties à l'assaut du monde politique, les *Express girls* donnaient des idées à leurs interlocuteurs. Elles en rigolent encore, en buvant le thé, de ces hommes politiques qui les invitaient à déjeuner durant l'année, et à dîner en été. « En juillet, ça n'arrêtait pas, car leurs femmes étaient parties en vacances », se remémore Michèle Cotta. Au fait, si... Il y avait bien quelques jours durant toute l'année où les hommes politiques proposaient des sorties au restaurant : un mercredi soir par mois. « On s'est rendu compte que c'était le jour de la réunion du Siècle », poursuit la journaliste. Un bon prétexte pour sortir, aller boire un verre, et plus si affinités. En fait, certains esprits s'échauffaient à midi aussi. Lors d'un déjeuner avec un élu de renom, l'une des élégantes du trio a eu la surprise de sentir une main indiscrète se glisser sous la table.

À la rédaction de *L'Express*, les chefs de service s'aperçoivent que certains élus appellent plus souvent qu'à leur tour. Pour préserver leurs « sources », les filles instaurent entre elles des codes. Michèle Cotta : « On avait un pseudonyme collectif. Lorsque l'une de nous recevait un appel personnel, on hurlait : "Leroy-Beaulieu !" » Un historien qui a donné son nom à un

---

1. Entretiens avec les auteurs le 6 septembre et 5 décembre 2005.
2. Entretiens avec les auteurs le 15 septembre et le 5 décembre 2005.

amphithéâtre de Sciences-Po. Une manière de brouiller les pistes. Mais la discrétion ne suffit pas. Yvan Levaï racontera à Christine Ockrent le petit manège que la directrice de *L'Express*, Françoise Giroud, avait remarqué devant l'hôtel de la rue de Ponthieu : « Les hommes y avaient leurs quartiers. Au bouclage, Françoise regardait sa montre et, vers cinq heures, disait : « Bon, la sieste est finie… » Plus tard, elle racontera avoir vu ainsi sortir de l'hôtel deux futurs présidents de la République[1]. » Parmi les contacts des journalistes, il y avait aussi des parlementaires vraiment coquins. Un jour, un responsable de droite, et pas des moindres, fait la cour à Michèle Cotta. Pour mieux l'émouvoir, il lui raconte son mariage ennuyeux. Dans le même temps, l'élu délivre une tout autre version à Catherine Nay. Il lui conte ses exploits dignes d'un jeune marié. Un jour, il lui dit même, à propos de son épouse : « Je la baise tous les jours. » Devant le regard interloqué de la jeune journaliste, craignant d'avoir joué petit bras, il rajoute avec conviction : « Non, deux fois par jour ! »

À l'époque, Nay et Cotta sont renseignées comme personne. Michèle Cotta : « On y a trouvé notre bonheur. On a su tellement de choses. » Et elles ont tellement vécu. « Tout ne se passait pas toujours comme Servan-Schreiber le voulait, explique Michèle Cotta. On ne séduisait pas exactement les hommes que nous étions chargées de suivre… » En 1967, aux assises de l'UNR à Lille, Catherine Nay rencontre le gaulliste Albin Chalandon, un homme qui a vingt-cinq ans de plus qu'elle, marié à une descendante du maréchal Murat. Ils tombent amoureux. Ils vont vite vivre ensemble, sans jamais passer devant le maire. Mais lui ne divorcera jamais. Il sera plusieurs fois ministre. À Michèle Cotta, il va arriver une curieuse aventure, imputable aux hasards de la vie. En 1988, elle anime avec Alain

---

1. Christine Ockrent, *Françoise Giroud, une ambition française*, Fayard, 2004.

Duhamel le face-à-face télévisé entre Jacques Chirac et François Mitterrand avant le second tour de la présidentielle. Durant le débat, les deux finalistes s'affrontent « les yeux dans les yeux » à propos de l'affaire Gordji. Il se trouve que Michèle Cotta connaît bien les deux hommes. Le cœur à gauche, elle a eu, selon ses propres termes, une « solide amitié » avec François Mitterrand. Elle a connu le futur président à la fin des années cinquante, avant de faire du journalisme politique. En ce temps-là, il allait la chercher à la sortie de Sciences-Po. « J'avais vingt ans, il en avait quarante et un. » Plus tard, elle lui a servi de « chauffeur » lors de ses escapades amoureuses. À la fin des années soixante-dix, Michèle Cotta s'est rapprochée de Chirac, pour lequel elle éprouve une grande « estime ». Les hommes politiques, ces journalistes-là les ont appréciés, aimés, admirés même, d'une manière intime et distanciée à la fois. C'était l'époque.

5

Giscard en séducteur

En ce temps-là, Valéry Giscard d'Estaing est élu à l'Élysée, ce palais de séducteurs. Dans les locaux de *L'Express*, l'effervescence est à son comble en ce 19 mai 1974. Il faut sortir au plus vite une édition spéciale de l'hebdomadaire avec, en une, le visage du nouveau président. Le chef du service photo, Manuel Bidermanas, confie à Michèle Cotta une liasse de clichés, les premières photos de l'élu, prises dans son bureau de l'aile Richelieu du Louvre, rue de Rivoli, où celui qui n'est encore que ministre des Finances a attendu les résultats. Les clichés sont signés d'une photographe connue, une superbe créature aux cheveux courts. À *L'Express*, Michèle Cotta a une surprise : après une photo de Giscard dans son ministère, elle tombe sur une photo de la jeune femme assise sur son bureau. Signe étonnant de familiarité. En bonne logique, le nouvel élu était derrière l'objectif. Michèle Cotta raconte : « Je suis allée voir la directrice de *L'Express*, Françoise Giroud. Elle aussi était stupéfaite. Je ne sais s'il s'agissait d'une provocation de la photographe ou de son agence. Mais on comprenait sans aucun doute qu'ils étaient intimes… » Giscard commence son règne par une transparence involontaire qu'on n'attendait pas chez lui !

Quatre ans plus tôt, à l'âge de vingt-deux ans, la jeune photographe avait effectué son premier reportage au

Vietnam. En 1971, elle avait été la première femme à intégrer une grande agence. Voilà qu'elle allait maintenant pimenter le premier septennat de l'homme qui voulait « regarder la France dans le fond des yeux ». D'abord parce que, par son entremise, depuis quelques mois, VGE fréquentait un personnage sulfureux, Eldridge Cleaver, un ancien dirigeant de l'organisation américaine des Black Panthers[1]. Recherché par les services américains dans le cadre de procédures sur des attentats et un détournement d'avion, Cleaver vivait dans l'illégalité à Paris. Mais, comme l'activiste le racontera dans ses Mémoires, publiés aux États-Unis sous le titre *L'Âme en feu*, Giscard s'efforça d'intervenir en sa faveur.

C'est justement en sortant d'une soirée chez cet activiste d'extrême gauche que se produisit, en septembre 1974, le fameux « accident du laitier » : un accrochage bénin dans une rue de Paris, sauf que le chauffeur n'était autre que le président de la République et que l'accident eut lieu à 5 heures du matin. Pour l'occasion, Giscard était, dit-on, bien accompagné. Le premier organe de presse à évoquer l'incident est la *Lettre de l'Expansion*, dirigée à l'époque par Jean Boissonnat, mais les Français retiendront plutôt l'ironie du *Canard enchaîné*, et notamment un petit encadré intitulé « Valéry Folamour[2] », qui rappelle que le chef de l'État est censé ne jamais s'éloigner du bouton de la force de frappe atomique, et que si un jour il venait à être traumatisé par un accident, l'erreur pourrait être fatale. Le 27 novembre 1974, *Le Canard enchaîné* ironise sur une phrase prononcée la semaine précédente par le président. Pas très satisfait de son gouvernement, il susurrait : « Les ministres femmes me donnent plus de satisfaction que les hommes... »

1. *Le Canard enchaîné*, 7 mars 1979.
2. *Le Canard enchaîné*, 2 octobre 1974.

Le même jour, le très sérieux quotidien *Le Monde* fait à son tour allusion aux informations sulfureuses qui circulent. Dans un long article intitulé « Un certain "exercice solitaire du pouvoir" », le journaliste Thomas Ferenczi explique que « les rumeurs qui circulaient sur la maladie de Georges Pompidou [...] se sont déplacées vers la vie privée de son successeur ». Florilège de certains griefs : « Ses collaborateurs ignorent en général où il se trouve. Il lui est arrivé, par exemple, de passer la nuit au Grand Trianon. Durant le week-end, M. Giscard d'Estaing disparaît également sans que l'on sache s'il est à Chanonat, dans la gentilhommière de ses parents, à Authon, dans la propriété de famille de sa femme, ou ailleurs : seule une lettre scellée, portant l'indication du lieu où il peut être joint, permet en cas de besoin à celui de ses collaborateurs qui assure la permanence d'entrer en contact avec lui. » *Le Monde* précise : « Les déplacements privés du chef de l'État, qui tient à vivre la vie d'un citoyen comme les autres, préoccupent les services de sécurité : ils craignent l'accident de voiture ou l'agression. On a parlé, à cet égard, de plusieurs incidents, dont un accrochage, au petit matin, avec un camion de laitier. »

Mais la photographe n'a pas fini de faire parler d'elle. Lectrice de la nouvelle de Balzac *Une passion dans le désert*, elle va consacrer des mois à tenter d'obtenir une interview de Françoise Claustre, une anthropologue française retenue par la rébellion tchadienne. Elle réussira à passer quelques jours avec l'otage, avec le documentariste Raymond Depardon. Un avion DC-4 obtiendra comme par miracle un certificat de navigabilité pour aller chercher les deux reporters. Leur sort était suivi en très haut lieu. Une seconde fois, elle réussira à voir l'otage pendant une heure, après huit mois d'attente dans le désert. Les rumeurs persistent. Dans le magazine *Elle*, la reporter répond à une question sur les « ragots » : « Oui, il paraît que ça marche. Je ne veux pas les entendre. J'ai une attitude très nette là-dessus. De temps en temps, on me rapporte quelque chose, mais c'est tellement faux. Des gens que je n'ai jamais vus m'inventent toute une vie. Par exemple, on me donne ce rôle de séductrice que je n'ai pas, mais pas du tout. Pas une seconde[1]. » Aujourd'hui encore, elle refuse de parler de ses liens d'autrefois avec Giscard[2].

Qu'elle n'ait pas eu un rôle de séductrice, ce n'est pas l'avis de tous les services secrets à l'époque. Le Mossad israélien, par exemple, diligente une enquête sur la photographe, notamment sur ses sympathies pro-palestiniennes, pour vérifier si elle n'est pas susceptible d'influencer le pouvoir. L'affaire devient vite sensible dans le microcosme. En effet, des enregistrements de conversations entre elle et « Valy » circulent dans tout Paris. Les extraits ne manquent pas de galanterie. Sollicité pour prêter l'oreille, un journaliste du *Canard enchaîné* avait, de son côté, décliné l'invitation. L'indiscrétion a des limites. Mais il est un homme qui veut la perte de Giscard : François Mitterrand. Avant de battre le président sortant dans les urnes, Mitterrand l'affronte sur un autre terrain. Avant 1981, il rencontre l'ancienne relation de Giscard dans un salon et ne la lâche pas avant d'avoir obtenu un rendez-vous. Au-delà de la concurrence, Mitterrand finit par avoir une inclination sincère pour elle. Encore un secret partagé entre deux spécimens de Sexus politicus.

---

1. *Elle*, 30 août 1976.
2. Malgré une conversation téléphonique avec les auteurs, le 10 février 2006, elle n'a pas souhaité les rencontrer. Elle explique juste au téléphone n'avoir « jamais parlé de tout cela avec qui que ce soit » et récuse l'existence de la photo au bureau de Giscard. Elle demande en outre que son nom ne soit pas mentionné, requête satisfaite par les auteurs.

6

Nos amies journalistes

Si ces intrigues sentimentales se déroulaient dans une obscure province, elles n'auraient ni intérêt ni influence sur les événements. Mais elles se trament à Paris, capitale de la France et petit village que la moindre rumeur excite au plus haut point. Les liaisons – et les ruptures – se nouent donc au milieu du champ de l'information, rendant délicates les positions des uns et des autres. C'est ainsi que, à l'occasion d'une enquête judiciaire, les liens étroits entre Jacques Chirac et une autre journaliste, à l'AFP cette fois, sont apparus au grand jour.

En 2001, trois magistrats parisiens chargés de l'enquête sur les marchés truqués de la région Île-de-France découvrent que le chef de l'État s'est offert des vacances grâce à des billets d'avion payés en liquide. Les bénéficiaires sont des membres de sa famille, son épouse et sa fille, mais aussi des proches, comme le conseiller de l'Élysée Maurice Ulrich, et Claude Pompidou, la veuve de l'ancien président de la République. Les fonds secrets ne sont manifestement pas perdus pour tout le monde. Ces révélations sur des pratiques pour le moins curieuses enflamment la classe politique, le monde judiciaire et les rédactions, autour d'une question délicate : le président doit-il être convoqué comme « témoin assisté » pour s'expliquer ? Lors de son interview du 14 juillet, le chef de l'État s'en sort par une pirouette. D'un air décontracté, il assure que l'affaire va faire « pschitt ».

Et pourtant, un simple cliché a mis l'Élysée au bord de la crise de nerfs. Le 5 juillet 2001, *Libération* publie une photo prise en mai 1992 à l'île Maurice, très exactement sur la plage du Royal Palm, l'un des plus luxueux palaces de l'île. Sur l'image, on voit distinctement Chirac en maillot de bain. Celui qui est alors maire de Paris est allongé en galante compagnie à côté de trois femmes en bikini, assises sous un parasol, lunettes de soleil et casquettes vissées sur la tête. Le touriste VIP n'a pas l'air malheureux. Il est pourtant censé avoir effectué ce long voyage sous les palmiers pour diriger une réunion de travail de l'Association internationale des maires francophones (AIMF), qu'il préside. Un prétexte, en fait, pour offrir des vacances à ses amies grâce, notamment, aux fonds secrets. Le contribuable finance donc à son insu ces festivités. Parmi les charmantes accompagnatrices, deux journalistes : Élisabeth Friederich, de l'AFP, et Françoise Varenne, du *Figaro*. La première est chargée de suivre les affaires de la Ville de Paris, la seconde préside alors l'Association de la presse municipale, pas réputée très critique à l'égard de l'Hôtel de Ville.

De notoriété publique, la journaliste de l'AFP est alors une intime de Chirac. Souvent, quand le maire de Paris l'appelle à son bureau, et qu'un autre employé de l'agence décroche, la voix au bout du fil se présente comme « monsieur Nicolas ». Mais la voix est si reconnaissable que pas un journaliste n'ignore qui se cache derrière ce pseudonyme. Outre le déplacement à l'île Maurice, Élisabeth Friederich bénéficie de voyages à Rome et à Tozeur, en Tunisie. En tout, rien que pour elle, cela représente 170 857 francs de billets d'avion, selon une expertise demandée par les juges d'instruction. Sans compter le montant des billets de sa consœur du *Figaro*, qui n'a, elle, que des relations professionnelles avec Chirac, mais dont la présence sert à empêcher qu'on parle de duo amoureux. Toujours salariée de l'AFP, mais affectée à un autre poste, Élisabeth Friederich assure ne pas se sentir « concernée » par le sujet[1].

Ancien conseiller de Chirac, Jean-François Probst note : « Chirac joignait souvent l'utile à l'agréable. À la mairie de Paris, on l'entendait dire que, comme ça, telle de ses amies ferait de bonnes dépêches, ou un article favorable. » Une pratique du passé ? Une spécialiste de la communication politique : « Avant, les journalistes entraient dans la vie privée des politiques. Ces gens-là vivaient en vase clos, copinaient à tous crins et allaient en vacances ensemble. Aujourd'hui les liens sont distendus. » On n'en est plus à l'époque où la promiscuité était telle que Mitterrand laissait porte ouverte, au PS, à l'une de ses amies. Qui l'avait d'ailleurs chèrement payé au moment de la rupture. Un témoin : « Elle était au Parti socialiste comme chez elle. Elle ne manquait pas de culot. Un jour, elle arrive dans une réunion du secrétariat national du parti. En retard, Mitterrand lâche : "Madame, cette réunion n'est pas ouverte à la presse." » Incroyable humiliation de se voir congédier de cette façon en public...

Journaliste politique au *Monde*, Raphaëlle Bacqué confirme : « Avec le discrédit de la classe politique, l'attrait des hommes de pouvoir a diminué. » Et pourtant, combien d'histoires encore ! Il n'y a pas de mal à se faire du bien, et toute propension au puritanisme serait absurde. Récemment, les amours saphiques entre une personnalité importante de la télévision et une conseillère très écoutée à l'Élysée sont restées discrètes, mais la « conscience professionnelle » suffit-elle à éviter les « interférences » ? Bref, les conflits d'intérêts. Alain Juppé s'entichera d'une journaliste de *La Croix*, Isabelle, qui deviendra sa femme. Quant à Béatrice Schönberg, qui présente le 20 heures de France 2, elle

_____

1. Malgré une conversation au téléphone avec les auteurs, Élisabeth Friederich n'a pas souhaité les rencontrer.

épousera à l'été 2005 Jean-Louis Borloo. Elle est en situation délicate puisque toujours en fonction. Comment traiter l'augmentation des chiffres du chômage le soir où elle présente l'information ? L'affaire du CPE ? La rumeur de la nomination prochaine de son époux à Matignon ? L'utilisation des crédits de son ministère ?

En juillet 2005, le Conseil supérieur de l'audiovisuel a nommé Patrick de Carolis à la présidence de France-Télévision. Le présentateur de l'émission *Des racines et des ailes* l'a emporté sur ses concurrents grâce, dit-on, à ses liens privilégiés avec Bernadette Chirac, en tout bien tout honneur pour le coup ! En 2002, le journaliste avait publié un livre d'entretiens avec l'épouse du président, *Conversation*[1], dans lequel celle-ci ne cachait pas les fredaines de son gredin de mari. Lors d'une conférence de presse en 2005, Carolis expose ses projets. Parmi les questions posées, l'une retient l'attention de l'assistance. Que pense-t-il du maintien de Béatrice Schönberg à la présentation des journaux télévisés du week-end sur France 2, alors qu'elle vient de se marier avec Jean-Louis Borloo, ministre de l'Emploi, de la Cohésion sociale et du Logement ? Visiblement, le nouveau patron du service public s'est préparé à la question. Sans se départir de son calme, il répond au confrère qui l'interroge : « Il ne faut pas confondre professionnalisme et état civil. Les présentateurs ne sont pas propriétaires de leur journal. Je suis totalement serein. » Belle langue de bois ! Quelques mois plus tard, le syndicat CGT-SNJ reviendra à la charge en demandant la démission de la présentatrice. En vain.

Ces questions ne datent pas d'hier. Christine Ockrent est bien placée pour le savoir, même si, pour elle, la réponse est aussi : « Aucun problème. » À la ville, elle vit avec l'homme politique socialiste Bernard Kouchner. Elle l'a rencontré en 1982. Quelque dix ans plus tôt, le

1. Bernadette Chirac, *Conversation*, entretiens avec Patrick de Carolis, Plon, 2002.

French doctor avait participé à la création de Médecins sans frontières. Elle se souvient d'une conversation à la fin des années quatre-vingt, juste après la privatisation de TF1. Le grand patron, Francis Bouygues, qui l'aimait bien, l'avait embauchée comme directrice générale adjointe. Il lui avait lancé : « Christine, vous qui êtes si charmante, comment pouvez-vous vivre avec un communiste[1] ? » Pour Christine Ockrent, le propos, au demeurant faux, n'était pas anodin. Car plus tard, elle a eu l'occasion de lire la fiche RG de Kouchner : « Il était écrit qu'il avait été au Parti communiste, alors qu'il avait été à l'Union des étudiants communistes, qui luttait contre le PC. » Depuis, Kouchner a été plusieurs fois ministre entre 1988 et 1999. Ancienne présentatrice du 20 heures, Ockrent a occupé des fonctions de direction à TF1 avant de rejoindre France 2, puis France 3, où elle anime aujourd'hui *France Europe Express*. Conflit d'intérêts ? Interrogez-la, elle ne cache pas son agacement. Elle a eu pourtant le temps de s'habituer à sa situation.

En 1992, la journaliste interviewe François Mitterrand pour le traditionnel entretien du 14 juillet. À l'époque, monsieur Ockrent est ministre de la Santé et de l'Action humanitaire. Garantie de neutralité, une autre journaliste est là pour poser ses questions : Anne Sinclair. Las ! Anne Sinclair est l'épouse du ministre délégué à l'Industrie et au Commerce extérieur, Dominique Strauss-Kahn. France, pays merveilleux, où les journalistes sont si indépendantes d'esprit que leurs liens conjugaux ne les influencent jamais. En juin 1997, Anne Sinclair se retire de son émission politique *7 sur 7*, alors que son époux est nommé ministre de l'Économie, des Finances et de l'Industrie du gouvernement Jospin. Après treize ans de bons et loyaux services cathodiques, la présentatrice invoque des raisons déontologiques. Officiellement, elle ne veut pas se retrouver dans la

---

1. Entretien avec les auteurs, 21 septembre 2005.

position d'interviewer un ministre du gouvernement socialiste, tout en étant mariée à l'un de ses membres influents. Pourquoi alors ne pas avoir appliqué les mêmes principes moraux dès 1992 avec Mitterrand ? Parce que la fonction exercée par son mari n'était pas aussi cruciale, explique-t-elle[1]. Dans ce pays qui sait éviter l'écueil du puritanisme, on a parfois plus de mal à s'affranchir d'une forme d'hypocrisie.

1. Vincent Giret et Véronique Le Billon, *Les Vies cachées de DSK*, Le Seuil, 2000.

7

Vies parallèles

Malgré ce contexte incestueux dû au mélange étroit entre vie privée et vie publique, en France, les hommes politiques ont longtemps vécu sereins. Ils étaient certains que, pour l'essentiel, leurs secrets seraient bien gardés par la presse. On ne parlait ni des maîtresses, ni des favorites, encore moins des femmes de « mauvaise vie ». Cela n'existait pas, c'est aussi simple que cela. C'était bien avant que les téléphones portables équipés d'appareils photos ne représentent un danger. Alors il était possible de vivre sa vie en conservant des fictions, servies chaque jour au bon peuple avec un joyeux cynisme. Depuis longtemps, un couple avait réussi à imposer une parfaite légende, celle d'une union loyale et solide, au-dessus de tout soupçon. Ce couple exemplaire, c'était bien sûr François et Danielle. Dès les années soixante, ils avaient fixé les règles d'une relation hors norme : chacun était libre de ses faits et gestes amoureux. Une union libre, en quelque sorte. À l'initiative du pacte, Mitterrand pousse la « tolérance » à l'époque jusqu'à accueillir chez lui, dans l'appartement de la rue de Bièvre, l'amant de son épouse, professeur de tennis. Mais l'accession à l'Élysée en 1981 bouleverse la donne. Au grand dam de Danielle, exit le professeur. Pas question pour le nouveau président que les badauds qui jettent un œil aux portes hautes de la rue de Bièvre découvrent sa présence ! Ni que l'opinion apprenne l'existence d'un tel pacte. La France profonde ne comprendrait pas.

Passé maître dans l'art de cloisonner ses vies multiples, le chef de l'État ressemble à une abeille. Un ancien des services du protocole : « Il a mis un soin d'architecte à édifier une ruche dont les alvéoles ne communiquaient pas entre elles. » C'est encore le plus prudent, pour éviter les risques de fuite. Mitterrand sera le seul à connaître l'exacte géographie de son territoire amoureux. L'imbrication des relations personnelles du chef de l'État dans son agenda officiel était un casse-tête. Lors de son premier septennat, le président affiche encore une vigueur notable. Militantes, actrices, journalistes, anonymes… Raffinées, ennuyeuses, passionnées. Mitterrand instaure une « procédure » d'approche et de sélection. Un regard, une petite phrase peuvent suffire : « Donnez-moi votre prénom. » Un initié décrypte : « Il voit la cour que lui fait une femme. Il lui donne des marques d'attention : "Montez dans mon bureau, montez dans ma voiture, allons dans le pavillon d'honneur…" » Ou alors : « Mais vous ne parlez que de politique, madame, vous n'aimez pas la vie ? » Si la courtisane lui plaît, le président propose des prolongations : « On peut poursuivre, si vous ne craignez pas la réputation que l'on me fait », glisse-t-il. Si besoin est, il passe à l'action : « Il lui est arrivé de rejoindre une conquête en hélicoptère pendant l'été », se souvient un fonctionnaire.

Conserver les secrets impose de ne rien laisser au hasard. À l'Élysée, derrière la grille du Coq, l'un des accès de l'Élysée qui porte bien son nom, le ballet des prétendantes respecte une savante chorégraphie. Quand les jolies femmes n'entrent pas par le porche principal, rue du Faubourg-Saint-Honoré, le chauffeur du président les amène discrètement par la petite rue de l'Élysée, sur le côté. À l'intérieur, le maître d'hôtel du palais sait prendre soin de l'élue du jour. Le président gère ses déjeuners privés dans les salons des Portraits, qui jouxtent les jardins. Pour les favorites, la dernière étape se situe avant la montée dans les appartements privés. « Un jour, je suis arrivé. Tout le monde était en ébullition, se souvient un membre du protocole. L'un des intendants vient me voir et me glisse : "Ça y est, elle est montée !" » L'une des collaboratrices du président, qui lui menait une cour assidue depuis plusieurs mois, avait finalement accédé aux appartements privés...

Lors des déplacements officiels, Danielle Mitterrand est rarement présente. Un fonctionnaire : « Il n'avait plus l'habitude de voyager avec elle. » Nous voilà revenus aux temps illustres de la Cour : « Chacun sait que la reine vit solitaire, occupée à prier, jouer, applaudir quelque comédie espagnole. Si le roi est plein d'attentions pour la reine de France, le cœur, l'esprit et les sens de Louis XIV sont ailleurs[1]. » Fidèle en amitié et en amour, le président entretient une sorte de réseau mondial de correspondantes, même s'il ne les met pas toutes dans son lit. Un diplomate : « Il avait d'innombrables amies dans les dîners officiels à l'étranger. Il fallait faire en sorte que tout cela fût naturel. » En Suisse, le chef de l'État décide de rendre visite à l'une d'elles après le déjeuner : au milieu du programme officiel, il insère une pause privée. Un fonctionnaire du protocole : « Nous sommes restés sur le palier, tandis qu'il lui faisait la causette à l'intérieur. À l'heure dite, nous avons frappé à la porte et repris l'emploi du temps officiel. »

Mitterrand n'est pas le premier à apprécier la compagnie des journalistes, et pas le dernier non plus. Correspondante à Paris du journal *Göteborg Pastel*, puis d'une agence de presse, l'une d'elles, une Suédoise, Christina Forsne, figure en bonne place dans les délégations. Elle a rencontré Mitterrand lors des assises de l'Internationale socialiste en 1979. Sous sa présidence, elle aura ses faveurs mais démentira avoir été sa maîtresse. La nature de leurs relations ? « Une amitié amoureuse. Mais c'était

---

1. Jean-François Solnon, *La Cour de France*, Fayard, 1987.

lui qui était demandeur, très demandeur[1] », précise-t-elle. Une de ses consœurs : « Il arrivait à Mitterrand de disparaître à l'heure du déjeuner pour aller chez elle. Elle lui préparait des rognons à la crème dans son studio de l'île Saint-Louis. C'était le summum de la liberté ! » Les policiers du quartier se souviennent d'une scène moins idyllique, voire d'un esclandre. Un jour, au début des années quatre-vingt-dix, la journaliste apostrophe des gardes en faction devant le commissariat de quartier. Éméchée, elle hurle qu'elle est la maîtresse du président. L'information remonte jusqu'au conseiller de permanence de l'Élysée, qui réveille Mitterrand. Celui-ci charge son chauffeur, Pierre Tourlier, de raisonner l'inconsolable et de la ramener chez elle. Le scandale est évité. De son côté, elle jure que ce jour-là elle a été piégée par des paparazzi. Le surlendemain, elle fait la une de *Minute* avec sa photo en gros : « C'est l'amie suédoise de Mitterrand. » Agacé, le président coupe les ponts avec l'impétrante. Ce qui n'empêchera pas cette dernière, en 1997, de publier un livre, *François*, qui commence ainsi : « J'ai été très proche du président François Mitterrand. »

Jusqu'au bout, même affaibli par la maladie, il a voulu séduire. Une autre journaliste, dont l'existence est restée beaucoup plus discrète, a accompagné le chef de l'État dans les derniers mois de son existence. À la fin de sa vie, le septuagénaire s'est profondément attaché à cette belle brune aux cheveux mi-longs, habillée de manière moderne et élégante. Elle avait à peine plus de vingt ans. Cette relation assidue lui tient à cœur. Et le pouvoir exerce toujours son attrait mystérieux, même sur une jeune femme. Mais Mitterrand tient à garder cet échange secret. En pleine journée ou le soir, le chef de l'État se fait déposer boulevard Saint-Germain, entre la brasserie Lipp et la rue de Seine, où elle habite. Elle a l'honneur d'être invitée à la tribune présidentielle lors du 14 juillet. À l'occasion de dîners officiels, il lui arrive de se rendre

1. Christina Forsne, *François*, Le Seuil, 1998.

à l'Élysée. D'habitude, les autres n'avaient pas ce privilège. Au crépuscule de sa vie, cette relation intrigue les fonctionnaires du Groupe de sécurité de la présidence de la République (GSPR). Un proche : « Il devenait très dépendant d'elle. Cela inquiétait tout le monde. »

Mais qui était celle qui fascinait tant Mitterrand aux derniers jours de sa vie ? « Nous avons fini par nous demander si ce n'était pas une fille du chef de l'État », explique Daniel Gamba, l'un de ses anciens gardes du corps. Une seconde fille, une Mazarine bis ? En fait, non. Selon l'entourage du président, la belle brune s'avère être une ancienne stagiaire de Radio France, qui un jour a tendu son micro au chef de l'État. « Rappelez-moi », lui aurait simplement glissé le président. Après avoir travaillé sur les ondes, cette journaliste a « pigé » dans un quotidien national, puis est partie comme correspondante à l'étranger. Quelle était la nature exacte de leurs relations ? « Purement platonique, répond sans sourciller un membre du premier cercle. C'était un mélange de paternalisme et d'amitié. À son contact, il était très heureux. Il trouvait une oreille de la jeunesse qu'il n'avait pas avec Mazarine. Cela a été aussi sa dernière conquête. » Mitterrand faisait un peu comme Clemenceau qui, à la fin de sa vie, avait entretenu une correspondance puis une relation intime avec une jeune femme de quarante-deux ans de moins que lui.

Le 8 janvier 1996, sur le trottoir de l'avenue Frédéric-Le-Play, près du Champ-de-Mars, une file d'attente se forme pour rendre un dernier hommage au président défunt. La famille, les amis politiques, les amis tout court, les faux amis. Mais pas question que des indésirables s'immiscent. À l'entrée de l'appartement, le filtrage est sévère. Le chauffeur de l'ancien chef de l'État se charge de refouler quelques anciennes maîtresses. Mais la jeune journaliste aura le rare privilège d'être autorisée à saluer la dépouille. Avant de rejoindre l'ombre où les grands séducteurs de la politique laissent à leur mort une cohorte d'amantes éplorées.

8

La maison de rendez-vous

Il y a un siècle, les affaires sentimentales du président de la République alimentent la chronique parisienne. Et ce palais de l'Élysée, longtemps avant que Mitterrand s'y installe, est déjà un lieu de frivolités. Ce 16 février 1899, ce qui ressemblait jusque-là à un aimable vaudeville tourne ainsi au scandale à cause d'une favorite un peu trop délurée. La scène se déroule dans le salon Argent du palais, là même où Napoléon avait signé son abdication. Le président, Félix Faure, qui a écourté un entretien avec le prince Albert Ier de Monaco, vient d'y rejoindre sa maîtresse, Marguerite Steinheil, dite Meg. Le chef de l'État avait rencontré cette intrigante deux ans plus tôt, lors d'un voyage en Maurienne. Tandis que l'époux de celle-ci, peintre de son état, dessinait le tableau *Le Président Félix Faure aux manœuvres alpines*, la jeune femme tombait dans les bras du modèle. Le « beau Félix » s'était forgé une réputation avant même de fréquenter Meg. Ancien amant d'une sociétaire de la Comédie-Française, Mme Bianca, il s'était aussi entiché d'une actrice de théâtre qui l'avait ensuite fait chanter pour lui soutirer de l'argent[1]. En 1898, n'avait-il pas offert à une autre

---

[1]. Patrick Girard, *Ces Don Juan qui nous gouvernent*, Éditions n° 1, 1999.

actrice de la Comédie-Française, Cécile Sorel, un bouquet de roses qu'il avait tiré d'un vase à portée de main dans un salon de l'Élysée ? Comble de l'élégance ou de la vulgarité, c'est selon.

Le 16 février 1899, avant de rejoindre Marguerite Steinheil sur le canapé bleu et argent du salon, près de la cheminée, le président a ingurgité un aphrodisiaque[1]. En trop grande quantité sans doute. Il veut montrer à Meg les réfections qu'il a entreprises dans la pièce. Mais vite, c'est à d'autres travaux qu'il s'adonne avec elle, et tout à coup c'est l'accident du travail. Les conseillers entendent des appels au secours. Lorsqu'ils poussent la porte, ils trouvent le chef de l'État à l'agonie, la main dans la chevelure de Meg, à demi nue. Contrairement à une rumeur tenace, Félix Faure ne décède pas en épectase, c'est-à-dire pendant l'acte, mais quelques heures plus tard. Selon la légende, un curé accourt pour administrer les derniers sacrements et demande : « Le président a-t-il encore sa connaissance ? » « Non, lui répond-on, elle est descendue par l'escalier. » La scène ayant lieu au rez-de-chaussée, au moins le détail de l'escalier est-il faux. En tout cas, pressée d'évacuer les lieux avant que l'épouse du président n'entre dans la pièce, Meg oublie son corset. Les quolibets explosent dans Paris. En référence au goût de Meg pour les interviews, un journal de l'époque écrit qu'« elle avait abusé de sa langue et que Félix Faure l'avait laissée causer trop longtemps[2] ». Pour railler le défunt, Georges Clemenceau a ce mot passé à la postérité : « Il s'était cru César, il est mort Pompée. » D'autres, plus salaces, évoquent « la pompe funèbre ». Imagine-t-on pareille impertinence envers un Mitterrand ou un Chirac ?

Le palais de l'Élysée avait pourtant déjà servi de décor à ce genre d'effusions sous le signe d'Éros. Le comte d'Évreux l'avait fait construire au début du

1. Georges Poisson, *L'Élysée, histoire d'un palais*, Librairie académique Perrin, 1979.
2. *Historia*, juin 2005.

XVIIIe siècle. Selon l'historien Michel de Decker, « le comte d'Évreux avait épousé une femme très jolie vue de dot ». Mais ayant fait fortune avec la planche à billets de Law, ce noble garçon expulse son épouse et rembourse la dot. Dans ce palais qui ne s'appelle pas encore l'Élysée, il organise quelques soirées relevant des bacchanales antiques. À sa mort, en 1753, le notaire vend l'hôtel à Jeanne-Antoinette Poisson, plus connue sous le nom de marquise de Pompadour. À Versailles, Louis XV s'était entiché d'elle huit ans plus tôt et en avait fait sa favorite. « Ce n'était pas une grande baiseuse et elle avait besoin d'aphrodisiaques », observe avec flegme Michel de Decker. De fait, le roi ne l'accueille que quelques années dans son lit, mais son influence est immense. La Pompadour n'hésite pas à dénicher des jeunesses pour assouvir les désirs du souverain. Après le décès de la favorite, Louis XV hérite de l'Élysée, mais la couronne le cède vite à un banquier, Nicolas Beaujon, qui pour s'endormir a besoin d'une nuée rieuse de jeunes femmes autour de lui. Il ne consomme pas, mais rémunère ces dernières pour l'étourdir[1].

Quelques années plus tard, l'immeuble tombe dans l'escarcelle de Murat, beau-frère de Napoléon. L'empereur vient vérifier dans ces chambres si c'est de sa faute ou celle de Joséphine s'il n'arrive pas à procréer. Il y passe d'ailleurs de si bons moments qu'il s'installe là en 1809. Pour la première fois, l'Élysée est le centre du pouvoir en France. Ce sont donc d'abord des rendez-vous délicats que le dictateur est venu chercher dans cette demeure. Quelque trois décennies plus tard, Louis Napoléon Bonaparte, élu président de la IIe République, réside aussi à l'Élysée. Il fait percer une porte dans le mur de clôture du parc pour rejoindre sa maîtresse anglaise, Harriet Howard, dans un hôtel des abords. Mais « madame Henriette » ne lui suffit pas et il s'aco-

1. Georges Poisson, *L'Élysée, histoire d'un palais, op. cit.*

quine avec des actrices. À l'Élysée, il prépare le coup d'État qui fera de lui l'empereur Napoléon III, mais il ourdit également des complots amoureux. « En amour aussi il fut, toute sa vie, un chasseur de chimères et un Don Juan insatisfait[1]. » Le Second Empire est aussi l'empire des sens. « L'impétueux empereur a mille aventures féminines », qui font beaucoup souffrir son épouse, la très catholique Eugénie. Installé aux Tuileries après son sacre, Napoléon III ne se montre d'ailleurs pas moins entreprenant. Mais sa libido l'use. Il se calme. Eugénie en profite pour s'imposer. « Le rôle politique de l'impératrice croissait en fonction même des infidélités de l'empereur. De sa fatigue aussi. Car ce grand voluptueux consumait ses forces en aventures trop nombreuses. De plus, une maladie de reins le travaillait. » Dans les dernières années du Second Empire, il n'était plus qu'« une loque », tandis que l'impératrice était « impitoyablement vigoureuse[2] ». Cela rappelle-t-il quelque chose ? Qu'on le veuille ou non, cette revanche tardive d'une épouse sur un mari qui perd la santé fait tout de même penser au couple Chirac.

L'histoire connaît néanmoins quelques parenthèses. En 1958, c'est le Général qui s'installe à l'Élysée. Sa morale est si rigide – celle de son épouse ne l'est pas moins – que le passé sulfureux du « palais féminin » ne lui plaît pas. Il a même songé à installer la présidence au château de Vincennes, ou au Trianon à Versailles. Finalement, le chef de l'État s'y fait. Après lui, ses successeurs restaurent les mauvaises habitudes. L'Élysée suscite toujours les fantasmes. Ainsi un ministre demande-t-il un jour à François Mitterrand si l'appartement de permanence, à l'angle de la rue du Faubourg-Saint-Honoré et de l'avenue Marigny, peut héberger des « relations coupables ». Le chef de l'État répond : « L'Élysée n'est vraiment pas un établissement spécia-

---

1. André Germain, *Les Grandes Favorites, 1815-1940*, Sun, 1948.
2. *Ibid.*

lisé, mais si on ne peut pas faire autrement[1]... » Comme en toutes choses, le chef inspire ses subordonnés... Ancien conseiller de Mitterrand, l'écrivain Érik Orsenna raconte dans *Grand Amour*[2] comment la garden-party du 14 juillet peut être utile aux conseillers soucieux de se constituer un portefeuille de contacts sexuels pour le reste de l'année. Le personnage principal du roman, qui ressemble beaucoup à l'auteur, emmène ses promises visiter les couloirs du pouvoir, pour les impressionner. Et, coup de chance, les voilà qui cèdent souvent ! Toujours le goût de la transgression, dans un lieu de conquêtes.

Et cela devrait rester secret ? Sexus politicus, lui, n'est pas choqué. Il connaît son histoire de France sur le bout des doigts. Il sait que pour réussir en politique, il importe de sonder les reins et les cœurs, de maîtriser ses pulsions, car sans un élan vital hors du commun, sans énergie et même, pourrait-on dire, sans testostérone, comment atteindre la dernière marche du pouvoir ?

---

1. « Les "Gaymard" de la République », in *Dossiers du Canard enchaîné,* juillet 2005.
2. Érik Orsenna, *Grand Amour*, Le Seuil, 1993.

DEUXIÈME PARTIE

L'aphrodisiaque absolu

Prononcer des discours, solliciter des suffrages semblables à des preuves d'amour, serrer des mains jusqu'à la douleur, voilà des gestes charnels. Chercher le pouvoir, c'est manifester sa virilité pour chercher la jouissance. C'est aussi confondre le corps électoral et le corps des électrices.

1

Un Américain « very frenchy »

D'où vient cette propension compulsive à la conquête ? C'est un Américain qui a peut-être donné la meilleure réponse. « *Power is the ultimate aphrodisiac.* » Le pouvoir est l'aphrodisiaque absolu. Lorsqu'il prononce cette phrase, en 1969, Henry Kissinger ne connaît ni Chirac ni Mitterrand. Il ignore que son propos fera le tour du monde. Conseiller diplomatique du président américain Richard Nixon, cet homme de quarante-sept ans est alors divorcé depuis sept ans. Le « Metternich de la Maison Blanche » mène une vie de célibataire, s'affiche dans les night-clubs de Washington, et flirte en public.

En mars 1970, Henry Kissinger a droit à la diffusion d'un portrait flatteur dans l'émission *Panorama*, sur la première chaîne française. L'auteur du reportage, la journaliste Danielle Hunebelle, est tombée sous le charme. Plus tard, elle racontera : « Nous étions deux romantiques, faits pour la passion comme Tristan et Yseult[1]. » Lors de son premier rendez-vous avec la jeune journaliste, le conseiller de Nixon s'est vanté de sa propre « frivolité ». Une autre fois, il a évoqué ses succès avec les femmes. En 1972, le magazine *Time* énumère une liste de ses maîtres-

---

1. Danielle Hunebelle, *Dear Henry*, Gallimard, 1972.

ses, parmi lesquelles une grande blonde, collaboratrice d'un gouverneur, et une noria d'actrices. Une galerie de photos montre le conseiller en train de chuchoter des mots doux à l'oreille des belles. Kissinger confie : « Si je sors avec des actrices, c'est que je ne suis pas homme à en épouser une[1]. » Une fois, il a même ce mot : « C'est étonnant, vous savez. Ces starlettes avec qui je sors ne sont même pas sexy. » Kissinger est petit, pas très beau, plutôt complexé physiquement. Mais il compte parmi les hommes les plus puissants de la planète. Il a faim de femmes et elles ont envie de lui.

Voilà ce qui se passe aux États-Unis, pays puritain depuis toujours. Alors en France, cette patrie latine, il est facile d'imaginer le poids de cette obsession, à tous les niveaux de la vie politique, du modeste canton jusqu'à l'Élysée. Comment échapper de toute façon au poids de la culture et de l'histoire, au pays du roi Dagobert ? Au milieu du VIIe siècle, ce souverain qui « avait mis sa culotte à l'envers » avait beau avoir été un bienfaiteur de l'Église, il n'avait jamais accédé à la sainteté. La raison ? Selon un chroniqueur de l'époque, il avait eu « trois reines et une multitude de concubines » et, dès lors, « sa pensée s'était éloignée de Dieu ». Le Sexus politicus contemporain est souvent fait de ce bois-là. En 2005, dans un avion de retour du Maroc, l'actuel patron de la diplomatie française, Philippe Douste-Blazy, précise « en tant que médecin » : « Ce n'est pas le pouvoir, mais le stress qui est aphrodisiaque. Les politiques exercent un métier dur d'un point de vue mental, qui peut susciter l'envie de réconfort, de douceur. Comme les sportifs et les grands médecins[2]. » L'un des passagers de l'avion répond au ministre en blaguant : « Vous cumulez, grand médecin et homme politique ! »

---

1. *Time*, 7 février 1972.
2. Entretien avec les auteurs, 12 juillet 2005.

Dans le registre des obsédés, Charles Hernu restera l'un des plus beaux spécimens. En tout, l'ancien ministre de la Défense de François Mitterrand aura été marié pas moins de cinq fois, au point que le chef de l'État lui dit un jour : « Vous n'êtes pas obligé de vous marier dès que vous couchez. » En fait, Hernu ne convolait pas toujours, loin s'en faut. Il était capable de tout. Un jour, dans sa commune de Villeurbanne, il envoie une voiture officielle chercher une dame dans un café parisien pour la lui amener jusque dans la banlieue de Lyon. Motards pour ouvrir la voie sur l'autoroute, l'intéressée en reste béate. En novembre 1987, il accorde une interview à l'hebdomadaire érotique *Playboy*. Lui qui a démissionné après l'affaire du *Rainbow Warrior* répond à des questions très indiscrètes. Exemple : « Pourquoi ne vous sentez-vous à l'aise que dans la compagnie des femmes ? » L'ancien patron des armées répond avec une candeur étrange, un ton qui ne lui ressemble pas : « La promiscuité, la vulgarité, les propos que peuvent tenir les hommes sur leurs conquêtes amoureuses, tout ça me choque. Je suis assez prude. »

Quelques lignes plus loin, Hernu va pourtant se vanter d'une relation avec un sex-symbol. Il évoque son premier emploi à Paris, avenue d'Iéna : « Dans cet immeuble habitait un peintre, et Brigitte Bardot venait poser chez lui. Souvent, je prenais le même ascenseur qu'elle… » *Playboy* : « L'avez-vous draguée ? » Hernu : « Oui, oui… Mais en tout bien tout honneur… » *Playboy* : « Êtes-vous sorti avec elle ? » Hernu : « Oui. Elle s'en souvient parfaitement. Quand j'étais ministre de la Défense, qu'est-ce qu'elle m'a écrit comme lettres ! » *Playboy* : « Vous sortiez avec Brigitte Bardot. Vous n'étiez donc pas marié en arrivant à Paris ? » Hernu : « Si. Mais je ne parle pas de ma femme parce qu'elle est morte. » Plutôt loquace, tout de même, pour un garçon muet sur la chose… Ce récit n'a pas l'heur de plaire à Bardot. En guise de droit de réponse à *Playboy*, l'intéressée lui rétorque : « J'ai le grand regret de vous rappeler que je ne vous ai jamais vu, ou que peut-être occasionnellement je vous ai croisé sans m'en rendre compte. Quant à m'avoir draguée « en tout bien tout honneur », je laissais ce plaisir, à l'époque, à des hommes que je choisissais beaux, jeunes et appétissants, ce qui n'est pas votre caractéristique première ! » Et l'actrice de dénoncer la « mauvaise foi » d'Hernu et d'exprimer son « mépris ». Cuisante volée de bois vert. Qui n'empêche pas l'ancien ministre de poser quelques jours plus tard pour la photographe Bettina Rheims. Sur la photo, l'ancien ministre apparaît en costume, certes, mais allongé sur une commode, une main en guise de feuille de vigne, et avec devant lui le petit nounours de son enfance. Tout cela pour une campagne d'affichage du mensuel érotique sur les murs de France.

Successeur d'Hernu quelques années plus tard, Jean-Pierre Chevènement n'a rien d'un prude non plus, bien qu'il n'ait jamais eu la réputation d'un grand chasseur. En décembre 1985, alors qu'un journaliste de *Playboy* lui demande si l'on a « plus de succès féminins qu'à l'ordinaire, quand on est ministre », Chevènement répond : « Les ministres sont des gens très occupés… Mais il est vrai qu'il y a ministre et ministre. Certains se donnent du bon temps… Ce n'est pas mon cas. » Entre 1997 et 1999, il sera ministre de l'Intérieur. Son épouse, Niza, psychanalyste et peintre, accrochera une série de nus féminins de sa composition sur les murs de la salle à manger des appartements privés de l'hôtel de Beauvau. À la sortie, des journalistes glisseront au conseiller presse de Chevènement, Laurent Payet : « On ne voyait pas Chevènement comme ça. » Pour célébrer l'année 2000, le ministre de l'Intérieur envoie à ses amis une carte de vœux présentant de multiples personnages de l'histoire de France, parmi lesquels Napoléon entreprenant Jeanne d'Arc par-derrière, une main sur sa taille, une autre sur sa poitrine. Chevènement grivois ? D'après ses proches, il relate souvent un épisode survenu au moment du congrès d'Épinay, en 1971, quand fut fondé l'actuel Parti socialiste. Une réunion eut lieu dans un pavillon de chasse, au cœur de la forêt voisine.

Il y avait là, notamment, Mitterrand, Mauroy et Defferre : « Il fallait, nous dit-on, parler bas, car l'hôtel louait des chambres à l'étage. On entendait craquer le lit et le plancher. C'était, paraît-il, Jean Poperen, alors au sommet de sa forme[1]. » Récit de la fin de soirée, selon Chevènement : « Nous nous quittâmes sur la pointe des pieds "pour ne pas réveiller Poperen". »

Parmi les anciens ministres de l'Intérieur, certains se sont montrés moins prudes encore. Gaston Defferre avait aussi une certaine réputation. En 1967, quatorze ans avant qu'il ne règne sur la place Beauvau, il avait été convoqué en duel par le député du Val-d'Oise René Ribière, à quelques jours du mariage de ce dernier. En public, le maire de Marseille avait traité d'« abruti » Ribière, qui n'avait pas souffert l'offense, et avait demandé à laver l'affront sur le pré. Avant le duel, qu'il finira par remporter, Defferre avait plaisanté en jurant que, pour faire annuler le mariage, il tenterait d'atteindre la braguette de son adversaire. En 1981, Defferre devient ministre de l'Intérieur. Secrétaire d'État auprès de lui, Joseph Franceschi est un veuf joyeux. À l'époque adjoint au maire de Paris, Claude Goasguen a l'occasion d'effectuer avec Franceschi un voyage à Los Angeles en 1984. « Nous avons rendu visite au consul de France, une sorte de petit Romain Gary, qui habitait une superbe villa à Beverly Hills, avec plein de starlettes dans la piscine. Peu après son arrivée, Franceschi lance au diplomate : "Monsieur le consul, où peut-on trouver des femmes ici ?" Le représentant de la France de rétorquer : "Il faut payer, monsieur le ministre !" »

Même ceux qui se veulent différents ne le sont pas tant que cela. L'archétype ? Le Pen, le contempteur de la classe politique depuis trente ans. Il a, comme la plupart des hommes politiques, une certaine liberté de ton

---

1. Jean-Pierre Chevènement, *Défis républicains*, Fayard, 2004.

sur le sujet. Selon lui, « au FN, cela doit même être plus gaulois qu'ailleurs, car il y a des princes et des dockers[1] ». Qu'un jour le chef de file des cathos traditionalistes du mouvement ait lancé à la cantonade, à propos de sa fille Marine : « elle est draguable ! », ne le choque pas. Au contraire : « Cela n'a rien d'extravagant. » Ne dédaignant pas les blagues lourdes, mais jurant de ses bonnes mœurs : « La séduction peut s'inscrire dans une perspective d'ascèse. Je peux comprendre l'ascétisme, et l'apprécier, surtout chez les autres. » Prudent, le président du Front national ne fait des confidences que sur son passé lointain : « J'ai été président de la Corpo, officier, mineur, pêcheur, j'ai vécu dans des milieux où on avait la langue plus verte que chez les Verts. À l'époque, il y avait moins d'étudiantes que maintenant, et les filles n'étaient pas très faciles. Mais si on offrait des garanties de sécurité et de discrétion, on avait beaucoup de succès. »

L'homme qui pense que la Pucelle d'Orléans, Jeanne d'Arc, a été « le plus grand homme français », est capable de citer le classique de Corneille dans *Polyeucte*, ce jeu de mots coquin : « Et plus le désir s'accroît, plus l'effet se recule. » L'instant d'après, il commente la célèbre photo qu'Helmut Newton a faite de lui, où on le voit assis dans son jardin en train de caresser deux chiens d'un air martial : « Avant, j'avais des dobermans, maintenant j'ai des doberwomen, vous voyez que je suis sensible au charme féminin... » Est-ce une jalousie vis-à-vis des séducteurs de la politique qui ont accédé au pouvoir ? Le Pen considère que les renommées ne sont pas toujours fondées : « Les gens de pouvoir ont une force intérieure, une virilité, mais j'allais dire que c'est de moins en moins vrai. Je ne sais pas si Don Juan aurait été un grand orateur. Il faisait plutôt dans le frou-frou discret. Je ne crois pas trop aux "galipettants". Ils le disent, le laissent dire. Dans la vie politique, je crois les

---

1. Entretien avec les auteurs, 21 octobre 2005.

gens vertueux de fait, même s'ils ne le sont pas d'intention. Car ils n'ont guère le temps de passer à l'acte. »

Ancien conseiller de Jacques Chirac, Jean-François Probst a connu tous les arcanes du mouvement gaulliste : « Depuis trente ans, ce que je trouve sympathique chez les hommes politiques, c'est leur énorme besoin d'être aimés. Le seul qui n'ait pas été porté sur la chose, c'est Jérôme Monod. J'ai vu que même les plus laids et les plus vieux sont déchaînés. » Dans un livre, la sœur de François Léotard, Brigitte, évoque les béances familiales et les propensions donjuanesques de ses frères : « Il faut séduire sans cesse, si l'on veut résister et pouvoir oublier qu'on a été abandonné[1]. » Sous la première cohabitation, pour plaisanter, le secrétaire d'État à la Communication Philippe de Villiers lançait souvent à la cantonade à son ministre de tutelle, Léotard justement : « François, ferme ta braguette et ouvre tes dossiers. » Aujourd'hui, l'ancien séminariste est revenu à plus de sagesse. Il reconnaît que ce qui l'a fait courir, c'est « le désir d'être aimé sans doute ». Selon Léotard, « il faudrait psychanalyser les hommes politiques qui ne savent pas être aimés par une femme, un enfant[2] »…

Psychanalyste, Ilana Schimmel, ancienne compagne de Michel Rocard, avance : « Que peut-on dire de la carence narcissique d'un homme politique en général ? Avoir une femme est en France un attribut phallique. On monte en grade à partir des conquêtes. » Le psychanalyste Jacques Lacan affirmait : « Je ne dis même pas : la politique, c'est l'inconscient, mais tout simplement : l'inconscient, c'est de la politique[3]. » En février 2005, le ministre des Petites et Moyennes Entreprises, Renaud Dutreil, écrit pour une revue psychanalytique, à propos des corps d'État : « Le système est aussi désir. Il a une libido organisatrice[4]. » Certains lapsus confirment l'inti-

---

1. Brigitte Léotard, *Petite mémoire d'un clan*, Albin Michel, 1996.
2. *Le Point*, 4 avril 2005.
3. Jacques Lacan, *La Logique du fantasme*, séminaire du 10 mai 1967.
4. *Le Nouvel Âne*, 24 février 2005.

mité entre politique et sexe. Un jour, Valéry Giscard d'Estaing dit : « Une érection, ça se prépare. » Il voulait bien entendu parler d'« une élection ». Début 2002, dans une tribune publiée dans *Libération*, intitulée « L'érection présidentielle », le chroniqueur David Abiker cite une phrase insolite de Lionel Jospin, certes hors contexte, mais sans doute pas insignifiante : « J'accepte mon sexe[1]. » Trois ans plus tard, juste avant le référendum sur l'Europe du 29 mai 2005, le Premier ministre Jean-Pierre Raffarin exhorte les électeurs à ne pas être frileux avec l'Europe. Mais dans un discours, au lieu de « frileux », il clame : « Ne soyons pas frigides ! »

L'académicien Jean-Marie Rouart, qui a une passion pour les libertins et dessine des portraits de politiques pour *Paris Match*, explique : « Comme a dit Thucydide, l'homme cherche l'état très agréable où plus personne ne lui résiste, où il n'y a plus d'espace entre le désir et la satisfaction. Il y a dans l'éloquence et le discours des moments d'ivresse, de jouissance, qui s'apparentent à l'acte sexuel. » À l'instar des rockers qui se jettent dans le public en délire, les hommes politiques importants font l'amour à la foule depuis la tribune. Quelle en est l'influence sur la vie publique proprement dite ? Comme le dit le même Rouart, « chacun vit sa sexualité avec ses traumatismes, ses forces et ses faiblesses ; cela ne prouve rien, au final ». Auteur d'une biographie de Bernis, le « cardinal des plaisirs », Rouart affirme : « Au début du siècle, le très anticlérical petit père Combes était amoureux d'une bénédictine. Cela ne l'a pas assoupli. Et la vie très compliquée du président du Conseil du Front populaire, Léon Blum, avec ses trois ménages, n'explique pas Blum. »

Rouart met un seul bémol à cette analyse : « L'histoire amoureuse est toujours une preuve de caractère ou d'absence de caractère. Le renversement des alliances sous Louis XV est lié à son absence totale de caractère. Les ministres étaient virés en fonction des vœux de la

---

1. *Libération*, 16 janvier 2002.

Pompadour. » Heureusement, la plupart du temps, selon Rouart, « les hommes d'État sont des hommes de tempérament ». Ce serait faire un mauvais procès à la classe politique que de lui reprocher son allégresse. Sacrifier à Vénus la nuit n'empêche pas d'honorer Mercure le jour. Mais tout est une question de mesure. Le problème surgit quand la politique dégénère en pure séduction. Ancienne éminence grise de Georges Pompidou et de Jacques Chirac, Marie-France Garaud s'offusque que les hommes politiques actuels ne cherchent qu'à plaire. Pour elle, un homme d'État peut chercher l'amour de ses proches, « mais pas celui des citoyens[1] ». Chercher l'amour, cela prend du temps et de l'énergie. Poussée à l'excès, la passion des dames peut bien entendu finir par justifier le propos de Catherine de Médicis, qui soutenait que « quand le feu est aux étoupes d'amour, il ne peut être allumé pour le combat ». Le risque, c'est que les élus soient des conquistadors en chambre, oublieux que la politique impose d'abord de prendre à bras-le-corps les problèmes, et le moins que l'on puisse dire est qu'ils ne manquent pas en France.

Le psychanalyste Gérard Miller considère qu'« un acte politique engendre le risque de ne pas être aimé ». Trop peu d'élus sont capables de prendre aujourd'hui ce risque. Selon Miller, « quand de Gaulle prononce le discours du 18 juin, il est dans un désert de séduction ; il ne sait pas qui va l'entendre ». La préhistoire. Notre histoire d'aujourd'hui, c'est celle d'un président passé de la *novlangue* de 1984 à la *lovelangue*[2]. Le vieux beau clame à tout bout de champ : « Je vous aime ! » Les fins de règne, que ce soit sous Mitterrand ou sous Chirac, témoignent de ce point de vue, de cette quête d'un amour qui, précisément, se dérobe.

---

1. Entretien avec les auteurs, 21 avril 2005.
2. Michel Schneider, *Big Mother, Psychopathologie de la vie politique*, Odile Jacob, 2002.

2

Le pouvoir vu par un libertin

La scène se déroule en 1988, au 17, rue de l'Université. Ce jour-là, l'éditeur Claude Gallimard organise un déjeuner avec quelques amis autour de François Mitterrand. Sont invités, entre autres, les écrivains Octavio Paz et Philippe Sollers. Ce dernier n'a rencontré le chef de l'État qu'une seule fois, en 1983, juste après la parution de son roman *Femmes*. Ce jour-là, Mitterrand, à peine arrivé, entreprend Sollers à propos de Casanova. L'écrivain n'a pas encore publié sa biographie de l'Italien gourmand de femmes – il ne le fera que dix ans plus tard –, mais le président a l'air de savoir qu'il a ce goût en commun avec lui : « D'emblée, Mitterrand me dit qu'il est en train de lire les *Mémoires* de Casanova[1]. » Avoir acheté les *Mémoires* dans la légendaire édition Brockhaus und Avenarius de Leipzig restera d'ailleurs comme l'un des plus grands plaisirs de bibliophile du président. Sollers : « Mitterrand me propose de nous asseoir sur un petit canapé, et me conseille d'un ton entendu de faire attention à ma santé. Sur le moment je me dis que pour un peu il va me proposer un préservatif. » Vingt ans plus tard, au fond de son étroit bureau de chez Gallimard, Sollers en est encore estomaqué : « C'était extraordinaire. Mitterrand

---

1. Entretien avec les auteurs, 17 juin 2005.

semblait ne penser qu'à ça. Il m'a même parlé de l'île de Ré, sur laquelle je situais certaines scènes de mon roman *Le Cœur absolu*, dans lequel j'évoque beaucoup Casanova. Mitterrand m'a parlé de l'île de Ré comme s'il avait envie de venir voir ce qui se passait dans les buissons, vérifier s'il y avait des nymphes. »

Contrairement à Kissinger, Philippe Sollers ne fréquente pas beaucoup les hommes politiques. Mais à l'en croire, « la littérature est un bon poste d'observation de leurs hésitations, de leurs cachotteries et de leurs exhibitions ». Biographe de Vivant Denon – auteur d'un roman érotique intitulé *Point de lendemain* –, Sollers goûte les plaisirs de la chair et aime à discerner le rapport des dirigeants au sexe. Car pour lui, aucun doute, le pouvoir est lié aux femmes : on le conquiert pour les avoir et il exerce sur elles un magnétisme très fort. Sollers raconte à sa manière le cursus de Mitterrand, assez différent en fait de celui d'un Chirac ou d'un Sarkozy, plongés d'emblée dans le marigot parisien : « Devenir un homme politique important assez vite lui permet de dépasser sa condition de petit bourgeois charentais. Il voit s'ouvrir devant lui tous les lits et tous les boudoirs possibles. Dans cette course vers Casanova, il a une épine dans le pied. Elle s'appelle Anne Pingeot. Cette femme incarne toutes les valeurs bourgeoises et puritaines traditionnelles. » Sollers a eu affaire à la mère de Mazarine : « Au milieu des années quatre-vingt-dix, je présente à l'auditorium du Louvre un film sur Rodin. J'y montre notamment des dessins érotiques, qui plus tard influenceront beaucoup Matisse. Au fond de la salle, une petite forme se lève pour me reprocher sur un ton comminatoire et hystérique d'avoir présenté ces dessins. C'est Mme Pingeot. Là, il est tombé sur un os. » On dirait Saint-Simon décrivant la dernière maîtresse de Louis XIV, Mme de Maintenon : ne l'aimant guère, il en avait fait une bigote allergique au péché de chair !

Jouisseur rigolard et érudit charnel, Sollers aime à citer cette phrase que Baudelaire avait prévue pour une introduction aux *Liaisons dangereuses* de Choderlos de Laclos : « La Révolution a été faite par des voluptueux. » Pour l'homme de plume, Mitterrand fut le seul président voluptueux de la Ve République. Les autres firent soit dans l'abstention, soit, plus souvent, dans la consommation effrénée de femmes, ce qui n'est pas la volupté. La galerie de portraits élyséens dessinée par Sollers ne manque pas d'humour. Le général de Gaulle : « Personnage dramatique, vie personnelle tragique. Coincé, pas sensuel, refoulement intégral. Abstention évidente. "Bonsoir Yvonne" à la fin du repas. À l'opposé du Bureau au parfum de chrysanthèmes de Mao, qui rechercha l'immortalité à travers six ou sept jeunes filles tous les samedis soir. » Georges Pompidou : « Je manque d'informations, mais il y a des indices. Ce président est plus avancé dans quelque chose de bourgeois, dans le genre des peintures d'Ingres. Une bourgeoisie classique qui prend le temps de s'occuper de sa chair. Pompidou est plus retors que de Gaulle, avec des ouvertures modestes du côté de la perversion, une possibilité de vice. » Valéry Giscard d'Estaing : « On revient à une bourgeoisie moins replète que celle de Pompidou. Adolescence prolongée, probable nigauderie. Consommant sans que cela le renseigne philosophiquement. »

Sollers s'intéressa de près à l'élection présidentielle de 1995. On raconte, ce qu'il ne souffre guère, qu'il s'enticha alors d'Édouard Balladur. Aujourd'hui, il s'amuse quand on lui demande : « Alors, monsieur Sollers, Balladur et le sexe ? » Réponse de l'écrivain : « Balladur ? Mystère. Peut-être le Sérail et les Odalisques, mais je ne crois pas. Coinçage charmant. Pas au courant. Dans cette nation frivole, c'est comme ça qu'on perd. Déjà pour Louis XVI, qui ne faisait pas son travail, ça a fini raide. » Le vainqueur de l'élection, c'est Chirac : « Il a toujours plu aux femmes, ne serait-ce que par la vitesse d'exécution. Dix minutes, douche comprise, n'est-ce pas ? Je pense que ce n'est pas un grand sensuel, mais qu'il a faim, avec un côté bonne franquette, je dirais presque tête de veau. Un homme politique est dévoilé par ses goûts plastiques. Je ne me vois pas inter-roger longtemps Chirac sur une Vénus de Titien ou des angelots de Tiepolo. » Sollers observe déjà avec gour-mandise les préparatifs pour 2007. Sarkozy : « C'est effarant. À côté de la plaque. On n'a jamais vu une femme plaquer un homme politique au milieu du gué. Vous imaginez Mme Chirac partant en 1995 avec Johnny Hallyday ? » Villepin : « Il joue beaucoup de son physique. Le cri de la gargouille, le requin et la mouette, les voleurs de feu, c'est sympathique, mais très puber-taire. » C'est ainsi : avant de devenir des séducteurs apaisés, les plus hauts responsables de l'État ont été des jeunes gens cherchant à se rassurer sur leurs capacités à plaire… et leurs performances.

3

Matignon tourne la tête

Les séducteurs sont donc à l'Élysée, ce n'est désormais un mystère pour personne. Mais un parfum aphrodisiaque traîne aussi dans l'air de l'hôtel Matignon. Le palais de la rue de Varenne tourne la tête à ses résidents. Rares sont les Premiers ministres à n'avoir pas humé cette odeur de sensualité. Maurice Couve de Murville, par exemple. Ancien ministre des Affaires étrangères, puis de l'Économie et des Finances, il remplace le Premier ministre Georges Pompidou en juillet 1968. Raide comme le Général, on ne l'imagine guère s'adonner joyeusement à la bagatelle. Et pourtant, il fréquente en Suisse la maison de Jean Jardin, le grand-père de l'écrivain Alexandre Jardin. Dans *Le Roman des Jardin*, qui fut un beau succès de librairie, le jeune homme raconte l'intense liberté sexuelle qui régnait dans la maison familiale : « Gamin, je voyais donc défiler pendant les vacances les galants et les maîtresses des couples légaux avec qui nous avions l'habitude de trinquer. Une bonne partie de la classe politique des années soixante-dix vint y forniquer sous mes yeux[1]. » L'auteur évoque notamment le cas d'un « ancien Premier ministre polygame sans fierté », qui se laissait aller « dans le secret de Matignon » avec une

---

1. Alexandre Jardin, *Le Roman des Jardin*, Grasset, 2005.

femme de la tribu. Mais rien d'explicite sur Couve de Murville. Interrogé au téléphone, Alexandre Jardin précise simplement que, « quand quelqu'un cultive trop une apparence, il cache autre chose ». Protestant, d'une austérité affichée absolue, le Premier ministre semblait pourtant incarner à lui seul le calvinisme.

Couve de Murville avait pris l'habitude de jouer au golf à Crans-sur-Sierre, dans le Valais, en Suisse. Un jour de 1969, il tombe là sous le charme d'une femme que, par litote, un connaisseur du dossier qualifie de « pas du tout *old british style* ». À son retour à Paris, le directeur des services spéciaux sollicite un entretien avec lui et lui tend une retranscription d'une écoute téléphonique. La ligne téléphonique de la dame, soupçonnée d'appartenir à un service étranger, était surveillée. Or elle avait raconté à une amie des détails intimes. Quelques mois plus tard, le nouveau président de la République, Georges Pompidou, s'ouvre à des journalistes de cette relation. De toute façon, Couve n'a besoin de personne pour donner corps à sa réputation. Il a le verbe vert, vert kaki plutôt. À propos de deux hommes politiques, dont l'un avait épousé la femme de l'autre, il persiflait, en parodiant le langage militaire : « Ils ont servi dans le même corps. »

Le feu de Matignon ne s'éteint jamais ou presque. En 1969, le successeur de Couve, Jacques Chaban-Delmas, qui a sa femme à Bordeaux et sa maîtresse à Paris, ranime la flamme. En 1972, Pierre Messmer évite qu'elle ne s'éteigne. Il ne prend pas le risque que les secrets de sa vie privée soient éventés. Son épouse Gilberte n'est pas bégueule, mais quand même. Peu après la nomination de son époux comme Premier ministre, elle a un cri du cœur, en souvenir de leur mariage, quand il n'était encore que capitaine de la Légion étrangère : « Ah ! qu'il était beau, mon légionnaire ! » Gilberte s'intéresse à l'époque aux potins du Tout-Paris, et songe à fonder un « Centre d'études de l'amour ». Un personnage, cette Gilberte ! Surnommée « Messmeralda » par les journalistes, elle rétorque que

« c'est très gentil » de l'appeler comme ça : « Cela rappelle Lollobrigida dans le film avec Anthony Quinn. Évidemment, maintenant, il va falloir que je me trouve un Quasimodo et une chèvre[1] ! » Un jour, elle s'exclame devant un panda : « J'aimerais bien avoir ça dans mon lit[2] ! »

À partir de 1974, Jacques Chirac rajoute du combustible. Après le passage de Barre, plus enjoué qu'on n'imagine, c'est, en 1981, la « vague rose » : Pierre Mauroy devient Premier ministre. Lors d'un déjeuner au restaurant, un journaliste observe que le chef du gouvernement est accompagné d'une femme très jeune. Au rendez-vous suivant, le journaliste suggère de faire un peu plus attention. Quelque dix ans plus tard, un autre socialiste se brûlera les ailes à Matignon. Bérégovoy, qui attendait depuis si longtemps d'y être nommé, y découvrira les joies du pouvoir. Un jour, l'ancien ministre de l'Économie assiste à une cérémonie à l'Élysée à laquelle ont également été conviées Catherine Deneuve et Isabelle Adjani. Lors de la réception, Mitterrand parle beaucoup à la seconde. Sur le perron de l'Élysée, des journalistes évoquent cette conversation. L'un demande : « Et Bérégovoy, il faisait quoi ? » Pour plaisanter, un autre répond : « Lui, il est avec Deneuve ! » Il n'en fallait pas plus pour lancer la rumeur ! La blague fait le tour des dîners en ville, mais colportée comme une information sérieuse. Bérégovoy en est-il affecté ? Un jour, des journalistes lui posent la question d'un ton humoristique. Un comble : au lieu d'opposer un démenti cinglant, le ministre répond très sérieusement qu'il ne peut pas parler de tout ça, et réclame la discrétion : « Ne l'ébruitez pas, car ma femme est très jalouse ! »

Mais l'histoire de Bérégovoy à Matignon finit mal. Le 1er mai 1993, quelques jours après avoir perdu les élec-

---

1. *Paris Match*, 13 juillet 1974.
2. Jean-François Probst, *Chirac et dépendances*, Ramsay, 2002.

tions, l'ancien Premier ministre se tire une balle dans la tête sur la berge du canal de Sermoise, au sud de Nevers. Chargés de rechercher les causes de la mort, les enquêteurs de la gendarmerie reconstituent ses dernières heures de déprime. Ils établissent l'emploi du temps de ce funeste après-midi. Comment Bérégovoy a éloigné habilement son garde du corps. Comment il a demandé à son chauffeur de faire quelques pas dehors pour le laisser passer un coup de fil tranquille. C'est à ce moment-là qu'il s'est saisi du 357 Magnum laissé dans la boîte à gants. Grâce à des recoupements techniques, les gendarmes déterminent que sa dernière communication téléphonique était destinée à une femme, une provinciale ayant une adresse à Paris[1]. L'intéressée ne s'est jamais manifestée, considérant qu'elle devait rester dans les coulisses de l'histoire. Qu'elle n'avait pas à ajouter la jalousie au deuil déjà terrible de la veuve. Les gendarmes finissent par sonner à sa porte. Elle leur raconte qu'elle l'a rencontré dans un avion quelque temps auparavant et qu'il l'invitait parfois à déjeuner. Elle jure qu'ils ont entretenu une relation, dit-elle, simplement amicale. Elle le dit comme cela. Le 1er mai 1993, l'ancien Premier ministre l'a appelée. Elle était occupée. Elle avait du monde chez elle. Elle lui a demandé s'ils pouvaient se rappeler plus tard. Selon elle, rien dans sa voix ne trahissait ses intentions. Avant le suicide, rares étaient ses proches au courant de l'existence de cette femme. Mais, peu après, il se trouve un intime pour subtiliser l'agenda du défunt. Une disparition qui fera couler beaucoup d'encre, à mauvais escient. Il s'agissait simplement que la veuve n'y découvre pas des rendez-vous dont elle ignorait tout.

L'un de ses successeurs, Alain Juppé, qui accède à Matignon en 1995, marchait plutôt, lui, sur les traces de Chirac. Il écrivait à une période des lettres censées être poétiques à des journalistes en utilisant exactement

---

1. Christophe Deloire, *Cadavres sous influence*, J.-C. Lattès, 2003.

les mêmes formules dans des courriers différents : un procédé décevant chez un ancien normalien. Le « meilleur d'entre nous », selon l'expression du président, a d'ailleurs fini par épouser une plume, Isabelle. Quand le chef du gouvernement fait paraître un livre, *La Tentation de Venise*[1], certains se demandent s'il ne s'agit pas d'une tentation de Casanova. Mais Juppé sera finalement renvoyé à ses chères études avec la dissolution et la débandade de la droite.

En 1997, nouveau chef du gouvernement, Lionel Jospin est le père de la « gauche plurielle », mais en rien un chaud partisan des « amours plurielles ». Lui qui avait épousé autrefois une jolie femme, Élisabeth, est lié depuis seize ans à une philosophe, Sylviane Agacinski. Mais à Matignon, l'heure n'est pas au libertinage pour une fois ! Dès 1997, le directeur du cabinet, Olivier Schrameck, a fait la leçon : « Attention à vos comportements, vous pouvez être observés par tout le monde. » En septembre 1997, le quotidien *Libération* publie en dernière page un portrait du ministre des Affaires européennes, Pierre Moscovici, un « célibataire en politique ». Dès la première colonne, un copain publicitaire du ministre assure : « C'est un séducteur, un dandy, un épicurien. Je ne l'ai jamais vu ne pas draguer une jolie fille dans une soirée[2]. » Le journaliste insiste : « Donc, des passades, des liaisons, des amours. » Il est même question de Charles Denner, dans *L'Homme qui aimait les femmes*. Lorsqu'il lit l'article, Jospin grince. À la première occasion, il sermonne Moscovici, en le battant froid : « Ce n'est pas bon pour toi, ce genre de portrait. Tu leur as expliqué ce que tu fais sur l'Europe ? »

En mai 1998, Jospin se rend en Nouvelle-Calédonie pour la signature des accords de Nouméa. Dans l'avion, une journaliste d'un quotidien national s'en donne à

---

1. Alain Juppé, *La Tentation de Venise*, Nil, 1996.
2. *Libération*, 1er septembre 1997.

cœur joie, dans les toilettes, avec un membre de la délégation. Leurs ébats font assez de bruit pour être rapportés au Premier ministre. De retour à Paris, celui-ci sermonne l'un de ses collaborateurs en charge des voyages : « J'aimerais que la prochaine fois l'avion ne soit pas un bordel. » Et le chef du gouvernement fait en sorte que la journaliste ne soit pas invitée pendant quelque temps. Lors des prémices de la campagne électorale pour l'élection présidentielle de 2002, Jospin clame à la télévision : « Ce sera sûrement aussi une question de désir et le désir est un moteur de la vie. Mais la beauté du désir, c'est quand il est réciproque[1]. » Même s'il aime se pavaner devant de jolies femmes, cet homme est en réalité très sage. Trop ? Le 21 avril, les Français infligeront en tout cas au candidat de la gauche vertueuse ce que, dans le langage des dragueurs, on appelle un « râteau ».

Comme quoi, s'imposer dans un rôle de séducteur, loin d'être un défaut, est sans doute une qualité éminente dans notre vie politique. Jospin en était trop dépourvu. Il n'était pas le seul. Ainsi Michel Rocard n'a-t-il jamais réussi à franchir le dernier pas vers le pouvoir suprême. Ce n'était pourtant pas faute d'être attiré par les femmes, mais face à lui, il y avait un maître.

---

1. France 2, 5 décembre 2001.

4

Une femme entre Rocard et Mitterrand

Au recto de sa carte de visite, à côté du dessin d'une rose, il est écrit : « Mme Évelyne Christ-Dassas, conseils en relation publique et humaine. » Au verso, son portrait est dardé de rayons. Petite mention en bleu : « Être le soleil de l'autre. » Tout un programme. Présidente de l'association Conscience et Présence, censée réunir toutes les appartenances philosophiques, religieuses et spirituelles, cette jolie amatrice d'ésotérisme raconte sans fausse pudeur avoir connu quelques hommes politiques. En 1960, elle fréquente le Conservatoire. Sur un trottoir, deux hommes lui « disent des bêtises » pour la draguer. Roland Dumas est l'un d'eux. En 1970, elle fait, dit-elle, la rencontre de François Mitterrand par l'entremise de Roger Hanin. La jeune femme est « interpellée, mais pas séduite, car il est très autoritaire[1] ». Néanmoins, quelques années plus tard, Évelyne Dassas a un « échange rapproché » avec le premier secrétaire du Parti socialiste. En 1987, alors qu'elle n'a pas vu le président depuis trois ans, elle lui demande rendez-vous. « J'ai apporté trois cristaux en cadeau à Mitterrand, pour les trois années sans nouvelles. Puis je lui ai dit : "Vous savez sans doute avec qui je suis depuis quelque temps." Il m'a répondu : "Non." Je lui ai dit : "Michel Rocard." »

---

1. Entretien avec les auteurs, 27 septembre 2005.

La visiteuse, qui a rencontré le héraut de la deuxième gauche en Israël l'année précédente, a une idée derrière la tête : lui donner un coup de main. Selon elle, elle ajoute à l'intention du chef de l'État : « Michel Rocard n'est pas l'homme que vous croyez. Il faut que vous le considériez comme un fils. Il ne se présentera pas contre vous, mais il doit être Premier ministre. » À croire cette version, Mitterrand aurait répondu : « C'est entendu, Évelyne, je vais le voir. » Et selon elle, le président aurait reçu Rocard dès le lendemain ! Quoi qu'il en soit, réélu en 1988, Mitterrand nomme ce dernier à la tête du gouvernement, mais sans doute pas pour lui faire plaisir. Rocard confirme-t-il l'existence de cette singulière rencontre ? L'intéressé ne confirme ni n'infirme : « Je ne sais pas si c'est vrai. Si elle m'avait prévenu, je le lui aurais déconseillé[1]. » Rocard ajoute qu'en tout cas Évelyne Dassas « n'est pas une hâbleuse ». Elle n'est pas du genre à fanfaronner. L'ancien directeur de cabinet de Rocard à Matignon, Jean-Paul Huchon, confirme, lui, les interventions d'Évelyne Dassas : « À une époque, Mitterrand et Rocard ne se parlaient pas, et Évelyne adorait jouer les intermédiaires[2]. »

La vie de Rocard change radicalement en 1991. « Tout commence avec mon divorce, à ma sortie de Matignon », explique-t-il. À ce moment-là, l'ancien chef du gouvernement se sépare de sa seconde épouse, Michèle. Tout le monde, y compris Rocard lui-même, prononce « Michèleu » pour éviter toute confusion. En novembre 1991, l'homme politique fait part publiquement de sa rupture dans une interview accordée à Philippe Labro pour *Le Point*. On salue cette honnêteté : « Je me fiche bien des hommages. Il se trouve que *Le Meilleur* avait annoncé la nouvelle, puis que la presse dite convenable a franchi la ligne jaune par l'intermédiaire de Christine Clerc sur une radio. Comme Labro

1. Entretien avec les auteurs, 14 novembre 2005.
2. Entretien avec les auteurs, 30 novembre 2005.

préparait un portrait de moi, je me suis dit qu'il valait mieux l'évoquer plutôt que l'on me fasse grief de mon silence, et que l'on me le fasse payer dans le commentaire. »

Michel Rocard va aujourd'hui plus loin. Il assume sa versatilité d'autrefois : « J'ai eu du mal à trouver un équilibre affectif avec une compagne permanente. J'ai eu quelques dérivations à mon déséquilibre. Ce n'est pas scandaleux d'avoir une petite amie, seulement ce n'est pas correct. En France, on manque de saints ! On exige des hommes politiques une raideur monacale, une vie de couple constante, alors que peu de Français réussissent cela pour eux-mêmes. » Pourquoi avoir longtemps mené double ou triple vie ? « Ma vie affective fragile tient plutôt à ma mère. Je ne veux pas être assimilé aux grands prédateurs, comme Mitterrand et Chirac. Il est clair que la majorité des hommes politiques est encombrée par le rapport aux autres. J'ai vu des orateurs de meeting vivre une jouissance orgasmique avec le micro. Le côté séduction, ça attire ces prédateurs. Pas moi. J'appartiens à une minorité de ma profession. Je considère faire partie de ceux dont la jouissance réside dans ce qu'ils font et laissent. » Pour Rocard, qui avait défendu le « devoir de grisaille », « la politique nécessite du long terme, qui ne correspond guère au temps instantané des conquêtes de charisme ».

Depuis qu'à seize ans, lors d'un voyage linguistique en Grande-Bretagne, Rocard avait joué pour lui-même *À nous les petites Anglaises* en la personne d'une certaine Jean Norman[1], il avait beaucoup collectionné les « dérivations », pour reprendre son expression. D'une rigueur protestante dans la vie publique, il a été saisi sur le tard par le démon de midi. Son ancien directeur de cabinet, Jean-Paul Huchon, raconte que, lorsque Rocard était maire de Conflans-Sainte-Honorine, il quittait son bureau à 18 heures tous les lundis, prétex-

1. Sylvie Santini, *Rocard, un certain regret*, Stock, 2004.

tant une réunion à l'extérieur. L'entourage gloussait sur le thème : « Lundi, c'est raviolis ! », avant de jaser sur une « Mme Ravioli ». Mais c'est à Matignon qu'il déploya le plus d'énergie. Entre Paris et le Bas-Bréault, charmante auberge de campagne située à Barbizon, il multipliait les allers et retours. À l'époque, encore marié, il fréquentait aussi Ilana Schimmel, une psychanalyste israélienne, proche de son ami Shimon Pérès. Dans une partie de l'entourage, la rumeur court qu'elle pourrait travailler pour le Mossad. Lui, aujourd'hui : « C'est le coup classique de Marie-Antoinette l'Autrichienne et c'est complètement idiot. »

L'ancien Premier ministre se souvient que, la seule fois où on ait tenté d'exercer un chantage sur lui, c'est à cette époque : « Des responsables du journal *Minute* m'avaient fait passer le message suivant : "Si vous ne nous donnez pas de l'argent ou des facilités d'impression, on sort la nouvelle que vous avez une maîtresse." Immédiatement j'ai fait répondre : "Rendez publique la nouvelle, cela m'aidera à débloquer une situation." » De son côté, François Mitterrand s'amuse de l'arrivée de la psychanalyste dans le paysage. À ses interlocuteurs, il racontait une histoire qui le faisait rire : « Vous connaissez Rocard ? Vous savez qu'il a divorcé pour se mettre en ménage avec une psychanalyste ? Eh bien, il devrait se séparer de la psychanalyste pour épouser une orthophoniste ! » Rocard, lui, ne plaisante pas sur Mitterrand : « Les maîtresses du prince sont toujours un sujet chaud. Donc j'ai fait très attention. » Disparu, sur le sujet, son fameux « parler-vrai » d'autrefois.

Épilogue ? En avril 2002, l'ancien Premier ministre épouse Sylvie Pélissier, rencontrée huit ans plus tôt, et avec qui il a vécu une sorte de *stop and go* amoureux. Il affirme aujourd'hui avoir enfin trouvé la sérénité qui lui manquait tant : « Je nage dans le bonheur. J'ai attendu soixante-dix ans pour connaître ça. »

5

Les « hirondelles » d'Edgar

Rocard s'est donc, sur le tard, montré frénétique en amour et de ce point de vue il n'était pas atypique. Car le libertinage en politique remonte à loin. À une époque où rien ne transpirait hors du sérail. Ainsi, au début des années soixante-dix, Patrick Poivre d'Arvor, tout jeune journaliste, assiste-t-il à une conférence de presse d'Edgar Faure. L'ancien ministre arrive en retard à l'hôtel Hilton où a lieu la réunion. À son arrivée, dans l'urgence, le petit homme s'incline vers l'une des personnes présentes et lui lance en zozotant, sans savoir que le micro est ouvert et que la salle entière va tout entendre : « Excusez-moi, j'étais en train de baiser. » L'humoriste Jacques Mailhot se souvient que Faure est invité de l'émission *L'Oreille en coin*, sur France Inter, dans les années quatre-vingt. À soixante-dix ans passés, « l'ancien président de l'Assemblée nationale a laissé sa carte aux deux hôtesses en partant ». Il est l'un des plus fameux érotomanes que le landernau politique ait jamais connus. Les ricaneurs ont toujours noté qu'Edgar Faure était député de la bien nommée circonscription de Saint-Claude, dans le Jura. De notoriété mondiale, cette petite bourgade est la capitale de la pipe.

« Edgar », comme on l'appelait, était un personnage. Sa consommation forcenée a commencé sous la IVe République. En 1950, il est nommé ministre des

Finances. En 1952, à quarante-quatre ans, le voilà président du Conseil, un poste qu'il occupera à nouveau en 1955-1956. Membre de l'Académie française, Jean-Marie Rouart se souvient qu'un jour, à la fin des années soixante, Faure lui confie : « Quand j'étais ministre, quelques femmes m'ont résisté ; une fois président du Conseil, plus une seule. » Dans l'une des salles de l'hôtel de Lassay, il a fait aménager une porte dérobée pour « exfiltrer » rapidement ses conquêtes. Voilà qui rappelle le meilleur de Feydeau et de ses farces conjugales ! Après, il ne s'arrête plus. En 1966, il est ministre de l'Agriculture du Général. Un soir, celui-ci rentre tardivement d'un déplacement au Brésil et exige de réunir le gouvernement au complet. Un seul manque à l'appel : Edgar Faure, qui est introuvable !

De Gaulle est furieux. L'ex-président du Conseil ne sait pas comment annoncer qu'il a découché ce soir-là. Finalement, le secrétaire général de l'Élysée, Étienne Burin des Roziers, est mis dans la confidence. Il se charge d'informer le Général en douceur. Le lendemain, lors du Conseil des ministres, Edgar Faure arrive en tremblant. De Gaulle s'approche de lui : « Alors, monsieur le ministre de l'Agriculture, on sort le soir maintenant ? » En 1972, le Premier ministre Pierre Messmer lui confie le portefeuille des Affaires sociales. À l'époque, Faure a une petite amie russe. Dans les services du contre-espionnage, cette relation intrigue. Une enquête est diligentée. Le président de la République, Georges Pompidou, est averti de l'idylle. Un jour, lors d'un rendez-vous avec le journaliste Claude Imbert, Pompidou persifle : « Les histoires russes d'Edgar, c'est limite. »

L'épouse de Faure, Lucie, est une maîtresse femme, dotée d'une certaine liberté d'esprit. Comme l'avait dit Georges Pompidou à Jacques Foccart : « Si on me disait que Mme Foccart participait à des partouzes, je hausserais les épaules. Mais évidemment, si on me disait que Mme Lucie Faure a des mœurs particulières ou qu'elle se livre à ce genre d'exercices, je n'aurais pas la même réaction[1]. » Très lié à Lucie, Edgar n'en frayait pas moins, en toutes saisons, avec ses « hirondelles ». Ses conseillers l'entendaient parfois dire : « Cela me démange, alors j'y vais », avant de partir en chasse. Dans sa circonscription, les préfets étaient habitués à lui donner la clé d'une porte de service de la préfecture pour qu'il puisse se rendre discrètement dans la chambre réservée au président du conseil général. Lorsqu'un préfet la lui refusa, Faure fit en sorte qu'il fût muté[2]. Ancien proche d'Edgar Faure, le sénateur du Jura Pierre Jeambrun raconte comment il ne dédaignait pas évoquer ses frasques. Ainsi appelait-il sa capacité à trouver chaussure à son pied en tournant simplement la tête : « présence immédiate par rotation périphérique ». Un jour, le ministre parle à Jeambrun des assauts féminins dans les cocktails : « Elles butinent, mon cher Pierre, mais c'est moi qui mange le miel. »

Amateur de femmes, Edgar Faure l'est aussi de bons mots. À propos d'une écrivain parisienne, dont quelqu'un lui demandait si elle n'était pas trop grande pour lui, il jure, un peu vaniteux : « Mon cher, je ne l'ai jamais vue qu'à genoux. » Faure inspire des histoires, peut-être apocryphes, qui agrémentent les conversations dans les salons parisiens. Un jour, il s'avance vers une femme appuyée contre une cheminée. Le ministre lance à la dame : « Si c'est pour moi, pas trop cuit. » À la mort de Lucie, le veuf ne s'assagit pas, au contraire. Au Maroc, il entre dans un hôtel au bras d'une jeune femme, plutôt moins jolie que d'habitude. Le directeur de l'hôtel fait la remarque. Faure rétorque : « C'est que je suis en deuil... » Président de l'Assemblée nationale entre 1973 et 1978, il entre une fois dans l'hémicycle la braguette ouverte. L'huissier le prévient. L'intéressé feint de se plaindre : « Dans cette maison, il faut tout faire ! »

1. Jacques Foccart, *Journal de l'Élysée*, t. II, *Le Général en Mai (1968-1969)*, Fayard-Jeune Afrique, 1998.
2. Pierre Jeambrun, *Les Sept Visages d'Edgar Faure*, Jas, 1998.

Edgar Faure avait gardé sous la Ve République la liberté de ton des radicaux de la IVe. D'un point de vue affectif et sensuel, les dirigeants d'après guerre étaient aussi instables et velléitaires que le régime. À l'époque, les radicaux étaient puissants. Selon un ancien ministre de l'époque, le président du Conseil René Mayer « inspirait de l'estime en raison de son talent, mais était très porté sur la consommation ». C'était aussi le cas de Maurice Faure, secrétaire général du Parti radical-socialiste à partir de 1953 puis secrétaire d'État aux Affaires étrangères. Ce Faure, qui n'a rien à voir avec le premier, explique aujourd'hui : « Dans ma vie, les femmes n'ont jamais influé dans un sens ou dans l'autre. Et j'ai toujours tenu à ce que mon mariage subsiste[1]. »

Ancienne personnalité de la IIIe République, le radical Édouard Herriot préside l'Assemblée sous la IVe. Il fait lui aussi partie des plus excités par le sexe faible. « La vie sentimentale d'Herriot était comparable à la combustion d'un volcan, selon un mémorialiste des favorites. Tout y passait, et, cependant, ce petit-fils de Minotaure n'était, paraît-il, jamais satisfait[2]. » Mais, là encore, « ces passantes d'un jour, généralement […] anonymes, n'avaient aucune importance politique ». Seul comptait le plaisir du jeu. Herriot, semble-t-il, aimait que ses petites amies se déguisent en infirmières. Un jour, un préfet de police bien informé serait entré dans son bureau en lançant « bonjour docteur ! », sauvant ainsi son poste. Face à ce ministre bien doté par la nature, une coquine exprima un jour son heureuse surprise. Il aurait répondu, un rien bravache : « Oui madame, j'en suis fier, pour la France ! » En janvier 1954, Édouard Herriot cède son fauteuil de président de l'Assemblée à André Le Troquer. Ce dernier organise alors des soirées coquines dans la résidence secondaire officielle, le pavillon du Butard.

---

1. Entretien avec les auteurs, 15 juin 2005.
2. André Germain, *Les Grandes Favorites, 1815-1940, op. cit.*

Sous la IVe, un ministre de la Justice est retrouvé dans son bureau roulé dans le tapis des Gobelins avec une amie. Alors qu'une personne entre de manière inopportune dans son bureau, un autre est obligé de lancer à sa secrétaire, à genoux sous la table : « Ginette, vous la trouvez cette gomme ! » Enfin, un ministre des Finances installe un lit de camp dans son bureau, en assurant d'un ton coquin : « Je couche avec le budget[1]. » Hélas, les coulisses de la IVe ont aussi fait une victime, qui n'est pas morte au champ d'honneur. Pierre Chevallier est nommé secrétaire d'État à l'Enseignement technique le 12 août 1951. Président du groupe UDSR où Mitterrand a débuté sa carrière politique, le maire d'Orléans ne reste ministre que quelques heures, car sa femme le tue de cinq balles de revolver. Il la trompait avec une jeune femme de la commune, et sans doute son épouse craignait-elle que son portefeuille de ministre lui vaille d'autres bonnes fortunes[2]... Heureusement que toutes les épouses trompées ne tirent pas sur les maris : ce serait un carnage dans la République.

1. Pierre Jeambrun, *Les Sept Visages d'Edgar Faure*, op. cit.
2. Patrick Girard, *Ces Don Juan qui nous gouvernent*, op. cit.

6

Dans la chambre du ministre

La politique n'est donc pas un métier sans périls. Même au travail, ceux qui vivent pour elle croisent à tout instant les dangers de ce terrible aphrodisiaque qu'est le pouvoir. « J'ai rencontré beaucoup de créatures parfois splendides à l'Élysée et à Bercy, qui m'invitaient quelquefois à dîner avec des convives choisis. Je me suis toujours méfié[1]. » Célèbre pour ses bretelles et son franc-parler, Michel Charasse confirme ce constat. L'homme se considère comme un mari fidèle. Le sénateur du Puy-de-Dôme parle d'expérience : « Tous les hommes de pouvoir sont approchés », poursuit-il. Entre 1988 et 1992, Charasse est ministre du Budget. Du haut de la citadelle de verre de Bercy, il a une vue plongeante sur le patrimoine et la déclaration d'impôts des Français. Une manière de mettre à nu plusieurs dizaines de millions de contribuables : « Je connaissais les gens dans leur intimité. Mais je ne me suis jamais intéressé aux mœurs, sauf quand il y avait danger pour la République. » Charasse ne badine pas avec l'argent public. Lorsqu'un contribuable oublie de payer ses impôts, il part en chasse. Les VIP n'échappent pas à la règle mais obtiennent souvent, quel que soit le ministre, une entrevue pour négocier leurs contentieux. Wanda Ribeiro de Vasconcelos, *alias* Lio, a le défaut de beaucoup

---

1. Entretien avec les auteurs, 11 octobre 2005.

d'artistes : elle est en délicatesse avec les chiffres. Dans les années quatre-vingt, la chanteuse se retrouve avec plus de 500 000 euros à régler au fisc. Le ministre et l'un de ses conseillers la reçoivent une première fois. Ils l'avertissent d'un contrôle fiscal à venir. Quelques mois plus tard, Lio se rend à l'évidence : sa situation est catastrophique. L'interprète de *Banana split* est au bord du désastre ! Son conseiller fiscal la persuade de demander un nouveau rendez-vous avec le ministre.

La suite, Lio va la raconter dans un livre, *Pop Model*. Dans l'ouvrage, elle évoque le ministre du Budget sans citer son nom. Mais Charasse lui-même ne fait pas mystère que c'est bien de lui qu'il s'agit. Lio, donc, appelle le standard de Bercy. On lui passe une secrétaire. Au bout de quelques secondes, elle converse avec le ministre. « Ma chère Lio ! Je suis bien entendu à votre disposition. Pourquoi pas ce soir à 20 h 30[1] ? » Charasse lui fait comprendre qu'il faut saisir l'occasion. Si elle n'accepte pas ce rendez-vous, il faudra le reculer de trois mois. Ce sera peut-être trop tard. À la nuit tombante, la chanteuse se retrouve dans son bureau. Récit de Lio : « Il me fait des ronds de jambe, avec une faconde certaine. Je vis un rêve étrange, un peu inquiétant [...]. Je me retrouve dans un roman, tout en sachant parfaitement bien que je ne pourrai rien retirer de cette situation. Je ne suis pas une courtisane[2] ! » La discussion s'engage. Serrée.

Charasse : « On a parlé de sa situation fiscale. Je prenais à l'époque des médicaments contre la tension. Je lui ai dit : "J'ai une pilule à prendre. Venez avec moi jusqu'à mon appartement, je vous le ferai visiter." Il n'y avait aucune ambiguïté. » Lio : « Je vois le piège se refermer sur moi. J'espère que la visite guidée va s'arrêter au salon et à la cuisine. Eh bien non... Il continue [...]. Chaque fois qu'il en a l'occasion, il s'approche un peu de moi. » Lio se retrouve dans la chambre. Selon la chanteuse, le ministre

1. Lio et Gilles Verlant, *Pop Model*, Flammarion, 2005.
2. *Ibid.*

veut lui apprendre le baiser japonais : « Malheureusement pour lui, Serge Gainsbourg me l'avait déjà appris quelques années auparavant[1] ! » Selon Charasse, c'est plutôt la chanteuse qui lui fait des clins d'œil. Conclusion de Lio : « Je ne peux pas dire qu'il a essayé de me culbuter de force [...]. Mais si j'y avais mis un peu du mien, que se serait-il passé ? En tout cas, si j'avais couché, j'aurais été le coup le plus cher de France. Une passe à 3,7 millions, qu'est-ce que vous dites de ça ? » Charasse jure n'avoir jamais eu une telle intention : « Aussitôt après, on est allés dîner au restaurant. Puis je l'ai déposée chez elle. » En tout bien, tout honneur. Au final, Lio assure avoir obtenu quelques facilités de paiement. Selon Charasse, des biens ont été saisis au Portugal.

En tout cas, Charasse sera constamment sollicité pendant son passage au ministère du Budget. Un jour, son collègue des Affaires étrangères, Roland Dumas, lui demande de recevoir Sylvia Bourdon. Reconvertie en égérie de la monnaie unique, cette ancienne actrice de films X cherche à financer un grand concours européen pour le graphisme de l'écu. Charasse : « Je l'ai envoyée promener. » Mais la pasionaria revient à la charge. « Dumas me l'a renvoyée une nouvelle fois. Je ne pouvais rien faire. Je l'ai envoyée chez Bérégovoy. Elle s'est débrouillée pour toucher des subventions. Pendant l'entretien, on a plaisanté. Mais je ne lui ai jamais fait la moindre proposition : elle n'est d'ailleurs vraiment pas mon genre. Après, elle a essayé de me salir. » En effet, en novembre 2001, *L'Express* publie le témoignage de Sylvia Bourdon. Elle fait son récit de l'entretien : « Je me présentai avec un blouson de cuir noir, les jambes gainées dans un étroit pantalon de la même couleur [...]. Brusquement, il se leva, ôta ses lunettes, fit le tour du meuble Empire et vint caler son fessier de ministre sur le bord du bureau en me dévisageant : "Ben alors, ton copain Dumas m'a raconté des histoires ! T'es un mec ou quoi ? J'te plais

---

1. *Paris Match*, juin 2004.

pas ? J'chuis trop moche pour toi ?" » Aujourd'hui encore, l'ex-actrice n'a pas digéré : « J'ai été humiliée. Il a abusé de sa situation de pouvoir. Pour ma part, je n'ai jamais couché avec une carte de visite[1]. »

Un autre ancien ministre du Budget, Alain Lambert, sénateur UMP de l'Orne, confirme que le pouvoir génère des postures délicates : « J'ai rencontré deux, trois situations ambiguës. Des personnes dont la situation fiscale méritait d'être améliorée et qui ont voulu user de la séduction, sans mener la démarche jusqu'à son terme. Tout le monde en joue[2]. » Michel Cointat, ministre dans les gouvernements Chaban-Delmas et Barre, s'est livré à un exercice statistique personnel : « 82 % des femmes disent « oui » à un ministre, explique-t-il. Il y a celles qui aiment les hommes, celles qui ne sont pas désintéressées par la séduction d'un représentant du pouvoir et enfin celles qui font collection[3]. » Ancien conseiller de Lionel Jospin à Matignon, Alain Christnacht insiste sur le charisme protecteur des hommes politiques : « Dans la séduction masculine vis-à-vis des femmes, il y a la force. Les politiques incarnent ça[4]. » Ancien directeur de cabinet de Michel Rocard à Matignon, Jean-Paul Huchon abonde dans le même sens : « Je n'ai jamais eu autant de succès potentiel que pendant la guerre du Golfe. Certaines femmes sont fascinées par les policiers qui posent leur arme à feu sur la table de chevet, alors vous imaginez quand on parle des missiles qui décollent. » Ministre des Affaires étrangères, Philippe Douste-Blazy précise : « En politique, vous faites un métier noble, et les femmes se disent qu'elles peuvent être avec un homme qui donne un sens à sa vie plutôt qu'avec un type qui met ses pantoufles en rentrant. »

Hubert Védrine : « Le pouvoir rend fou. Mais il rend fou, non pas tant ceux qui l'exercent que ceux qui entrent

---

1. Entretien avec les auteurs, 6 juillet 2005.
2. Entretien avec les auteurs, 5 janvier 2006.
3. Entretien avec les auteurs, 23 janvier 2006.
4. Entretien avec les auteurs, 16 novembre 2005.

en contact avec les hommes de pouvoir. » Pour Jacques Georgel, ancien du cabinet Savary et auteur de *Sexe et politique* : « La classe politique ne se distingue en rien des autres citoyens. La différence est que les occasions sont infiniment plus nombreuses. L'attrait du pouvoir est phénoménal. Des gens sont prêts à se rouler par terre pour le sourire d'un homme de pouvoir. Mussolini n'était pas un amant de grand talent. Un sablier de trois minutes suffisait. Mais les femmes disaient qu'elles avaient connu une extase[1]. » Même Jean-Marie Le Pen peut témoigner de la folie à l'égard du pouvoir. Le président du Front national n'a jamais exercé de fonction ministérielle, mais sa notoriété politique a suffi à faire de lui un objet de désir : « Quand une femme vous dit que le couvert est servi, il faut être très très courageux. Il y a des femmes qui vous glissent leur culotte dans la poche. Alors il faut faire ses poches avant de rentrer à la maison[2]. » Mieux, ou pire : « Un jour, j'étais en meeting. Soudain, une jeune femme s'est jetée sur moi et m'a embrassé à pleine bouche. Elle ne me lâchait pas ! » Il a fallu l'intervention des policiers pour le dégager de cette étreinte militante et étouffante. Assis dans un fauteuil de sa maison du parc de Montretout, Le Pen disserte sur la question : « Le cœur du problème, c'est la relation affective qui unit les gens aux hommes politiques. Aussi bien chez les vieilles dames que chez les très jeunes filles, l'adhésion politique peut s'additionner d'un sentiment amoureux. On reçoit beaucoup de courrier énamouré, parfois même avec des traces. » Le Pen règle ses comptes au passage en ajoutant : « Il paraît même que certaines ont été amoureuses du général de Gaulle. » Une perfidie post mortem.

1. Jacques Georgel, *Sexe et politique*, Apogée, 1999.
2. Entretien avec les auteurs, 21 octobre 2005.

7

Christine et Roland

Depuis la vie de Cour sous le règne du Roi-Soleil, la
Vᵉ République, avec son pouvoir centralisé et son absolutisme institutionnel, a offert un cadre propice à tous
les débordements. Contenus par la personnalité de de
Gaulle, ils se sont accentués au cours du temps. Avec
l'accession de Mitterrand à l'Élysée, un homme va
incarner le libertinage jusqu'à la perfection. Ce n'est pas
un hasard s'il est amateur du *Don Juan* de Mozart. Avec
sa coiffure ondulée et un rien romantique, cet avocat
plaît beaucoup. Son uniforme à lui, c'est le maintien. Il
était déjà séduisant avant le pouvoir et il l'est resté
après. Il y a quelques années, Roland Dumas dîne à la
brasserie Lipp à Paris, en compagnie de son ami
l'humoriste Pierre Douglas. Ce soir-là, par hasard,
Christine Deviers-Joncour pousse la porte tournante du
célèbre établissement de Saint-Germain-des-Prés. Dans
la salle, les clients se taisent. Un duel à la Sergio Leone
se trame. L'ancien ministre et sa maîtresse d'autrefois,
qui se sont déchirés devant la justice, vont-ils s'affronter
en public ? Christine Deviers-Joncour s'avance vers
Dumas. À la surprise générale, elle dégaine : « Roland,
tu es toujours aussi beau. » Puis celle qui eut le tort de
se baptiser la « putain de la République » dîne de son
côté. Mais à l'heure de sortir, elle s'approche à nouveau
de son ancien amant, lui prend furtivement la main et

lui glisse dans la paume un papier sur lequel elle a écrit son numéro de téléphone portable. Amour toujours...

Au moment de l'enquête sur l'affaire Elf, il l'avait revue dans le bureau de la juge Éva Joly. Sortie de la confrontation avant lui, elle lui avait lancé un baiser avec la main. En 2005, Christine Deviers-Joncour retient toujours ses larmes quand elle parle de cet homme qu'elle a tant aimé : « Je serais probablement avec lui s'il n'y avait pas eu cette affaire[1]. » Mais les amours entre le fringant ministre des Affaires étrangères et la « Mata Hari du Périgord » ont été réduites en poussière par la procédure judiciaire. Cette passion remontait à loin.

Car la vie de Christine a été aventureuse. En 1965, à dix-huit ans, elle épouse Jean-Jacques de Peretti. Au programme de leur couple : *peace and love*, vie de bohème au son des Beatles et de Bob Dylan, Mai 68. Et un enfant. Mais après sept ans de vie commune, les deux époux divorcent. Vingt ans plus tard, Peretti deviendra député, puis ministre de l'Outre-Mer du gouvernement Juppé entre 1995 et 1997. De son côté, Christine rencontre un industriel, Claude Joncour. Avec lui, en 1974, elle colle des affiches pour Chaban-Delmas en Bretagne. Elle l'épouse. Puis le temps passe. En 1988, Christine fait la rencontre de sa vie : Roland Dumas. Curieusement, l'avocat proche de François Mitterrand fait campagne pour les législatives, en Dordogne, contre... Jean-Jacques de Peretti, le premier mari de Christine. Dumas n'en a cure. Il propose à la mère de Christine, Paulette, de s'occuper de sa permanence de Sarlat. Elle refuse, explique-t-elle, « pour ne pas travailler sur le territoire[2] » du père de son petit-fils. Mais quand Dumas lui propose d'ouvrir une per-

---

1. Entretien avec les auteurs, 5 septembre 2005.
2. Procès-verbal d'interrogatoire de Paulette Deviers, brigade financière, 28 mai 1999.

manence dans une autre bourgade, Paulette passe ses scrupules par pertes et profits. Commence un affrontement digne des Atrides. Christine et sa mère soutiennent activement, contre leur ancien mari et gendre, celui qui, après les élections, va devenir le ministre des Affaires étrangères. Ensemble, Christine et Roland se rapprochent en écoutant le *Cantique de Jean Racine*, de Fauré. Paulette devine les prémices de l'idylle : « Cela m'a amenée à mettre en garde le mari de ma fille, Claude Joncour. Je savais que M. Joncour avait œuvré pour rapprocher ma fille avec M. Dumas. »

Quelques mois après la rencontre, la liaison s'intensifie. L'un des dirigeants d'Elf, le célèbre Alfred Sirven, considère qu'il peut s'appuyer sur cette passion afin « de maintenir de bonnes relations avec le Quai d'Orsay ». En juillet 1989, la Société nationale Elf-Aquitaine recrute la jeune femme. La vie de château commence. De juillet 1990 à juillet 1992, elle bénéficie d'un appartement de 130 mètres carrés rue Robert-Estienne, dans le VIIIe arrondissement. En tout, ce sont 64 millions de francs de salaires, avantages en nature et versements indus qu'elle perçoit pour influencer le ministre. 64 millions ! Ce qui ne marche pas toujours pour autant. Ainsi, quand Sirven souhaite la levée du veto du gouvernement français sur la vente de frégates à Taïwan, Christine se heurte « d'emblée à une fin de non-recevoir de la part de Roland Dumas ». Mais les tourtereaux vivent un rêve. Elle l'accompagne dans des voyages, en Chine, à Hong Kong. Avec sa carte de crédit d'Elf, elle l'invite dans les plus grands restaurants, au Régence du Plaza Athénée ou à l'Espadon du Ritz.

Mais en 1991 apparaissent les promesses et les premières désillusions. Même s'il est toujours marié, Christine croit comprendre que son amant a l'intention de l'épouser. Sa mère, Paulette, est plus sceptique : « Connaissant la réputation de M. Dumas, j'avais mis en garde ma fille. Je me souviens, pour l'anniversaire de mes soixante-dix ans, le 5 juillet 1991, que M. Dumas m'a offert une petite broche en or, ornée de petites pierres. J'ai trouvé ce cadeau un peu excessif alors que je me considérais seulement son employée [...]. Le même jour, après le repas du midi, M. Dumas lisait dans un hamac devant la maison. Je l'ai interpellé en lui disant : "Roland, aimeriez-vous ma fille à ce point ?" en lui montrant la broche. Il m'a répondu : "Mais oui, mais Christine est toujours trop pressée, nous verrons cela dans trois mois, j'ai besoin de ce temps pour régler mes affaires"[1]. » À l'époque, Sirven promet à Christine une « clé en or pour abriter vos amours » : un nouvel appartement, rue de Lille, acheté avec l'argent d'Elf. En fait, Roland n'y emménage pas. Il y vient simplement à des dîners, à la sortie de l'Opéra. Des dîners, selon Dumas, avec « les plus grandes voix de notre siècle[2] », Placido Domingo, José Carreras, Roberto Alagna.

Pour Dumas, l'amour coule comme la Seine sous le pont Mirabeau : « Je fixe la fin de nos relations amoureuses à 1991 environ[3]. » En 1992, dépitée, Christine l'avertit qu'elle a un autre homme dans sa vie, Gilbert Miara, qui emménage rue de Lille. Dumas raccompagne Christine à l'ascenseur et lui dit : « Vous m'avez fait un très beau cadeau. » Elle : « Comment cela ? » Lui : « Vous ne vous rendez pas compte ? Vous me donnez l'envie, après tant d'années, de vous reconquérir[4]. » De fait, Dumas revient en force, dans la tradition classique du trio ! Comme dans un vaudeville, Miara repart en septembre 1993. Dumas, qui a quitté le ministère, est beaucoup plus disponible. Il voit à nouveau Christine plusieurs fois par semaine. Jusqu'à ce qu'à l'automne 1997 la menace judiciaire pèse comme une épée de

1. Procès-verbal d'interrogatoire de Paulette Deviers, brigade financière, 28 mai 1999.
2. Procès-verbal de confrontation de Roland Dumas et Christine Deviers-Joncour, cabinet d'Éva Joly, 2 juin 1999.
3. Procès-verbal de déposition de Roland Dumas, cabinet de Philippe Courroye, 1er mars 2000.
4. Christine Deviers-Joncour, *La Putain de la République*, Calmann-Lévy, 1998.

Damoclès. Fin octobre, à la sortie d'une représentation du *Requiem* de Verdi, ils dînent pour la dernière fois. Selon elle, Dumas, arrivé avant les autres convives, lui demande de cacher leurs souvenirs communs. De quoi s'agissait-il ? De lettres d'amour. Version de Christine : « Il y avait au moins quatre ou cinq grandes lettres de plusieurs pages, que Roland Dumas m'avait adressées en 1991 […]. Il s'agit de lettres très romantiques et très passionnées. Il y avait également une vingtaine de petits mots (cartes postales, billets accompagnant des fleurs) que Roland Dumas m'avait adressés. » Version de Roland : « Les seuls documents qu'elle pouvait détenir concernant notre liaison étaient une ou deux lettres d'amour très courtes et quelques billets accompagnant des fleurs ou des mots écrits en langue étrangère, car elle se piquait de langues étrangères. » Dumas nie lui avoir demandé de brûler des missives : « Je ne suis ni l'incendiaire de la paillote corse, ni d'aucun document qui m'aurait été confié. Du reste, s'il s'agissait de lettres personnelles et intimes, j'ai très peu écrit à Christine. Je n'ai jamais écrit que de petits mots très brefs ponctués de citations parfois étrangères. Je ne vois pas pourquoi je les aurais fait disparaître. Je ne renie rien[1]. »

Il y avait aussi des cassettes. Christine raconte : « Comme il se déplaçait à l'étranger, il m'appelait à chaque fois et me laissait des messages d'amour. J'avais enregistré ces messages sur une cassette […]. Un jour, nous avons également enregistré une conversation que nous avons eue sur un fond musical. Il s'agissait d'une sorte de joute amoureuse, dont le rythme suivait celui de la musique. Nous l'avons réécoutée ensemble plus tard. Il avait trouvé cela très beau et m'avait dit de le garder[2]. » Dumas : « Je ne la crois pas assez vile pour

---

1. Procès-verbal de confrontation de Roland Dumas et Christine Deviers-Joncour, cabinet d'Éva Joly et Laurence Vichnievski, 2 juin 1999.
2. Procès-verbal d'audition de Christine Deviers-Joncour, cabinet de Philippe Courroye, 3 avril 2000.

avoir enregistré des instants très intimes entre nous. »
Pourtant, Christine a bel et bien fait écouter ces cassettes à Fabienne Tealdi, une amie qui fut d'ailleurs la
compagne de son ancien mari, Jean-Jacques de Peretti.
Tealdi : « Christine Deviers-Joncour et moi les avons
écoutées une nuit toutes les deux dans son lit[1]. »

De la vie amoureuse de Dumas, la presse n'aura
retenu que ce Capitole et cette roche Tarpéienne de
l'amour. Et pourtant, à combien d'histoires ont donné
lieu les fulgurances du chef de la diplomatie française !
Lors d'une réception à l'Élysée, il lorgne une femme
superbe. Elle est l'épouse du maire d'une grande ville,
mais qu'importe, le ministre s'avance et commence à
s'entretenir avec la belle. À ce jeu très français de la
séduction de salon, Dumas emporte souvent la partie.
Mais voilà que, ce jour-là, on le tire par le bras. C'est
François Mitterrand qui s'immisce. Le chef de l'État
s'adresse à la dame : « Pardonnez-moi, j'ai deux mots à
dire au ministre. » Une fois à l'écart, le président
susurre à son ami : « Moi d'abord ! » Cette fois-là, en
bon soldat, Dumas s'incline. Ce n'est pourtant pas le
genre de ce chasseur de laisser la proie s'enfuir. Avec
sa chevelure ondulée, son regard bleu étincelant, sa
voix suave et forte, Roland Dumas incarne une forme
de charme peu commune. En lui s'allient les puissances
sensuelles du pouvoir et de l'art. Au ministère des Affaires étrangères, qu'il dirige entre 1984 et 1986, puis
entre 1988 et 1993, l'élu socialiste fait merveille auprès
des femmes. Un jour, lors d'un voyage en Italie, le programme prévoit que Dumas visite les travaux de la cha-
pelle Sixtine, en compagnie de son homologue italien.
Le départ de l'hôtel est prévu à 18 heures. « De sa chambre, Dumas fait préciser aux Italiens que ce n'est fina-

1. Procès-verbal de confrontation de Daniel André et Fabienne Tealdi,
cabinet de Philippe Courroye, 11 janvier 2000.

lement pas le moment », se souvient un responsable français du Protocole. Les bras des Italiens en sont tombés.

Un autre jour, lors d'un voyage de Boris Eltsine à Paris, un dîner est prévu au Trianon à Versailles. À la lecture des cartons d'invitation, Dumas fulmine : « Vous avez prévu un dîner avec les épouses, si c'est ainsi je ne viendrai pas ! » Le ministre aurait-il préféré une soirée entre garçons ? Finalement, il vient, seul, au dîner. Des actrices ont aussi été invitées. Roland Dumas est amateur de fréquentations courtoises, à défaut d'être coupables. Entre deux rendez-vous, le ministre des Affaires étrangères monte sur la scène de l'Opéra de Paris, afin de chanter devant un parterre d'amis le duo d'amour de *La Bohème* de Puccini, avec la diva Mirella Freni. Président du Conseil constitutionnel entre 1995 et 2000, Dumas fait installer une petite chambre dans les bureaux de la rue Montpensier. Officiellement pour ne pas avoir à traverser Paris quand il sort trop tard des représentations de la Comédie-Française, située juste à côté.

Le « point fixe » de Roland Dumas, pour reprendre l'expression de Bernadette Chirac, est une native de Bordeaux, Anne-Marie Lillet. En 1961, le futur ministre épousait cette héritière de vingt-deux ans plus jeune que lui. Depuis, il ne l'a jamais laissée tomber. Anne-Marie Dumas en témoignait devant les magistrats de l'affaire Elf : « Mes ressources proviennent depuis toujours de mon mari[1]. » Mais l'épouse ajoutait dès le début de l'interrogatoire : « Je tiens à préciser tout d'abord que nous sommes les victimes d'un acharnement médiatico-judiciaire et notre famille est brisée à jamais. » À cause de Deviers-Joncour, bien entendu, qu'Anne-Marie Dumas avait rencontrée bien avant son mari, par des amis communs. Comme un personnage

---

1. Procès-verbal d'audition d'Anne-Marie Dumas, brigade financière, 2 juillet 1998.

de Feydeau, Dumas a vécu plusieurs vies. Mitterrand, qui appréciait beaucoup Anne-Marie Dumas, avait averti à plusieurs reprises : « Vous devriez être plus discret. »

Mais Dumas ne se contentait même pas d'une double vie. Il lui en fallait mille. Deviers-Joncour s'est elle-même fait prendre au jeu : « En réalité, j'ai compris peu à peu que c'était un homme qui lisait plusieurs livres à la fois, et qui avait plusieurs femmes dans sa vie ; de même, il aimait vivre dans plusieurs maisons[1]. » Précision : « Je savais qu'il avait deux femmes importantes dans sa vie en plus de moi : son épouse et une autre maîtresse. » Quand les policiers de la brigade financière interrogent cette dernière « maîtresse » en 1998, elle révèle : « Je vis avec M. Dumas depuis 1968[2]. » Cette célibataire sans enfants, avocate de profession, avait donc, si l'on calcule à partir de sa date de naissance, dix-neuf ans. Lui, quarante-six. Est-ce une erreur de frappe ? Absolument pas. Car, plus loin dans le procès-verbal, elle précise : « J'ai connu M. Dumas à partir de 1966. » Étrange vie. Les explications de l'avocate prouvent à quel point Dumas naviguait à vue. Des liens entre lui et Christine Deviers-Joncour, elle affirme ne rien savoir, « si ce n'est ce que j'en ai lu dans la presse ». Elle ajoute : « Je n'accompagnais jamais M. Dumas lors de ses déplacements professionnels à l'étranger lorsqu'il était au poste de ministre. Il en est de même depuis qu'il est président du Conseil constitutionnel. » Et enfin : « M. Dumas se rend pratiquement tous les week-ends à Bordeaux où se trouve sa femme. »

Roland Dumas cherche-t-il le parfum enfui de sa mère, dont il écrivait : « Ses joues exhalaient une odeur que je ne retrouverais jamais sur aucune femme[3] ? » Cet

---

1. Procès-verbal d'interrogatoire de Christine Deviers-Joncour, cabinet d'Éva Joly, 17 mars 1999.
2. Déposition à la brigade financière, 28 janvier 1998.
3. Roland Dumas, *Le Fil et la Pelote*, Plon, 1998.

homme « si raffiné et cultivé[1] », selon les termes de Deviers-Joncour, ne cultive pas seulement les sentiments. Il aime aussi à s'encanailler. En février 1993, Dumas rentre en voiture tard dans la nuit, avec Christine. Il l'emmène rue Saint-Denis, suivi par ses deux gardes du corps. Le couple pénètre dans un sex-shop pour choisir un *sex toy*, et se retrouve face à un étalage de godemichés : « Lequel de ces spécimens choisiriez-vous, ma chère ? » interroge-t-il. Christine rougit de honte. Dumas jette son dévolu sur le plus imposant des engins, noir d'ébène. Il demande de l'envelopper dans un papier cadeau. De retour dans la voiture, Christine contient difficilement sa rage. Son amant aurait-il des intentions particulières ? Le ministre, qui aime la provocation, la rassure. Il entend offrir ce curieux présent à une chargée de mission de la présidence de la République, qui le harcèle pour qu'il lui offre une peinture de sa collection et qu'il trouve trop entreprenante[2].

Mais Dumas a aussi des relations dans le monde de la nuit. Avocat dans les années soixante, il s'était retrouvé au centre de la sulfureuse affaire Markovic, à laquelle avait été mêlé le nom du couple Pompidou. Il fut aussi le conseil d'une boîte de nuit parisienne qui a laissé des traces dans les archives de la brigade mondaine. Dans son carnet d'adresses, on trouve le nom de Sylvia Bourdon, une ancienne actrice de porno reconvertie curieusement dans la défense de l'euro, celle-là même qu'il avait envoyée à son ami Charasse. Elle revendique avec Dumas une « amitié critique » : « Je le connais depuis plus de trente ans, assure-t-elle. Il séduirait un barreau de chaise. Il vous fait sentir unique. C'est le summum de la séduction. Mais il a fait

1. Procès-verbal d'interrogatoire de Christine Deviers-Joncour, cabinet d'Éva Joly, 17 mars 1999.
2. Christine Deviers-Joncour, *Les Amants maudits de la République*, Pharos-J.-M. Laffont, 2005.

souffrir beaucoup de gens, car il est égoïste et mégalomane. » Selon elle, Dumas assume parfaitement ses relations sulfureuses : « Il a toujours été sur le fil du rasoir. Il était profondément provocateur socialement. Il fait partie de cette génération politique qui se sentait tout permis. Je pense que ça lui plaisait de dire qu'il connaissait une ex-reine du cul. Il ne s'en cachait pas. C'est le grand bourgeois qui s'amuse. »

Parmi les relations de Roland Dumas, l'on trouve aussi une tenancière de maison, Lucienne Tell. De son vrai nom Kajla Gitla Goldfarb, née à Radom en Pologne, en 1924, cette femme est arrivée en France en 1930. Ses contacts avec la police, pendant l'Occupation, lui ont valu plus que des suspicions. À plus de quatre-vingts ans, Katia la Rouquine, comme on l'appelle aussi, dirige l'organisation et l'entretien de l'hôtel Ô Saison, situé rue du Débarcadère à Paris. En résumé : « Hôtel ouvert en semaine. Club échangiste situé aux quatrième et cinquième étages, ouvert les après-midi certains jours, et d'autres jusqu'à 4 heures du matin. » Nombre d'hommes politiques, depuis longtemps, ont fréquenté l'endroit pour y faire des rencontres très privées. Katia habite une chambre avec cuisine et salle de bains, au sixième étage. Salariée à mi-temps, elle touche seulement 4 000 francs par mois. Le propriétaire, Jean-Paul Pernin, ancien vendeur de chez Lanvin, ne sait pas grand-chose d'elle : « Lucienne est une femme mystérieuse qui ne raconte pas sa vie[1]. » Il va jusqu'à préciser : « Je n'ai jamais vu M. Dumas dans l'hôtel. »

En fait, le séducteur converti au « socialisme à la française » fut l'avocat de Lucienne Tell à partir de 1973. Ensuite, le proche de François Mitterrand et la tenancière de cette maison close – pour lui donner son nom – se sont liés d'amitié. Ils se voient notamment au sein de l'association Opéralia qui réunit des amateurs

---

[1]. Procès-verbal d'audition de Jean-Paul Pernin, brigade financière, 6 décembre 1999.

d'opéra, et par leurs amis communs, dont le ténor Placido Domingo. Lors d'une représentation à l'Opéra-Comique, Dumas présente son amie Christine à Lucienne Tell. Cette dernière sera souvent invitée à des dîners dans l'appartement que la société pétrolière Elf offre à Christine rue de Lille. Il arrive aux deux femmes de s'entraider. Quand, au printemps 1993, Deviers-Joncour se dispute avec un homme, Katia lui offre le gîte et le couvert rue du Débarcadère. Leurs histoires font penser à deux collégiennes. Christine raconte un jour à des journalistes que Lucienne était tellement intime avec Roland Dumas qu'une fois elle se serait rendue au Quai d'Orsay « en bigoudis et charentaises ». Lucienne corrige : « Cette histoire a bien existé. » Mais selon cette dernière, c'est Christine qui serait sortie en « bigoudis et chaussons[1] » pour rejoindre Roland. Pour tromper son concubin de l'époque. Dans la République, on n'a pas toujours le cœur à travailler les dossiers !

---

1. Procès-verbal d'interrogatoire de Lucienne Tell, brigade financière, 8 juin 1999.

8

Libertinage en public

L'ancien directeur de cabinet de Michel Rocard à Matignon n'a rien du professeur de morale, lui non plus. Dans son bureau de la rue Barbet-de-Jouy, le président du conseil régional d'Île-de-France, Jean-Paul Huchon, rigole de ce qui lui est arrivé quand, jeune énarque, il a débarqué au ministère des Finances, rue de Rivoli[1]. Un hiérarque du ministère, un homme très austère et tout de gris vêtu, l'a accueilli par une phrase mystérieuse : « J'ai un secret à vous révéler. » Suspense... Le haut fonctionnaire a révélé le secret : « Il n'y a plus de bonnes suceuses ! » Huchon raconte qu'à l'époque le bizutage pour affranchir les jeunes énarques au ministère consistait à les amener à une sorte de point de vue, dans un étage élevé, pour jeter un œil dans un bureau où, tous les jours à midi, un haut fonctionnaire se faisait administrer une prestation de qualité par une assistante.

Jean-Paul Huchon dédaigne rarement plaisanter sur la bagatelle, même dans l'hémicycle régional. Ce n'est peut-être pas un hasard s'il a donné à son livre de souvenirs le titre de *Ceux qui aiment ne peuvent pas perdre*[2]. Lors des séances publiques, ce socialiste a pris l'habi-

---

1. Entretien avec les auteurs, 30 novembre 2005.
2. Jean-Paul Huchon, Plon, 2004.

tude d'un petit jeu oratoire avec une élue du Front national, une jolie blonde, Marie-Christine Arnautu. En commission permanente, le 19 mai 2005, Huchon propose un vote groupé sur des « dispositions relatives à la gestion des ressources humaines ». L'élue d'extrême droite s'offusque : « Vous allez me faire croire que vous seriez mieux sans moi, monsieur le président[1]. » Lui : « C'est depuis que vous avez proposé d'accompagner Julien Dray quelque part, cela m'a... » Elle : « C'est une crise de jalousie ? » Deux mois plus tard, nouveau débat sur des votes groupés, cette fois concernant la question des lycées. À nouveau, Marie-Christine Arnautu proteste. Huchon : « Mme Arnautu, moi je fais la tentative, on ne réussit pas toujours avec les femmes du premier coup[2]... » Elle relance : « Il n'est que politique, l'échec, monsieur le président, je vous assure. »

Le conseil régional d'Île-de-France n'est pas le seul hémicycle où le pouvoir aphrodisiaque exerce ses effets. Au Palais-Bourbon aussi, on glousse à la moindre occasion entre barbons. Les discussions liées à la prostitution ou à la pornographie donnent ainsi lieu à des plaisanteries de plus ou moins bon goût. Le 23 octobre 1975, lors d'un débat sur la taxation des films érotiques, Robert-André Vivien commet un lapsus passé à la postérité. Au lieu de lancer : « Vous devriez durcir votre texte », le parlementaire lâche : « Vous devriez durcir votre sexe ! » Sur le coup, le greffier s'abstient de noter l'expression et corrige de lui-même. Plus récemment, lors d'un débat public sur le même genre de sujet, trois députés conservateurs amusent la galerie en multipliant à leur insu les expressions à double sens. Exemple : « Il faut prendre position ! » ou, invoquant

---

1. Procès-verbal de la délibération de la commission permanente du conseil régional, 19 mai 2005.
2. Procès-verbal de la délibération de la commission permanente du conseil régional, 13 juillet 2005.

un point de procédure : « J'apprends qu'il existe une autre voie. » Encore plus récemment, deux parlementaires, l'un de droite et l'autre de gauche, s'affrontent sur la question de la publicité pour le vin. La députée de gauche regrette que les slogans fassent croire que l'on devient un homme en buvant du vin. Son collègue de droite rétorque : « Nous n'avons jamais prétendu que nous serions plus performants sexuellement en buvant du vin... » Il ajoute : « Si c'était vrai, je le saurais. » On imagine ce que ses collègues, mauvaises langues, ont déduit de ses performances. À l'Assemblée nationale, trois figures connues du gaullisme avaient baptisé leur trio « les tontons tringleurs ».

Les sénateurs ne sont pas plus avares de formules gauloises. En mai 2005, un jeune homme saute dans l'hémicycle du palais du Luxembourg, entièrement « nu », tel un *streaker* sur les pelouses anglaises. Ce militant déshabillé porte sur la peau des slogans hostiles à la Constitution européenne. Plutôt que de se formaliser, le président du Sénat, Christian Poncelet, commente : « J'aurais préféré que ce soit une femme[1]. » En adoptant un tel langage, le président s'adapte à son assemblée, mais répond aussi à sa nature. En octobre 2005, son âge lui vaut des critiques. Second personnage de l'État dans l'ordre protocolaire, il réagit publiquement : « On dit que je suis vieillissant. J'aime autant que ce ne soit pas une femme qui le dise, parce que je lui montrerais si je suis vieillissant[2]... » Dans sa circonscription des Vosges, le sénateur, encore vert, lance à une jeune et jolie journaliste d'un hebdomadaire, qui a un carnet à la main : « Arrêtez de noter ces conneries, allons plutôt dans les bois. » D'autres sont moins vaniteux. En février 2005, lors d'une réunion des secrétaires de sections du PS, à la Mutualité, Martine Aubry donne la parole au parlementaire Henri

---

1. *Le Canard enchaîné*, 18 mai 2005.
2. *Le Monde*, 13 octobre 2005.

Emmanuelli. Ce dernier a du mal à régler le micro à la bonne hauteur. Aubry s'impatiente : « Henri, tu as le micro qui baisse... » L'intéressé rétorque, avec humour : « Oh ! il n'y a pas que mon micro qui baisse... » L'ancienne ministre conclut : « Oh, ça, Henri, je n'aurais pas osé aller jusque-là[1]... » Si les députés parlent avec une telle liberté en public, cela permet d'imaginer ce qu'ils se racontent dans le secret de leurs bureaux.

1. *Le Canard enchaîné*, 2 février 2005.

9

Ébats à la Chambre

Il n'est pas prude, Jean-Louis Debré, le président de l'Assemblée nationale. Ministre de l'Intérieur entre 1995 et 1997, il s'est toujours beaucoup amusé à la lecture des notes indiscrètes qu'il recevait des Renseignements généraux. Avant sa carrière politique, Debré était juge d'instruction. Et là, déjà, il en voyait de belles. En 1985, chargé d'une enquête ayant trait aux clubs échangistes, le magistrat avait sonné à la porte du 106, une boîte célèbre dans le milieu, dirigée par un personnage, Denise. Denise et lui s'étaient rencontrés par hasard. Elle lui avait proposé de venir, pour voir, pour comprendre. Et Jean-Louis Debré s'était assis, en tout bien tout honneur, sur la banquette au fond du club. Dans un livre récent[1], l'animateur de télévision Patrick Sébastien, ami intime de Denise, fait allusion à cette étrange scène. En 1986, dans son roman policier *Le Curieux*[2], Debré met en scène une prostituée, « Josiane Baladur ». Injure gratuite à l'encontre de l'épouse d'Edouard Balladur, le ministre de l'Économie de l'époque qu'il ne portait déjà pas dans son cœur. Aujourd'hui président de l'Assemblée nationale, Jean-Louis Debré peut désormais s'amuser d'autres grivoise-

---

1. Patrick Sébastien, *Vitriol Menthe*, Oh ! éditions, 2005.
2. Jean-Louis Debré, *Le Curieux*, Éditions n° 1, 1986.

ries, du haut de son perchoir. Car les députés ne sont pas tous des enfants de chœur. Et leurs bureaux n'abritent pas seulement des débats d'idées !

À vrai dire, il y a une longue tradition parlementaire qui mêle vantardise, gaudriole et frénésie sexuelle. Emmanuel Pierrat, juriste à la mode d'une trentaine d'années, se frotte aussi au milieu politique. À force de « traîner dans les établissements spécialisés sans consommer », il compte parmi sa clientèle de drôles de lascars. L'avocat s'étonne du nombre de politiques qui « commandent des *sex toys* sur l'ordinateur de leur parti ou de leur permanence[1] ». Il évoque aussi l'un de ses clients, un député de droite élu d'une ville de province. Une nuit, vers 2 heures du matin, celui-ci s'est fait arrêter sur l'esplanade des Invalides, près du terminal Air France, en compagnie d'une jeune femme à laquelle il ne faisait pas que conter fleurette. Vu la qualité de l'impétrant, les policiers du VIIe arrondissement ont vite mis fin à la garde à vue. Manifestement survolté sur ce plan, le député s'est fait remarquer à d'autres occasions. Dans son pied-à-terre parisien, il lui prenait parfois l'envie de commander des pizzas. Rien que de très normal, sauf qu'il avait pris l'habitude d'ouvrir la porte au livreur dans le plus simple appareil, et encore, « le drapeau levé ». Jusqu'au jour où un livreur plus prude que les autres a déposé plainte pour exhibitionnisme. En fin de compte, l'avocat a réussi à obtenir une transaction et il en a coûté quelques milliers d'euros au député.

Une certaine tradition de dévergondage a toujours sévi chez les parlementaires. Dans les années trente, une poétesse férue de psychanalyse, Maryse Choisy, publie un « reportage fantaisiste », *Un mois chez les députés*[2]. La jeune femme, qui fraie avec les surréalistes, a manifestement connu de très près un parlementaire.

1. Entretien avec les auteurs, 6 septembre 2005.
2. Maryse Choisy, *Un mois chez les députés*, Éditions Baudinière, 1933.

Elle ne fait pas dans la dentelle. Dès la page 8, l'auteur avertit : « Il y a de tout au Palais-Bourbon. Cinq à sept, c'est l'heure de l'adultère, du porto, des couloirs. » À la page 21, elle évoque un député de Marseille : « C'est un grand amateur de chair rôtie et de chair fraîche. » À la page 22, la voilà qui parle des « confessionnaux », ces petits salons meublés pour que les députés puissent faire leur affaire, et qui ont existé de 1880 à la IVe République : « On appelle ainsi les cabinets particuliers où les députés reçoivent les électrices les plus influentes par leur grâce et leur beauté. » Le chapitre qui commence à la page 26 est intitulé : « Femmes légitimes… et autres ». Maryse Choisy y raconte les liaisons parisiennes, qui sont du « snobisme partagé », et ce « sport entre deux portes » que pratiquent certains députés. Depuis, tout change pour que rien ne change. Aujourd'hui, il arrive encore que des huissiers assistent à des scènes de ménage dans les couloirs de l'Assemblée. Après la suppression des « confessionnaux », l'hôtel de l'Assemblée – un véritable hôtel – a servi de supplétif. Et depuis peu, les députés disposent de lits pliants dans leurs bureaux.

Il est vrai que les contraintes du métier sont réelles. Bernadette Chirac est bien placée pour le savoir. « C'est tellement lourd pour les députés, cet arrachement perpétuel entre l'Assemblée nationale où ils doivent siéger et leur circonscription, lorsque celle-ci n'est pas dans l'environ immédiat de Paris. Pour une vie de famille, ce n'est pas l'idéal[1]. » En 1981, la « vague rose » a bien porté son nom. « Des députés débarqués de leur province en 1981 sont tombés dans le chaudron de la vie parisienne », s'amuse un habitué du Palais-Bourbon. L'un d'eux, qui fera parler de lui dans des affaires judi-

---

1. Bernadette Chirac, *Conversation*, entretiens avec Patrick de Carolis, *op. cit.*

ciaires quelques années plus tard, une fois devenu ministre, était même tombé amoureux d'une prostituée rencontrée dans une boîte, Le Milliardaire. Comme sa femme se doutait que la Ville lumière l'avait ébloui, ce député avait une technique pour lui donner des gages de sérieux. Lors des séances de nuit, il faisait une courte apparition aux débats, hurlait à la cantonade des propos sans intérêt, du genre « Scandaleux ! » ou « Formidable ! », et attendait que les greffiers notent dans leur verbatim : « Cris de monsieur Untel. » L'auguste parlementaire pouvait alors reprendre ses ébats et montrer, ensuite, des retranscriptions incontestables à son épouse.

Pour échapper à la surveillance maritale, les voyages des groupes d'amitiés ou des missions de travail à l'étranger constituent évidemment une panacée. « Il arrive qu'un ambassadeur reçoive des parlementaires le doigt sur la couture du pantalon, et qu'au bout de cinq minutes, il entende la question : "Où est le bordel ?" », note un ancien conseiller de Matignon. Fin 2004, le ministre de la Justice Dominique Perben se rend en Chine avec une délégation de députés et de sénateurs. Tout guillerets, quelques-uns s'exclament : « On va aller voir les Chinoises. » Et de demander à un conseiller de Perben s'il n'a pas des idées de sortie. Finalement, la cohorte de parlementaires atterrit dans une soirée privée de jeunes expatriés français, et ne retourne à l'hôtel qu'à 7 heures, alors que la première réunion a lieu une heure plus tard. Jeu amusant, à moins qu'il ne tourne mal. Un député du Nord raconte : « Lors d'un voyage en Afrique, au cocktail offert par un ministre sénégalais, je repère une Black superbe. Nous buvons un verre et montons dans ma chambre. Elle me demande si elle peut prendre du champagne. Le lendemain, le ministre me demande : "Alors, le champagne était bon ?" » En 2001, lors d'un voyage en Égypte du président de l'Assemblée nationale, Raymond Forni, l'un de ses conseillers se livre en public à des déclarations favorables aux homosexuels. Quand le fonctionnaire avait lancé à un garde républicain à Paris : « Vous êtes très cuir, vous ! », cela avait juste fait rire, mais les Égyptiens ne font pas preuve de tolérance sur le sujet. « Cela a fini par poser un problème », relève un responsable de l'Assemblée.

Le Sénat a aussi ses histoires célèbres d'aventures à l'étranger. Notamment, la mésaventure arrivée dans un pays d'Afrique à un honorable parlementaire, qui s'était assoupi et avait passé la nuit ailleurs qu'à son hôtel. Le problème, c'est qu'il s'était fait dépouiller dans son sommeil. Au petit matin, il avait atteint à grand-peine l'avion qui devait le ramener vers Paris. Les collègues n'avaient pas caché leur hilarité en le voyant arriver si penaud.

Même au Parlement européen, Daniel Cohn-Bendit jure qu'il observe « un nombre incroyable d'histoires » : « Le Parlement européen est un endroit surdéterminé érotiquement. De bons pères ou mères de famille se révèlent au fil du temps. En plus, des beautés slaves sont apparues depuis l'élargissement de l'Europe aux anciens pays de l'Est. » Comment résister ? « Si quelqu'un passe cinq jours et quatre nuits par semaine à Bruxelles, cela devient le centre de sa vie, avec tout ce que cela comporte de tentations. Moi, je passe la moitié de la semaine chez moi à Francfort. C'est toute une stratégie de garder une tension avec sa femme. Si on ne fait pas attention, quand on est un homme politique, on est exfiltré de son milieu d'origine. Et alors... »

TROISIÈME PARTIE

La présidence phallique

Où l'on s'amuse de voir comment les présidents ont mené des vies maritales officielles tout en gérant avec précaution une existence sentimentale intense et parallèle. Il est vrai que pour arriver au pouvoir, il faut séduire. Et pour y rester, se montrer vigoureux.

1

Du temps de Tante Yvonne

Le Général n'aimait pas l'histoire du palais de l'Élysée, qu'il trouvait assez trouble. Rien ne pouvait laisser penser, lors des débuts de la Ve République il y a près d'un demi-siècle, qu'un certain relâchement des mœurs gagnerait le milieu politique, parfois jusqu'au cœur des institutions. D'autant qu'à côté de de Gaulle se tenait dans l'ombre une personne encore plus allergique à toute forme de débauche. C'est en octobre 1920 qu'il avait rencontré cette femme, qui mesurait quarante centimètres de moins que lui. Celui qui n'était encore que capitaine avait invité à danser l'ancienne pensionnaire des Visitandines de Périgueux au bal de Saint-Cyr, à l'hôtel des Réservoirs de Versailles. Il s'était fiancé à elle quelques mois plus tard. En avril 1921, il l'avait épousée. D'Yvonne Vendroux, il écrira dans ses Mémoires que, sans elle, « rien de ce qui a été fait n'aurait pu l'être ».

Difficile de se montrer plus vieille école que Tante Yvonne, son surnom dans les années soixante. L'épouse ne plaisante pas avec les mœurs. Madame veille sur le Général, mais aussi sur son entourage. Les incartades sont proscrites. La première dame de France ne reçoit pas les divorcés ou les libertins à sa table. Au moment de sa mort, en novembre 1979, Jean Mauriac écrira dans une dépêche diffusée par l'Agence

123

France Presse : « Mme de Gaulle était très bien renseignée sur la vie privée des membres de l'entourage du Général, des ministres, des hauts fonctionnaires, des préfets, des ambassadeurs. Elle connaissait les divorces, les séparations, et le reste. » Le journaliste précise que le chef de l'État tenait compte de ses avis : « Celleci a pu avoir quelque influence sur le choix des membres de son entourage. Certains, sans aucun doute, n'auraient pas attendu si longtemps avant d'entrer au gouvernement si Mme de Gaulle n'avait exprimé au Général sa condamnation quant à leur vie privée[1]. » Parmi ces infortunés, un compagnon de route très proche du Général, Olivier Guichard, qui se voit privé de ministère en 1958 en raison d'une relation entretenue avec une journaliste, Daisy de Galard. Ancien responsable des services spéciaux, Constantin Melnik raconte qu'entre Guichard et l'animatrice de *Dim dam dom*, « c'était un collage connu ». Melnik ajoute que de Gaulle a ce mot, pour expliquer l'absence de son ancien compagnon au gouvernement : « Je ne vais pas prendre toute la petite famille ! » Daisy de Galard était quant à elle mariée à un journaliste de renom, Hector de Galard, qui fut l'un des fondateurs du *Nouvel Observateur*.

Tante Yvonne ne souffre que peu d'exceptions à sa règle de fer. Elle n'est guère tolérante que pour le ministre de l'Intérieur, Roger Frey, qui, de son côté, passe des heures agréables avec l'épouse… d'Olivier Guichard. Elle ne tient pas non plus rigueur au ministre de la Culture, André Malraux, d'avoir été plusieurs fois marié, mais jamais à l'église[2]. À l'époque, ses principes puritains se font ressentir jusque chez les mères maquerelles. Tenancière d'un établissement dans le XVIe arrondissement, Madame Billy a vu la différence entre la liberté de l'après-guerre et les rigueurs à

1. Bertrand Meyer-Stabley, *Les Dames de l'Élysée*, Perrin, 1995.
2. Patrick Girard, *Ces Don Juan qui nous gouvernent*, op. cit.

compter de 1958 : « Tous les hommes politiques importants qui sont venus rue Paul-Valéry avant l'avènement de la Vᵉ République ont paru soudain mués en figurants de *Salonique, nid d'espions*. Ils téléphonaient sous des noms d'emprunt, s'affublaient de lunettes noires. C'est tout juste s'ils ne portaient pas de fausse barbe. » Un exemple précis : « Un habitué a cessé de venir lorsque le Général l'a appelé au Quai d'Orsay. Je l'ai beaucoup regretté. Il était très sympathique, beaucoup moins sérieux que dans l'exercice de ses fonctions. » Il est même des ministres homosexuels qui furent obligés de se marier pour ne pas déplaire au cerbère de l'Élysée.

Le Général était-il aussi puritain que son épouse ? S'il n'a jamais été un adepte de l'humour salace des casernes, il n'est pas certain qu'il ait découvert les plaisirs de la chair avec Yvonne Vendroux. Déjà, au collège Stanislas où il préparait Saint-Cyr avant que soit déclenchée la Première Guerre mondiale, le jeune de Gaulle avait rédigé *Zalaina*, une histoire d'amour entre un militaire français et une jeune sauvage de Nouvelle-Calédonie. En 1910, il avait publié dans le *Journal des voyages* une nouvelle non dépourvue de sensualité, *Le Secret du spahi : la fille de l'agha*[1]. À sa sortie de Saint-Cyr, de Gaulle intègre le 33ᵉ régiment d'infanterie, dirigé par Pétain. Le futur président de la République et le futur chef de l'État français nouent une relation particulière sur le plan intellectuel. Mais il semble que le sous-lieutenant et le chef du régiment partagent par ailleurs l'intimité d'une même femme. François Mauriac confirmera cette rumeur au biographe de de Gaulle, Jean Lacouture. Le président de la République lui-même aurait évoqué cette affaire, bien plus tard, en affirmant à son aide de camp, Claude Guy, qu'il parlait souvent de femmes avec Pétain dans le train. À Paul-Marie de La Gorce, le Général aurait précisé : « À cette

---

1. Éric Roussel, *Charles de Gaulle*, Gallimard, 2002.

époque, j'étais très sur les femmes. Pétain aussi ; ça nous rapprochait[1]. »

« Sur les femmes » : tout est dit ! En 1919, de Gaulle effectue une longue mission en Pologne. Son biographe, Jean Lacouture, évoque les faveurs que les dames de Varsovie, assidues des salons, ont sans doute accordées au militaire de belle allure. Dans un café de Nowy-Swiat, la rue Royale de la capitale polonaise, de Gaulle dégustait semble-t-il des gâteaux avec une comtesse haute comme trois pommes[2]. Après son mariage avec Yvonne Vendroux, le Général réussit-il à mettre de côté son goût pour les femmes ? Jean Lacouture pose la question : « Comment se porter garant de la fidélité conjugale d'un personnage aussi fascinant que le commandant de Gaulle – notamment lors d'un séjour à Beyrouth où, vers 1930, les officiers français n'étaient pas entourés de moins de prévenances qu'à Varsovie dix ans plus tôt[3] ? » Hormis ces questions, aucune information probante ne s'est imposée.

Après le 18 juin, la *libido dominandi*, ou plutôt la sensualité patriotique, occupe tous les désirs du grand homme. Vraie ou fausse, une histoire court. Pendant la Seconde Guerre mondiale, à Londres, son aide de camp lui aurait susurré : « On dit que vous avez une liaison. » L'homme du 18 juin aurait répondu : « Une liaison ? Je n'ai de liaison qu'avec la France... » Le journaliste Philippe Alexandre travaillait au *Nouveau Candide* au début des années soixante : « Il se racontait à l'époque que de Gaulle avait eu une liaison avec l'actrice Simone Valère. Par curiosité, nous cherchions s'il avait eu des maîtresses. Nous n'avons rien trouvé[4]. » En fait, c'est semble-t-il Charles Hernu, un proche de Mitterrand, qui a fabriqué la rumeur en lançant un soir à la cantonade : « Vous savez quoi ? De Gaulle n'est pas si sage

1. Éric Roussel, *Charles de Gaulle*, op. cit.
2. Jean Lacouture, *De Gaulle, le rebelle*, Le Seuil, 1990.
3. *Ibid.*
4. Entretien avec les auteurs, 3 août 2005.

qu'il en l'air ! » Stupeur à table. Selon son ancienne épouse, Jacqueline Chabridon, Hernu précise alors à propos du Général : « Il y a quelqu'un dans sa vie. » Et de divulguer de prétendus détails : « J'ai un cousin gendarme, en poste à la grille du Coq, devant le parc de l'Élysée. Le soir, il ouvre la porte à une jeune femme qui vient voir de Gaulle. » Hernu finit par préciser qu'il s'agit de Simone Valère. Cette confidence est prise très au sérieux. Le fait qu'un troufion anonyme soit à l'origine de la fuite crédibilise encore plus le propos. Six mois plus tard, Hernu assiste à un nouveau dîner. Surprise ! Les convives racontent que de Gaulle a une petite amie. Les histoires circulent vite.

En réalité, l'actrice n'était pas la maîtresse du Général, mais il arrivait à ce dernier de lancer de petites piques coquines lorsqu'un serviteur de l'État suscitait son acrimonie. En pleine guerre froide, il se retrouve un jour face à l'ambassadeur de France en Union soviétique, qu'il a lui-même nommé et qui est tombé dans les bras d'une espionne russe. Sans précautions, il lui lance : « Alors, Dejean, on couche ? » À l'époque, le chef de l'État ironise sur les hommes politiques dont un petit Éros a visé le talon d'Achille avec ses flèches. Lors d'une audience à la fin de 1968, Jacques Foccart explique au président de la République que l'ancien chef d'État du Congo, Youlou, demande l'autorisation de faire un voyage privé en France, où il n'est pas venu depuis longtemps. « Pourquoi veut-il revenir ? » demande de Gaulle. « Je ne sais pas, il veut revenir », répond le conseiller. Alors de Gaulle : « Oui, pour "tirer un coup" dans quelque coin à Paris[1] ! » Un président se doit d'être toujours bien informé.

---

1. Jacques Foccart, *Journal de l'Élysée*, t. II, *Le Général en Mai (1968-1969)*, op. cit.

2

Le charme de « Morland »

Quel aura été le point commun des trois derniers présidents ? Comme le dit Sollers, à l'évidence leur goût des femmes. C'est en partie pour les séduire qu'ils ont atteint les sommets. Parce que souvent ils ont été des enfants adulés et ont voulu le rester. Il faut donc remonter loin pour comprendre.

Les premiers pas de Mitterrand dans la vie amoureuse laissaient à penser qu'il serait une sorte de Roméo de province, mais les blessures de la vie vont le transformer. En 1934, le Charentais a dix-huit ans. Il n'a pas le couteau entre les dents, mais la raie sur le côté et la moustache finement taillée. À sa majorité, il quitte Jarnac pour rejoindre la « Réunion des institutions », une vénérable pension catholique, située au 104, rue de Vaugirard à Paris. Étudiant à Sciences-Po et à la faculté de droit, il découvre le quartier Latin, la politique, le monde littéraire. Dans cette capitale d'entre-deux-guerres, Mitterrand montre une soif de connaissance insatiable. Avec ses costumes trois-pièces, il dégage déjà une aura indéniable. Sur le plan sentimental, le jeune François n'est pas encore un homme pressé. Mais une rencontre va bouleverser son existence et transformer son rapport aux femmes. Entre sexe et amour, le philtre aphrodisiaque du pouvoir va exercer sur lui de puissants effets.

Le 28 janvier 1938, le cœur tendre éprouve le premier choc de sa vie. Lors d'un bal de Normale-Sup, il a le coup de foudre pour une lycéenne de quinze ans, Marie-Louise Terrasse : « Je vois une blonde qui me tourne le dos. Elle se tourne vers moi. Je suis resté les pieds rivés au sol… Puis, je l'ai invitée à danser… J'étais fou d'elle[1]. » Subjugué, François fait virevolter Marie-Louise. Plus tard, il lui proposera de lui passer la bague au doigt. Elle refusera. Malgré les fiançailles, la belle s'est lassée. Du stalag où il est retenu en Allemagne au début de la Seconde Guerre mondiale, Mitterrand est inquiet de ne plus avoir de réponses à ses nombreuses lettres. Il s'évade du camp avec en tête l'idée de la rejoindre. Mais le futur président doit constater que l'histoire est à sens unique. Plus tard, elle deviendra une speakerine célèbre à la télévision, sous le nom de Catherine Langeais.

Pendant la Seconde Guerre mondiale, Mitterrand s'engage – tardivement – dans les rangs de la Résistance après avoir passé du temps à Vichy. À Paris, malgré une vie clandestine sous l'alias de Morland, il se promène dans les jardins publics au bras de jolies filles. La lutte contre l'occupant le mène à Londres, puis à Alger. De l'autre côté de la Méditerranée, Mitterrand fait la connaissance d'une infirmière, « Louquette ». Cette fille d'un haut gradé de l'armée l'introduit dans la bonne société algéroise[2]. Au bout de quelques semaines, le jeune homme doit renoncer à la douceur méditerranéenne. De retour en Grande-Bretagne, puis à Paris, il renoue avec ses anciens compagnons de captivité. Parmi eux, Roger-Patrice Pelat, qui vient d'avoir le coup de foudre pour Madeleine Gouze, une étudiante en cinéma originaire de Cluny. La jeune fille a l'idée de le présenter à sa sœur Danielle. Au premier abord, Danielle Gouze émet des réserves face à ce jeune homme conquérant, mais assommant. Finalement, elle cède à ses avances.

1. Pierre Péan, *Une jeunesse française*, Fayard, 1994.
2. *Ibid.*

Bientôt, elle accepte sa demande en mariage. Deux mois après la libération de Paris, le 28 octobre 1944, en l'église Saint-Séverin, François et Danielle convolent en justes noces. Pour la vie. Pour le meilleur et pour le pire.

Le « beau François » s'impose dans le paysage instable de la IVe République. Souvent ministre, le Nivernais d'adoption éprouve les plaisirs du pouvoir. Secrétaire de Sartre, le journaliste Jean Cau a pour lui « cette sorte de considération mêlée d'un brin d'envie » qu'il dédie « aux usagers de très belles personnes ». Cau observe la démarche de Mitterrand : « Il était garde des Sceaux en ce temps-là. Jeune et avec quelque chose d'avide et de chasseur de femmes, dans sa présence plantée sur le trottoir[1]. » Après l'avènement de la Ve République, Mitterrand s'impose en rival du Général. Parmi les hommes de gauche réunis autour de lui, nombreux sont ceux qui partagent son goût pour l'accumulation des conquêtes. Ancienne du sérail, Jacqueline Chabridon confie : « Ils étaient toute une bande. Leur complicité, c'était aussi les femmes. » François Mitterrand, Charles Hernu, Claude Estier, Roland Dumas, Georges Dayan, Guy Penne... Il n'est pas rare que ces camarades s'échangent leurs conquêtes. Journaliste au *Figaro*, Jacqueline Chabridon est à l'époque la femme de Charles Hernu. Mitterrand a prononcé leur mariage dans sa mairie de Château-Chinon. Un jour, le futur chef de l'État effectue un trajet en voiture avec la jeune journaliste pour passagère. Soudain, en pleine campagne, il gare sa voiture sur le bas-côté et effectue une tentative d'approche sans équivoque. L'épouse de son ami décline. Plus tard, le même Mitterrand déconseillera à la jeune femme de quitter Hernu : « Parce que ça ne se fait pas. » Tromper son mari, pourquoi pas, mais divorcer, jamais ! En 1965, Mitterrand réussit à mettre de Gaulle en ballottage à l'élection présidentielle. Michèle Cotta : « Avec Jacque-

---

1. Marie-Thérèse Guichard, *Le Président qui aimait les femmes*, Robert Laffont, 1993.

line Chabridon, nous sommes devenues comme ses chauffeurs. Il disait : "En bas du Sacré-Cœur." Nous le convoyions. C'était là qu'habitait Dalida. Ou : "Près du Flore !" Il se rendait rue Jacob, où vivait Anne Pingeot. »

En juin 1971, au congrès d'Épinay, Mitterrand prend la tête du Parti socialiste. Les prétendantes se bousculent. En 1974, lors de l'inauguration du siège du PS, Michèle Cotta assiste à une chorégraphie secrète. À chacun des quatre étages de l'immeuble, une femme attend que Mitterrand veuille bien monter. À chacune, le premier secrétaire a dit : « Je vous rappelle. » Bien entendu, aucune ne sait que trois autres attendent de la même manière. Après les festivités, les recalées n'ont eu que leur mouchoir pour pleurer. « J'ai raccompagné trois épaves chez elles », raconte la journaliste, pas plus indignée que cela. Dans les meetings, Mitterrand aime aussi se laisser le choix jusqu'à la dernière minute. Michèle Cotta : « Il ne concevait pas un congrès ou réunion politique sans partir à la fin avec une fille. Il pouvait y avoir trois ou quatre femmes qui l'attendaient. Il leur disait : "Rentrez chez vous et attendez." Beaucoup ont longtemps patienté derrière leur téléphone… »

À la tribune, Mitterrand a un sixième sens de bête politique, qui lui permet de repérer d'un regard les militants hostiles et les jolies femmes. L'une de ses biographes, Catherine Nay, se souvient : « Il éprouvait une sorte de jouissance dans le brouhaha des salles. » Durant sa longue ascension vers l'Élysée, l'homme est même atteint d'une sorte de compulsion après ses meetings. Dans les années soixante-dix, une jeune journaliste de vingt-trois ans, qui considère Mitterrand comme son père, l'accompagne dans ses déplacements. Le plus souvent, à la sortie, elle le voit draguer et emmener pour une nuit des jeunes femmes sans intérêt. Un jour, elle lui pose la question : « Expliquez-moi, François, il y a déjà Danielle, Anne, les autres. Vous n'avez plus vingt ans. À quoi bon ? » Mitterrand lui répond : « Vous ne pouvez pas comprendre. Quand je descends de la tribune, après l'effervescence du discours, j'ai besoin de terminer dans les bras d'une femme. » Après le discours, l'assistance peut rentrer comblée chez elle, elle a vibré, eu son plaisir. L'homme politique qui a donné n'a pas reçu, lui. Les applaudissements en retour ne l'ont pas satisfait. Au lieu d'être fatigué, il est frustré, comme après un *coitus interruptus*. L'adrénaline le submerge. Et puis il y a une raison plus profonde, liée à l'angoisse de l'homme de pouvoir. Mitterrand conclut : « À chaque fois, j'ai l'impression que c'est la dernière. » Ce soir, le soleil se couche. Reviendra-t-il demain ? Je ne suis pas mort, je ne suis pas vieux. Je bande, donc je suis. *Eros* et *thanatos*.

Sa vie sera donc un véritable roman amoureux. Fidèle en amitié comme dans ses amours, Mitterrand s'arrangera souvent pour trouver un poste à ses anciennes amies, notamment au sein du PS. « Effondrée, l'une d'elles avait été recasée au cabinet de Mermaz », affirme un ancien cadre. Avant l'élection présidentielle de 1974, les Renseignements généraux, actionnés par les gaullistes, tentent d'établir une liste de ces « relations ». Anne Pingeot y figure déjà, parmi d'autres : une artiste, une romancière, l'épouse d'un membre du bureau politique de la Convention des institutions républicaines, une militante de la Nièvre, une économiste membre de la 14e section du PS, une secrétaire du groupe socialiste à l'Assemblée nationale. Sans compter des « entrevues particulières » sollicitées auprès de Dalida, « amie de la famille » ! Dans leur rapport, les policiers des RG relèvent que le candidat Mitterrand « a toujours été très sensible au charme féminin » et que « le recensement de ses liaisons est difficile à établir, car à des aventures plus durables, il mêle de brèves amours et des rencontres fugitives ». Les femmes deviennent donc un objet politique, puisque l'État est mobilisé pour espionner la vie privée des leaders de l'opposition et que Giscard sait. Mais l'homme qui en 1981 obligera le président sortant à dire « au revoir » avec componction avant de quitter la scène par la porte au fond à gauche sera aussi très informé des conquêtes de ce dernier. En matière de relations internationales, on appelle cela « l'équilibre de la terreur ».

3

Les désillusions d'une épouse

Cette dilection particulière pour une vie d'aventures est donc partagée. Chirac ne fait évidemment pas exception. Peu d'hommes ont osé lui poser la question de ses conquêtes féminines. Un psychanalyste, Ali Magoudi, qui connaissait aussi François Mitterrand, l'a fait, dans les années quatre-vingt, dans le cadre de la préparation d'un documentaire de cinquante-deux minutes. Chirac était alors maire de Paris. Question : « Est-ce que le jeune homme dissipé avait déjà quelques fiancées ? » Réponse du président : « Pas énormément. C'était une époque où beaucoup de jeunes sortaient beaucoup, dansaient, flirtaient un peu. La liberté sexuelle n'avait pas atteint le niveau qu'elle a atteint vingt ans plus tard. Donc nous étions beaucoup plus réservés de ce point de vue que nos enfants aujourd'hui. Moi, je n'étais pas de ceux qui sortaient beaucoup. Je ne pourrais pas vous dire pourquoi, je n'étais pas attiré par ça. D'autre part, je n'appartenais pas à un milieu dans lequel se recrutaient tous ceux qui allaient dans ce qu'on appelait à l'époque les surboums. » Chirac raconte qu'il allait au cinéma, un peu au théâtre, avec des copains : « J'avais des copines aussi, naturellement, mais tout cela n'allait jamais très loin. » À l'époque, on est sérieux quand on a dix-sept ans.

Homme élégant et raffiné, le père de Jacques, Abel, banquier devenu conseiller financier de grands industriels, avait la réputation volage. Selon le biographe du président, Franz-Olivier Giesbert : « M. Chirac père mène, en dehors du domicile familial, une vie sentimentale aventureuse. Il aime les femmes. Il en a donc beaucoup[1]. » Quelques années plus tard, Jacques va vite illustrer le proverbe « Tel père, tel fils ». Il porte beau, déjà. Sa mère le trouve élégant comme Cary Grant, des jeunes femmes lui trouvent des airs de Gregory Peck. Pas encore majeur, sa complexion fait déjà des ravages. Visage volontaire, traits réguliers, sourire charmeur, carrure athlétique. Silhouette élégante doublée d'un caractère de meneur. En 1951, le jeune homme intègre Sciences-Po. Sur les bancs de l'institution de la rue Saint-Guillaume, il observe le charme d'une voisine d'amphithéâtre nommée Marie-Thérèse de Mitry. Cette fille de la famille Wendel épousera finalement un autre étudiant, Jean François-Poncet, futur ministre des Affaires étrangères[2]. Aujourd'hui encore, Chirac plaisante parfois à propos de cet homme brillant : « Je le connais bien, vous savez, et plus encore sa femme… » ! Chirac se distingue déjà par son éloquence et l'aréopage de jeunes prétendantes qui l'entourent. Un « bourreau des cœurs », selon Giesbert. Son camarade de l'époque, Michel Rocard, est « éberlué par son audace auprès des filles[3] ». Une étudiante, Bernadette Chodron de Courcel, observe le manège : « À dix-neuf ans, c'était déjà un rassembleur, un organisateur, un séducteur aussi. Il avait un succès incroyable auprès des filles[4]. »

Un jour, le grand escogriffe propose à cette fille de bonne famille d'intégrer son groupe de travail. Bernadette

1. Franz-Olivier Giesbert, *Jacques Chirac*, Le Seuil, 1987.
2. Éric Zemmour, *L'homme qui ne s'aimait pas*, Balland, 2002.
3. Michel Rocard, *Si la gauche savait*, entretiens avec Georges-Marc Benamou, Robert Laffont, 2005.
4. Bernadette Chirac, *Conversation*, entretiens avec Patrick de Carolis, *op. cit.*

rédige des fiches de lecture, lit des livres pour lui. De son côté, ce n'est pas le coup de foudre, mais Bernadette est dévouée. Elle, en revanche, est aussitôt conquise : « J'ai été très vite séduite par sa personnalité. » Sans cesse, il lui envoie des petits mots et lui téléphone, mais jamais il ne se déclare. Jacques rêve d'aventures. Au cours de l'été 1953, à vingt et un ans, il part pour le Nouveau Monde. Il débarque aux États-Unis, en Caroline du Sud, pour une *summer school* au Radcliff College. Il y fait la rencontre d'une Américaine originaire de Virginie, Florence Herlihy. La belle blonde avec des taches de rousseur l'appelle *honey child* et il l'embrasse à merveille. Dans la grande décapotable blanche de cette dernière, ils font la tournée des bars de Harvard Square puis décident de se marier[1]. Exit Bernadette ! Jacques expédie à ses parents la photographie de son Américaine. Il leur annonce ses fiançailles. Pas question, réagit son père. Abel Chirac destine Jacques à Polytechnique. Alors fini la plaisanterie, et retour du *French lover* au bercail. De mauvaises langues diront que l'inconstance est une marque de son caractère. Et finalement, en octobre 1953, Chirac demande la main de la jeune fille qui, à Sciences-Po, lui mâche le travail. Le fils prodigue termine ses études à l'Institut d'études politiques et réussit le concours de l'ENA. En 1955, il intègre l'école des officiers de réserve de Saumur. Volontaire pour prendre les armes en Algérie. Le 17 mars de l'année suivante, à vingt-quatre ans, le soldat épouse le clan Chodron de Courcel. Un mariage « à l'ancienne », où les conventions sociales l'emporteront toujours sur les écarts. Déjà la mère de Jacques dit à celle de Bernadette : « Vous savez, madame, mon fils aurait pu faire n'importe quel mariage ! »

Jacques annonce à son épouse qu'il fera de la politique. Elle devine qu'il sera « sans cesse sollicité ».

---

1. Franz-Olivier Giesbert, *Jacques Chirac, op. cit.*

Déjà, dans le couple, il y a « un peu de tangage ». Cela va durer. En 1962, le jeune haut fonctionnaire entre au cabinet de Georges Pompidou. Cinq ans plus tard, il se présente aux élections législatives en Corrèze. Le technocrate parisien découvre les poignées de main en rafale, les estrades branlantes et les fins de soirée difficiles. D'une santé de fer, il se révèle une bête de scène, infatigable, qui avale les kilomètres, les litres de Corona et les conquêtes. En mai de la même année, le trentenaire est nommé secrétaire d'État à l'Emploi du gouvernement Pompidou. Sous les ors ministériels, Chirac goûte à l'ivresse du pouvoir. Une conseillère, Marie-France Garaud, le prend sous son aile, puis s'impose comme mentor lorsqu'il est nommé à Matignon.

Mais bientôt, Bernadette ne souffre plus cette éminence grise brillante et élégante, qui choisit même les cravates de son mari. L'explosion survient lorsque, en novembre 1978, Chirac se retrouve à l'hôpital Cochin après un accident de la route en Corrèze. Son conseiller Pierre Juillet, le complice de Marie-France Garaud, lui rend visite et dit à la sortie : « Quand je l'ai trouvé, il était abandonné. Sa femme n'est jamais là quand il a besoin d'elle. » Quelques jours plus tard, de sa chambre d'hôpital, Chirac lance « l'appel de Cochin », contre « le parti de l'étranger », un discours antigiscardien d'une grande violence inspiré par Juillet et Garaud. Mais à la veille des élections européennes de juin 1979, Bernadette fait un putsch, l'obligeant à choisir : « Quel que soit le résultat des élections, ces gens-là s'en iront. Ou bien c'est moi qui partirai. » Elle l'emporte. Et pour éviter toute réconciliation, trois mois plus tard elle accorde une interview à Christine Clerc, pour le magazine *Elle*. La femme bafouée se venge de Marie-France Garaud : « C'est une femme très intelligente et pleine de charme mais elle a beaucoup de mépris pour les gens. Elle les utilise puis elle les jette. Moi, elle me prenait pour une parfaite imbécile... Son tort a été de ne pas se méfier assez de moi. On ne se méfie jamais assez des bonnes femmes[1]. » Derrière cette attaque au vitriol, selon Marie-France Garaud, c'était un coup de Giscard et de Poniatowski, qui avaient la volonté de diviser les chiraquiens. L'épouse de Giscard aurait manipulé la femme de Chirac. En réalité, Bernadette n'a jamais eu besoin de personne pour donner des coups de pied dans la fourmilière. Elle ne fermera d'ailleurs jamais tout à fait les yeux, comme eut le tort de le faire autrefois Marie-Mathilde, l'épouse de Félix Faure, le président qui perdit sa connaissance et la vie dans les bras de sa maîtresse, Meg Steinheil. Même aux obsèques de ce dernier, elle ne cessa de geindre : « C'était un si bon mari... »

---

1. *Elle*, 17 septembre 1979.

4

Mitterrand aimait aussi les ragots

Ancien ministre de l'Économie de Mitterrand, ancien président de la Commission européenne, Jacques Delors confirme que « les présidents savent toujours très bien ce qui se raconte dans les dîners en ville[1] ». Sans être obsédés pas les rumeurs, il est indéniable que les successeurs du Général se sont tenus informés des mœurs du microcosme, celles de leurs rivaux mais aussi de leurs alliés. N'est-ce pas souvent utile pour tenir l'ennemi à bonne distance ? Ils laissent les basses œuvres à leurs lieutenants. Mais ils adorent savoir. C'est toujours plus délassant que le dossier de la prolifération nucléaire ou le nouveau plan-jeunes de la formation en alternance. Derrière les murs épais de l'Élysée, François Mitterrand recueillait volontiers les échos de la ville. Il avait ses rabatteurs, son cercle de fidèles, ses confidents. Amours, trahisons, réconciliations, tout l'intéressait. Il ne se lassait pas de tendre une oreille attentive à ses visiteurs qui lui contaient les secrets d'alcôve du moment.

Ancien conseiller très écouté à la présidence de la République, aujourd'hui sénateur, Michel Charasse en convient : « Mitterrand était un peu "pipelette". Il adorait savoir qui était avec qui, qui avait rompu avec qui. Parfois, il me disait : "Untel a divorcé" ou "Ah, ah... Il est

---

1. Entretien avec les auteurs, 19 janvier 2006.

avec elle. Vous pouvez me la montrer ?" » Ancien secrétaire général de l'Élysée, Hubert Védrine confie à sa
façon : « Il était froid et réservé. Il ne détestait pas à
l'occasion entendre ce genre d'histoires, mais il ne les
encourageait pas[1]. » Pour son fils, Jean-Christophe Mitterrand, « c'était une manière de prendre les mondains
à leur propre jeu[2] ».

En proie à la solitude des sommets, Mitterrand aime
s'informer de la vie amoureuse d'autrui pour se divertir.
« Parmi les hommes politiques, il était celui qui avait le
plus envie de savoir », rapporte la journaliste Michèle
Cotta. Le président suit de près la vie des femmes qui
ont compté pour lui, mais il est capable de s'enquérir
aussi de la vie sentimentale de son chauffeur, Pierre
Tourlier. Ce dernier témoigne : « Dans la voiture,
Mitterrand me demandait souvent : "Mais où étiez-
vous ? Avec qui ? Comment était-elle ?"[3]. » Le jour où
Tourlier lui annonce avoir trouvé l'âme sœur au sein du
personnel de l'Élysée, le président lui rétorque : « Pierre,
j'ai l'impression que vous puisez dans mon… cheptel ! »
Même en voyage officiel, le président traque l'officieux,
l'intime, le secret. L'humoriste Jacques Mailhot, qui a
suivi Mitterrand lors d'un déplacement à Decazeville,
dans l'Aveyron, au milieu des années quatre-vingt, se
souvient : « Dans l'avion, Mitterrand posait des tas de
questions sur les affaires de cœur locales. Du genre : "La
femme du préfet, elle est toujours avec le président du
conseil général ?" »

Mitterrand a toujours considéré que les voyages devai-
ent aussi former l'âge mûr. En 1980, avant d'être élu président l'année suivante, le candidat socialiste à la
présidentielle se rend à Mexico. Pendant le programme
officiel, son chauffeur français prend un verre avec deux
accortes interprètes mexicaines. Soudain, voilà Mitterrand qui surgit, accompagné de sa cour. Il quitte le

1. Entretien avec les auteurs, 1er décembre 2005.
2. Entretien avec les auteurs, 26 janvier 2006.
3. Entretien avec les auteurs, 26 décembre 2005.

cortège officiel et s'assied un instant à la table de Tourlier : « Vous allez sûrement passer une meilleure soirée
que moi ! » Quelques années plus tard, il se rend à Tokyo
en visite officielle. Décidément très porté sur la gent
féminine, son chauffeur est en compagnie d'une jolie
blonde rencontrée à l'ambassade de France. Dans les
couloirs de marbre, Mitterrand défile au côté de l'empereur Hiro Hito. Ce dernier marche à pas lents. Le président suit le mouvement. Il aperçoit à nouveau son
chauffeur en galante compagnie, fait un petit écart et lui
glisse d'un air entendu : « Encore une soirée que vous
n'aurez pas perdue. » Une allusion grivoise vaut bien un
minuscule accroc au protocole. Jean-Christophe Mitterrand se souvient d'une visite de son père au président
ivoirien Félix Houphouët-Boigny, dans son appartement
parisien. C'était en 1993, peu de temps avant leur mort
à tous les deux : « Mon père tient Houphouët par le bras.
Ils passent devant un grand miroir. Mon père lance à
Houphouët : "Ah ! quand on était jeunes et beaux, c'était
autre chose..." »

Mitterrand aimait aussi plaisanter avec son ami Maurice Faure, ancien ministre, qui a failli devenir président
du Conseil sous la IV⁰ République. « Celles qu'on a eues
et celles qu'on n'aura jamais », s'amusent les comparses.
Selon Védrine, « Mitterrand riait aux éclats d'une blague
de Faure concernant les aventures d'un couple échangiste et de Martiens ». Avec son ami l'homme d'affaires
Roger-Patrice Pelat, les conversations de Mitterrand sont
souvent de la même veine : « Si on avait dû épouser toutes celles qu'on a fréquentées, on serait à la tête d'un
harem », ironise Mitterrand. « Elles seraient toutes
vieilles et moches. On serait bien encombrés ! » répond
son ami. Chaque mercredi, la garde rapprochée du président déjeune après le Conseil des ministres à l'Élysée.
Charasse est chargé d'animer le buffet : « C'était une
sorte de Coluche maison, qui avait un côté égrillard, gentil et ingénieux », note Védrine. Mitterrand apprécie les
blagues franchouillardes du sénateur du Puy-de-Dôme.
L'homme à la rose ne goûte pas pour autant la vulgarité.

Parfois, il se fâche lorsqu'il juge le propos incorrect. Un jour, Charasse évoque la fin sulfureuse du cardinal Jean Daniélou, membre de l'Académie française, mort en épectase en 1974, rue Dulong à Paris, dans les bras de « Mimi », l'hôtesse d'un cabaret parisien. Le président, d'un ton sec : « Vous n'étiez pas sur place. Peut-être a-t-il fait un malaise ! Vous participez aux ragots. »

Féru de littérature, Mitterrand ne rechigne pas, bien entendu, aux évocations littéraires. Des frasques de la cour de Louis XV, il n'ignore rien. De la vie du cardinal de Bernis, pas grand-chose. Les *Mémoires* de Casanova sont l'un de ses livres de chevet. Un jour, son ami Pierre Bergé lui offre *Les Plaisirs du roi*, de Pierre Bettencourt, dont la couverture est illustrée par un sexe masculin pourvu d'une couronne. Le président est fasciné par Eneas Silvio Piccolomini qui, avant de devenir le pape Pie II, écrivit des poèmes érotiques publiés sous le titre *La Storia di due amantibus*. Malgré sa réputation de Don Juan, Mitterrand veut-il laisser une trace d'esprit fleur bleue dans un ouvrage ? En 1988, l'actrice Catherine Alric rédige *Leur toute première fois*[1], un livre relatant les premiers émois amoureux d'une centaine de personnalités. Elle adresse une demande au président de la République, qui accepte mais n'envoie pas sa contribution. *Leur toute première fois* est imprimé. Mitterrand en est fort marri. Il prend sa plus belle plume et envoie aussitôt son témoignage. La première édition de vingt-cinq mille exemplaires est mise au pilon. Cinquante mille nouveaux livres sont imprimés. La « première fois » présidentielle figure cette fois en bonne place. Le chef de l'État y raconte un souvenir fugace, lorsqu'il avait quinze ans, d'une rencontre avec une jeune fille dans une station belge de la mer du Nord. Malgré ses recherches, juché sur un vélo, il n'avait pas pu la retrouver. Une sorte de conquête impossible. Celle dont on se souvient après avoir tout obtenu. Les femmes, le pouvoir et la France.

---

1. Catherine Alric, *Leur toute première fois*, Le Rocher, 1988.

5

Quand les femmes menaient
Giscard par le bout du nez...

À son arrivée à l'Élysée en 1974, Valéry Giscard
d'Estaing avait rangé sur un secrétaire *L'Éducation sentimentale* de Flaubert. Il était temps. Moins expert que
son rival malheureux, issu d'un milieu où l'on ne plaisante guère sur le sujet, Giscard, arrivé à la tête de
l'État, se montre plus grivois que prévu. Il gère les dossiers tout en se dévergondant en catimini, comme
savaient si bien le faire les rois de France. Il avait aussi
placé dans ses rayons les volumes des *Contes de la
Bécasse* de Maupassant. Vingt ans après son élection,
Giscard rend à ce dernier un « hommage discret » en
exergue de son roman *Le Passage*[1]. L'homme politique
publie pour la première fois de sa vie un ouvrage à pré-
tention littéraire. La quatrième de couverture précise
que *Le Passage* narre l'histoire d'une passion, « de ses
douleurs et de ses incertitudes », et révèle « ce moment
où surgit l'imprévisible qui bouleverse la vie ». Le narrateur est un notaire de province prénommé Charles,
féru de chasse au gros gibier comme l'ancien président,
lecteur comme lui des *Contes de la Bécasse*, et amateur
de jolies jambes comme lui.

---

1. Valéry Giscard d'Estaing, *Le Passage*, Robert Laffont, 1994.

Il faut espérer que le parallèle s'arrête là, car le notaire en question, sorte de notable nigaud, se prend de passion pour une jeunesse devant laquelle il tombe en apoplexie. Face à elle, il est à peu près impuissant ! Timoré, le narrateur l'est même au moment d'aller porter un livre dans la chambre de l'objet de son désir. Ce geste anodin l'angoisse : « Je goûterai sa présence, l'odeur dont elle a imprégné la chambre. Mes sens joueront avec toutes ces sensations. Je n'en imagine pas davantage. Mais si j'avais le courage d'aller plus loin, de regarder en face mes intentions, j'accepterais de reconnaître que mon vrai désir est de me rapprocher d'elle, de la toucher, d'embrasser ses épaules. Tout ceci est absurde, me dis-je. C'est bien ma tournure habituelle d'esprit que d'imaginer de telles complications, des conséquences aussi excessives. » On espère qu'à l'heure de prendre de graves décisions, le chef de l'État se montrait moins gêné. L'auteur, qui depuis a été élu à l'Académie française, manque singulièrement de subtilité. Étrange, pour un esprit aussi délié. La nuit d'amour cruciale du roman tient en une phrase : « Et nous nous sommes noyés ensemble, longuement, enlacés dans la sensualité de la nuit. » Giscard semble finalement moins apprêté quand il évoque les animaux de la forêt : « Les grands cerfs rassemblent leurs biches, sélectionnées pour la saison, et s'installent dans un coin de forêt, ou dans une clairière, pour des accouplements qu'ils répètent jusqu'à épuisement. »

Giscard, homme à femmes ? La légende ne prête qu'aux riches et elle lui prête beaucoup. Lui-même n'a cessé de laisser paraître son goût pour le sexe faible. Dans ses Mémoires, intitulés *Le Pouvoir et la Vie*[1], il évoque cette libido politique. Lors d'une conversation avec des journalistes à l'automne 1980, il avait mentionné un « secret pour les femmes ». Dans son livre, il lève le

---

1. Valéry Giscard d'Estaing, *Le Pouvoir et la Vie*, Compagnie 12, 1988, 1991, 2 vol.

secret. Rien de fracassant. En résumé : « Pendant mon septennat, j'ai été amoureux de dix-sept millions de Françaises. » Métaphore, direz-vous ? Point du tout, répond Giscard : « Le plus curieux, la nature même de mon secret, c'est que c'était rigoureusement exact ! Et quand j'y pensais, je riais en me disant qu'Henri IV avait été un enfant de chœur ! » Pour l'ancien chef de l'État, trop d'amour ne tue pas l'amour. Dans la foule, il devinait la « silhouette » des Françaises et s'attardait une demi-seconde sur elles pour entrevoir la « nudité de l'être ». Tandis qu'il lisait ses discours, l'orateur déshabillait l'assistance. Fébrile, il attendait ces rendez-vous avec les Françaises, et retrouvait leurs charmes à chacun de ses voyages, « leur sourire, leur délicieux sourire, où se retrouvent à chaque instant les deux faces de la féminité, l'aimante et la maternelle ». Philosophie rudimentaire, mais « very french », comme le reconnaît lui-même l'ancien président.

Le Pouvoir et la Vie regorge, d'ailleurs, d'allusions coquines. Il raconte ainsi une visite en France du dirigeant chinois Hua Guofeng, le successeur de Mao en 1976. En compagnie de cet hôte de marque, le chef de l'État et le Premier ministre, Jacques Chirac, apposent une plaque commémorative sur la façade de l'hôtel Godefroy, dans le XIVe arrondissement de Paris. Chou En-lai y a habité lorsqu'il travaillait à l'usine Renault de Billancourt. Giscard fait visiter l'hôtel et ouvre la porte d'une chambre au second étage, censée avoir été celle du Chinois : « Hurlements de protestation à l'intérieur, poussés par une voix d'homme et une voix de femme, réunis dans la même indignation, et sans doute la même intimité. » Bêtement, l'hôtelier avait loué la chambre... L'ancien président n'a pas oublié sa surprise. Quelques années après la scène de l'hôtel, les 12 et 13 juin 1980, il est très marqué par un séjour à Venise, pour une réunion du Conseil européen. Sur la place Saint-Marc, avec Margaret Thatcher et Helmut

Schmidt, Giscard songe aux personnages de Goldoni. Venise aiguise ses sens : « Nous aurions dû porter des masques. Depuis lors, chaque fois qu'une hôtesse me remet, dans un avion qui effectue un vol de nuit, une pochette contenant une visière de soie noire pour m'aider à dormir, je l'applique sur mon visage en pensant à sa ressemblance avec le masque que portaient, de l'arcade du nez jusqu'à la racine des cheveux, les belles Vénitiennes et les galants personnages qui leur faisaient la cour. Aussi, au lieu de m'endormir, je pars pour Venise... »

Au Conseil des ministres, le chef de l'État remarque l'« aura affectueuse » autour d'Alice Saunier-Seïté. Il évoque même sa propre « affection » à l'endroit de la ministre. Ce n'est pas tout. En avril 1981, un mois avant l'élection présidentielle, Giscard tient meeting à Ajaccio, en Corse. Elle est à la tribune. Il l'observe. « Alice », comme il dit, ne parle pas du président, ni du candidat, mais de l'homme qu'il est. Giscard en est tout ému : « Je la regarde parler devant moi, tournée de trois quarts. Son corps est musclé, avec des mouvements d'une aisance féline, et des jambes qui me paraissent bronzées. Une pensée bizarre me traverse l'esprit : quand elle faisait l'amour, elle devait y mettre la même véhémence. »

La presse internationale n'a pas attendu que l'intéressé se prévale lui-même de ses propres fantasmes pour s'en amuser. En juillet 1975, *Ici Paris* reprend en une l'antienne des journaux anglo-saxons, « Giscard ne pense qu'aux femmes », et observe en sous-titre : « Et tous les Français sont fiers de lui. » Quelques semaines plus tôt, l'*International Herald Tribune* avait glosé sur les sorties nocturnes de Giscard. De son côté, l'hebdomadaire américain *Time* expliquait que le « jeu de société de Paris » consistait à savoir « où Giscard passait ses nuits ». C'était l'époque où l'ancien Premier ministre Maurice Couve de Murville se serait amusé à lancer : « Giscard est le seul chef d'État au monde dont on sait à peu près sûrement où il ne couche pas. » Et le temps où le ministre de l'Intérieur, Michel Poniatowski, faisait cette confidence à Michel Bassi, le responsable du service de presse de Giscard : « J'ai dit à Valéry : "Tu peux avoir toutes les bonnes fortunes que tu veux, et d'ailleurs, cela ne déplaît pas aux Français. Mais fais-le plus discrètement. Tiens, pourquoi n'utilises-tu pas l'hôtel de Marigny"[1] ? » Curieuse suggestion. Ce palais fait face à l'Élysée. On pouvait imaginer plus discret.

Les fiestas présidentielles donnent lieu à toutes sortes de bruits. *Time* publie la photographie d'une princesse italienne, à qui l'on prêtait une idylle avec le président. Le *National Star* affirmait même qu'il était tombé amoureux d'une photographe de presse pendant la campagne présidentielle. L'hebdomadaire de New York révèle, rien de moins, une liste de conquêtes prétendues du président : « Une comtesse brune que tutoie le Tout-Paris, une actrice dont toute la France connaît les taches de rousseur, une vedette de music-hall venue des îles, une star que sa beauté glaciale a souvent fait comparer à Garbo[2]. » Ces propos codés désignent l'actrice fétiche des Français Marlène Jobert, ou encore une superbe comédienne d'origine martiniquaise, Cathy Rosier. La plupart des intéressées se sont pourtant toujours défendues d'avoir entretenu une relation avec lui. C'est le cas de l'actrice Marlène Jobert, qui expliqua n'avoir rencontré le président qu'une seule fois, par hasard, dans un hôtel de Djerba. C'est également le cas de l'icône érotique néerlandaise Sylvia Kristel. L'interprète de l'immortel film des années soixante-dix, *Emmanuelle*, ne cesse d'expliquer que certains journaux lui ont prêté à tort une aventure avec Giscard, alors qu'elle était socialiste, et même « 100 % mitterrandiste[3] » à l'époque. En tout cas, les rumeurs,

1. Michel Bassi, *Cinq présidents à armes égales*, J.-C. Lattès, 2005.
2. *Ici Paris*, 18 au 24 juillet 1975.
3. *France Soir*, 7 février 2003.

fondées ou pas, auront servi à construire l'image d'un moderne Louis XV.

Mais cette passion des femmes a parfois mal tourné. La France s'est alors trouvée engagée dans des affaires où les intrigues sentimentales interféraient avec les intérêts stratégiques du pays. À l'automne 1979, Paris lance l'opération Barracuda en Centrafrique. Les parachutistes français mettent fin au régime ubuesque de l'empereur Jean-Bedel Bokassa. Depuis quelques mois, des journaux évoquent des « massacres d'enfants » dans ce pays. Les déviances du monarque ont fini par indisposer Paris. Mais à peine Bokassa est-il destitué que l'« affaire des diamants » éclate dans *Le Canard enchaîné*. Selon les révélations, le potentat centrafricain aurait offert des plaquettes de pierres précieuses au chef de l'État français. Les dizaines de carats seraient aussi allées à deux cousins germains de Giscard, à son conseiller Afrique, et à deux ministres. Accordés par un empereur accusé des pires crimes, ces cadeaux font mauvais genre. Un commissaire des Renseignements généraux, Patrick Rougelet, qui sera plus tard révoqué pour une tout autre affaire, se trouve au centre du dossier[1]. Un ancien ambassadeur de Bokassa, Sylvestre Bangui, lui a parlé des diamants quelques mois auparavant. Rougelet a fait un premier rapport. Après les révélations publiques, des sources africaines continuent à lui fournir des renseignements. Le 24 janvier 1980, avec un ami militaire, versé lui aussi dans le renseignement, le policier rédige une note qui donne à l'affaire une tournure plus coquine. Le document avertit la hiérarchie des RG que le président de la République pourrait faire l'objet dans les prochains mois « de nouvelles attaques concernant ses séjours centrafricains ». Rien à voir avec les diamants, mais plutôt avec

---

1. Entretien avec les auteurs, 15 décembre 2005.

des soirées agréables, en charmante compagnie. En résumé, Bokassa se serait comporté en hôte convivial, offrant à ses visiteurs les charmes de l'Afrique.

Rougelet ne se trompe pas beaucoup. C'est Bokassa lui-même qui lance l'attaque, à peine quinze jours plus tard. Le 10 février, de son exil à Abidjan, en Côte-d'Ivoire, l'empereur déchu écrit un courrier de quatre pages à son ami le général Eyadéma, président du Togo[1]. Certains passages ne manquent pas de piquant. Voilà ce que raconte Bokassa : « À Kigali, en mai 1979, Giscard d'Estaing m'avait demandé d'envoyer mon épouse Catherine en France. Peu de temps après son arrivée à Paris, elle a été mise au courant par le président français de ce qui se préparait contre moi : avec interdiction formelle de me prévenir. En contrepartie, elle devait bénéficier de substantiels avantages financiers et de nombreux privilèges. » Acrimonieux à l'égard de Giscard, qui vient de provoquer sa chute, Bokassa rédige son courrier crescendo : « Vous ne pouvez comprendre, vous expliquer cette incroyable négociation que si vous savez que mon épouse est devenue et est la maîtresse de Giscard d'Estaing. Là encore, je possède non seulement des renseignements précis mais aussi des preuves et, en particulier, une lettre manuscrite dans laquelle ce chef d'État parle de sentiment d'amour réciproque et forme des projets de rencontre. » Atteint dans sa « dignité d'homme et d'époux », Bokassa estime que « nous sommes reportés très loin dans l'histoire, au temps où les vainqueurs se donnaient le droit de piller et celui de prendre l'épouse de leur adversaire malheureux ». L'ancien potentat tiendra le même discours à un documentariste français, Jean-Claude Chuzeville, venu l'interviewer à Abidjan. « Toutes les chaînes de télévision ont refusé notre documentaire », regrette Chuzeville. Les paroles de Bokassa sont à prendre naturellement avec des pincettes. L'ancien

---

1. Roger Delpey, *La Manipulation*, Grancher, 1981.

empereur n'avait rien d'un enfant de chœur, ses propos n'ont rien de paroles d'évangile, mais ils sont tout de même très gênants pour Paris.

Au même moment, à Paris justement, le commissaire Rougelet et l'un de ses amis militaires apprennent que Georges, l'un des fils de Bokassa, cherche à vendre des documents compromettants pour Giscard. Rougelet s'en souvient : « Georges était installé dans une suite de l'hôtel Napoléon, avenue de Friedland. Mon ami militaire et moi, nous nous sommes fait passer pour des agents du Mossad. Nous sommes venus au rendez-vous avec une petite mallette, censée être remplie de billets. Dans la pile de documents de Georges, nous avons réussi à récupérer une lettre à en-tête d'un médecin proche de l'Élysée. » Un courrier dans lequel ce médecin prescrivait à l'impératrice de s'abstenir de rapports sexuels pour des raisons gynécologiques. Un courrier pour convaincre Bokassa qu'il ne devait plus honorer son épouse !

Dans les cercles du pouvoir, les accusations vaudevillesques de l'ancien dictateur font jaser. Les hommes du président répondent : « Bokassa est un malade. Sa jalousie à l'égard de son épouse l'a rendu fou. Vous vous rendez compte : il ose accuser Giscard de complicité d'adultère[1] ! » Une manière de laisser entendre que, conformément à une rumeur, c'est un cousin de Giscard qui aurait eu une idylle avec Catherine Bokassa. Le plus sidérant dans cette affaire, finalement, est que Giscard, qui sait pertinemment ce que l'on raconte, se complaît à entretenir l'ambiguïté. Ainsi, dans son livre *Le Pouvoir et la Vie*, il évoque le couronnement de Bokassa en 1975, et notamment le fait que « les images retransmises de Bangui étaient belles ». Il concède bien volontiers que Catherine avait attiré son œil : « La nouvelle impératrice, en particulier, ancienne élève des écoles missionnaires de la brousse, faisait montre, dans un rôle

---

1. *Le Canard enchaîné*, 24 octobre 1980.

semblable à celui de Joséphine, de beaucoup de retenue et d'allure. L'outil nouveau qu'était encore la télévision, à la perception directe, intuitive, et parfois surprenante, a même fait passer, m'a-t-il semblé, une émotion fugitive au moment où elle a reçu sa couronne. » Giscard raconte ensuite des parties de chasse aux confins de la République centrafricaine, du Soudan et du Zaïre, en l'absence du couple impérial : « L'imagination et la rumeur se sont donné libre cours pour prêter à ces expéditions un caractère de luxe, ou de débauche ! La réalité était plus modeste, et singulièrement plus attirante. » Quelle réalité ? Giscard assure qu'il avait été « séduit, ensorcelé peut-être, par le mystérieux pays des Zandés »...

Il est une autre histoire dans laquelle le président de l'époque a été embarqué à son insu. Catherine Virgitti n'en livre que des bribes. Assise à une table en terrasse de Chez Francis, le célèbre café de la place de l'Alma à Paris, elle a l'allure d'une dame du monde, d'une « madame ». Tenue rouge et noire sur le corps, lunettes effilées constellées de petits diamants sur le visage, cette sexagénaire a toujours la beauté sous ses cheveux légèrement blanchis et le très élégant sourire de sa jeunesse. Dans sa mémoire, elle conserve le souvenir d'une carrière qui lui fit reprendre les affaires de Madame Claude, la plus célèbre pourvoyeuse de call-girls que la France ait jamais connue. Dans les années soixante-dix, Catherine Virgitti dirigeait une « agence spécialisée », comme dit la presse. Au bout du fil, elle recevait les commandes et adressait à des personnalités des jeunes femmes taille mannequin afin qu'ils puissent les honorer pour quelques heures ou une nuit. Le pouvoir d'attraction sexuelle des palais officiels, elle connaît !

Le catalogue de sa clientèle comportait, selon elle, des noms aussi prestigieux que le Shah d'Iran, le roi Fahd d'Arabie Saoudite, le roi Hassan II du Maroc et leurs entourages. Sans compter quelques présidents africains et des vendeurs d'armes comme Adnan Kashoggi, et naturellement quelques ministres et parlementaires français. Rien à voir avec la prostitution sur le trottoir. « Chez moi, il n'y avait pas de filles maquées, aucune coercition », jure Catherine Virgitti pour plaider son innocence. Un monde d'argent, certes, mais parfois de plaisirs gratuits. L'associée de Virgitti, Fernande Grudet, *alias* Madame Claude, racontait ainsi une scène surprenante de gâteries non tarifées. Une des filles de son réseau avait surpris sa maîtresse, une danseuse du Crazy Horse, avec un homme. Tandis que les deux femmes se crêpaient le chignon, « monsieur se drapait dans sa dignité et dans une serviette de bain puis sortait de la pièce ». Puis la fille avait fermé la porte de la chambre derrière l'homme, en ayant soudain une fulgurance : « Merde ! Mais c'était[1]... » « Notre grand argentier », selon les mots de Madame Claude.

Catherine Virgitti ne conserve pas ses souvenirs seulement dans sa mémoire. Elle en a aussi dans son portefeuille. Il y a là deux photos en noir et blanc, sur lesquelles on la voit en la charmante compagnie d'un ami illustre, un certain Valéry Giscard d'Estaing. La première photo montre à côté d'elle l'ancien chef de l'État en position assise. Il porte de grandes chaussettes blanches, un short et une casquette. Sur l'autre, toujours avec elle, il figure au milieu d'autres amis, devant un 4 x 4 en pleine savane. Les deux clichés ont été pris en Afrique à l'époque où Giscard était le ministre des Finances de Pompidou. Catherine Virgitti raconte : « C'était lors d'un voyage au Kenya, avec des amis communs, environ deux ans avant la présidentielle. Giscard et moi n'étions pas du tout dans le cadre d'une relation commerciale. » Il n'était pas client, et « n'était d'ailleurs pas du tout un consommateur de prostituées ».

---

1. Claude Grudet, « *Madam* », *Madame Claude raconte*, Michel Lafon, 1994.

On demande à l'ancienne mère maquerelle si elle n'a jamais eu l'idée de se servir de ces photos pour le moins gênantes pour celui qui allait devenir le chef de l'État. Pour toute réponse, un « non » ferme. D'ailleurs, remarque-t-elle, quand un responsable du Parti socialiste, voisin de l'avenue George-V, lui a proposé de les lui acheter à bon prix, elle a décliné.

Et « même quand j'ai été arrêtée, je n'ai pas tenté de m'en servir, assure-t-elle. Je n'ai pas demandé une quelconque aide à des hommes politiques. La police n'a eu que mes faux agendas, avec de faux noms et de faux numéros des filles et des clients, qu'ils ont trouvés dans une serviette. Les vrais étaient sur moi, mais ils ont oublié de me fouiller ». À voir. Car lors de la première incarcération de Catherine Virgitti, en décembre 1977 à Fleury-Mérogis, les hommes de la brigade mondaine sont bel et bien tombés sur des clichés qu'ils ont remis à leur commissaire[1]. Cette fois-là, la patronne du réseau de call-girls ne restera que deux mois en détention provisoire et ne sera condamnée qu'à six mois avec sursis. En janvier 1980, le juge d'instruction Jean-Louis Bruguière, qui s'intéresse au proxénétisme de luxe, fera effectuer des perquisitions chez la mère de Catherine Virgitti à Toulon. Cette fois encore, la détention provisoire ne sera pas trop longue. Un peu plus de deux mois seulement. Conclusion du *Canard enchaîné*, à l'époque : « Une partie de l'appareil d'État a hésité, tremblé et finalement cédé devant les souvenirs de cette femme de tête. »

L'hebdomadaire satirique évoque l'affaire, mais sans mentionner le nom de Giscard. Il est juste fait état d'une « haute personnalité de l'État giscardien ». Aux prises avec l'Élysée sur l'affaire des « diamants de Bokassa », l'hebdomadaire satirique a ainsi en main une sorte de moyen de pression sur la présidence de la République. En substance : si vous réagissez trop aux révélations sur

---

1. *Le Canard enchaîné*, 30 avril 1980.

les diamants, nous publions le nom de la « haute personnalité de l'État giscardien ». À l'attention de ses lecteurs, le journaliste du *Canard enchaîné* Claude Angeli observe en outre que « le fils d'un important ministre giscardien fréquentait assidûment l'une des jeunes femmes du "réseau"[1] ». Pour le reste, il se contente d'expliquer que le secrétaire général adjoint de l'Élysée, François Polge de Combret, veille au dossier[2]. L'hebdomadaire précise que la chaîne hiérarchique, du patron de la police judiciaire parisienne Jean Ducret au procureur général Paul-Louis Sadon, en passant par le procureur Christian Le Gunehec, a tôt fait de se mobiliser, mais sans vraiment expliquer le pourquoi et le comment.

En fait, malgré les dénégations de Catherine Virgitti, d'autres filières sont mobilisées. Notamment, la mère maquerelle, alors en détention, a fait passer des messages par un député qu'elle avait rencontré chez Castel, et qui ne faisait pas partie de ses clients. Ce dernier, entre les mains duquel s'était retrouvé un jeu de photos, les a apportées lors d'un rendez-vous au domicile du gaulliste Albin Chalandon, ancien ministre. Lequel n'a pas manqué de les transmettre au ministre de l'Intérieur de l'époque, Christian Bonnet. Qui naturellement avait missionné les Renseignements généraux pour qu'ils vérifient si la presse s'intéressait à cette affaire. À part ça, l'État ne s'occupe pas de la vie privée des hommes politiques !

---

1. *Le Canard enchaîné*, 23 juillet 1980.
2. *Le Canard enchaîné*, 30 juillet 1980.

6

Anne et Mazarine

En novembre 2004, le tribunal correctionnel de Paris traite d'une affaire vieille de près de vingt ans, celle des écoutes illégales de l'Élysée. Là aussi, l'administration a été dévoyée dans des conditions souvent burlesques et instrumentalisée pour un usage très politique. Pendant près de quatre ans, de 1983 à 1986, la cellule mise en place par François Mitterrand, censée traquer les terroristes et le trafic d'armes, avait en effet espionné une centaine de personnalités, des journalistes, des avocats et même l'actrice Carole Bouquet. Les autorisations avaient été délivrées sans contrôle. Les grandes oreilles avaient fait preuve d'un tel zèle que même des conversations de l'épouse du Premier ministre de l'époque avaient été enregistrées. Car Françoise Castro, épouse Fabius, avait appelé des personnes dont la ligne était sur table d'écoute ! Près de vingt ans après la fin des activités de la cellule, sept anciens collaborateurs du président sont condamnés pour « atteinte à l'intimité de la vie privée ».

Pourquoi un tel déploiement d'intrusions ? Pour « protéger » la vie privée du président, justement, comme le relevèrent les magistrats. François Mitterrand voulait cacher le secret qu'il avait réussi à conserver jusque-là. À plusieurs reprises, pourtant, il avait bien failli être éventé, ce secret. En remontant dans le temps, l'on s'aperçoit que Mazarine et sa mère ont souvent frôlé la notoriété, bien avant que *Paris Match* ne publie la célèbre photo, en novembre 1994. Vingt ans avant la divulgation finale, déjà, de manière subliminale, les Français ont entendu parler d'Anne Pingeot. Mais ils n'ont pas compris. Nous sommes le 10 mai 1974. À la télévision, ce soir-là, François Mitterrand et Valéry Giscard d'Estaing se font face pour un débat historique. Tous deux sont arrivés en tête du premier tour de l'élection présidentielle. Alors que la fin de l'émission approche, comme si de rien n'était, Giscard parle de sa région, l'Auvergne : « Monsieur Mitterrand, vous avez noté les résultats de la ville de Clermont-Ferrand. Clermont-Ferrand est une ville qui a une des plus grandes usines de France, et qui a une municipalité socialiste. Et c'est une ville qui vous connaît et qui me connaît bien. » Invisible pour les téléspectateurs, la flèche atteint un talon d'Achille de Mitterrand. En lâchant « une ville qui vous connaît », Giscard fait une référence incompréhensible pour le commun des mortels, mais que Mitterrand ne peut pas ne pas comprendre : une allusion directe aux liens du candidat socialiste avec une famille du cru, les Pingeot. L'une des filles de cette famille, Anne, est sa maîtresse, et Giscard le sait. Peut-être ignore-t-il en revanche qu'elle est enceinte de Mitterrand. Quelques minutes plus tard, Giscard reproche à Mitterrand de « s'arroger le monopole du cœur ». Selon la légende, ces quelques mots feront basculer l'élection.

Mazarine naît le 18 décembre 1974 à Avignon. Son père avait beau apprécier les charmes du Bourbonnais, il n'était pas comme les Bourbons. Pas en tout cas comme ce Louis XIV dont le duc de Saint-Simon écrivit dans ses *Mémoires* qu'il donna au monde « le spectacle nouveau de deux maîtresses à la fois » et que même « les grossesses et les couches furent publiques ». À l'époque, Mitterrand est plutôt adepte du « pour être heureux, vivons cachés ». Le premier secrétaire du PS garde sa seconde vie sous le couvercle du secret. Les rares qui

savent se taisent. Ainsi la journaliste Catherine Nay :
« Je me faisais un point d'honneur de ne pas sortir
l'affaire Mazarine. » Les plus nombreux ignorent tout
de son existence. Pourtant, le père de Mazarine ne se
cache pas vraiment : « Un dimanche en 1977, je l'ai vu
au restaurant parisien L'Entrecôte, qui déjeunait avec
une jolie femme très brune. Sur la table, il y avait un
bébé. Il lui dessinait des oiseaux. Les gens le regardaient,
mais il était seul au monde », se souvient Catherine
Nay. Parmi les rares initiés, les secrétaires particulières
et le chauffeur de Mitterrand. Le matin, le chauffeur
emmène par la main Mazarine à l'école maternelle. Le
soir, « la nounou du premier secrétaire du PS » dépose
Mitterrand devant l'appartement d'Anne Pingeot, rue
Jacob, à Paris. Selon un ballet immuable, le chauffeur
le raccompagne ensuite jusqu'à l'hôtel particulier de la
rue de Bièvre, où il habite avec Danielle. Souvent, au
cours des longues heures de route entre Paris et Château-Chinon, Mitterrand demande à s'arrêter au beau
milieu d'un village. D'une cabine téléphonique, il
appelle Mazarine.

Le 10 mai 1981, jour de fête à la Bastille. C'est aussi
là que la double vie du président devient un secret
d'État. Le peuple de gauche célèbre la victoire de son
héraut. Mitterrand réfléchit. Il appelle à ses côtés le
commandant Christian Prouteau, fondateur du GIGN.
Officiellement désigné pour renforcer la protection du
chef de l'État, le gendarme prend la tête du Groupe de
sécurité de la présidence de la République (GSPR). Au
détour d'une porte, Prouteau apprend qu'il devra aussi
surveiller une femme et une enfant « chères au cœur du
président ». Première décision : la rue de l'appartement
d'Anne Pingeot près du boulevard Saint-Germain ne se
prêtant guère à une sécurité efficace, celle-ci doit déménager. Mazarine et sa mère sont transférées dans une
annexe de l'Élysée, au 11, quai Branly. C'est une résidence officielle où vivent discrètement plusieurs hautes
personnalités de l'État PS. Cela rappelle un peu l'instal-
lation de Françoise d'Aubigné, marquise de Maintenon

et favorite de Louis XIV, dans une aile du château de Versailles. Pour brouiller les pistes, l'appartement est attribué au nom d'une conseillère de l'Élysée, Laurence Soudet. À l'abri des regards indiscrets, le président mène une vie familiale. La semaine, il passe quai Branly, pour un moment avec Anne et sa fille. Le week-end, il se rend avec elles à la résidence secondaire officielle de Souzy-la-Briche dans les Yvelines. Traditionnellement, Mitterrand réserve le dimanche soir à sa « première famille ». Rue de Bièvre, le président dîne alors avec Danielle et ses deux fils. S'y joignent Roger Hanin, Christine Gouze-Rénal et quelques amis.

Malgré le verrouillage, la boîte à secrets est poreuse. Dès 1981, l'hebdomadaire d'extrême droite *Minute*, qui enquête sur une société civile immobilière de Gordes cédée à Anne Pingeot, publie le nom de la maîtresse du président accompagné d'une photo. Deux ans plus tard, le journal fait paraître sa photo et mentionne l'existence de Mazarine. Cependant, ces informations sont superbement ignorées par la presse. Si bien que la plupart des Français n'en sont pas informés. Poursuivi par le fisc, déçu de ne pas avoir été récompensé pour son soutien au candidat socialiste, l'écrivain Jean-Édern Hallier menace de révéler l'existence de la fille naturelle de Mitterrand. Il annonce la publication d'un pamphlet au titre sans équivoque : *Tonton et Mazarine*. Les membres de la cellule de l'Élysée sont chargés de récupérer le brûlot et de dissuader son auteur de passer à l'acte. Tous les coups sont permis. Pneus crevés, coups de fil muets, « avertissements verbaux »… Le travail de sape fonctionne à merveille. En 1984, Jean-Édern Hallier finit par renoncer à publier son pamphlet, qui devait sortir dans *L'Idiot international*. Il ne paraîtra qu'en 1994, à la veille du décès de Mitterrand, sous le titre *L'Honneur perdu de François Mitterrand*[1].

1. Jean-Édern Hallier, *L'Honneur perdu de François Mitterrand*, Éditions du Rocher – Les Belles Lettres, 1994.

La dévolution des services de l'Élysée à un mensonge d'État incite à s'interroger sur la frontière entre sphère publique et privée. Mazarine reconnaît elle-même l'ambiguïté du procédé : « Il ne peut y avoir de frontière étanche entre l'homme public, les privilèges privés que lui procure sa fonction dictés par une contrainte de sécurité et l'homme privé, qui met tant d'énergie à préserver cette part de lui-même[1]. » La situation est à peu près maîtrisée à Paris. Le 1er décembre 1986, Mitterrand inaugure l'un des grands chantiers culturels de son premier septennat : le musée d'Orsay. Le journaliste Stéphane Denis se souvient d'une scène originale. On présente au président les conservateurs du musée. Dans la rangée, Anne Pingeot est l'un d'eux. Sous les yeux éberlués du Premier ministre Jacques Chirac et de l'ancien président Valéry Giscard d'Estaing, le chef de l'État tend la main à la mère de sa fille, comme si de rien n'était, en la gratifiant d'un ostensible « Bonjour madame ». Louis XIV n'aurait pas fait mieux.

À l'étranger, les choses sont un peu plus compliquées. Anne Pingeot n'apparaît dans aucune cérémonie officielle, mais elle fait souvent partie des « bagages » du président. En effet, selon sa fille, elle « n'aime pas les privilèges mais ne déteste pas le romantisme[2] ». Pour limiter les risques de fuites, Mitterrand exige parfois, lors de ses déplacements à l'étranger, un dispositif réduit dans le pays d'accueil. Un haut fonctionnaire : « Un jour, j'ai dû téléphoner au chef du protocole italien pour qu'il n'y ait personne à l'arrivée lors d'un déplacement officiel. Ils ont juste envoyé un petit jeune… » En 1992, pour l'ouverture des jeux Olympiques de Barcelone, Mitterrand arrive tout aussi discrètement. Les employés du protocole, partis quelques jours plus tôt, ont été chargés des questions d'intendance. Au pas-

1. Mazarine Pingeot, *Bouche cousue*, Julliard, 2005.
2. *Ibid.*

sage, Mitterrand offre une semaine de vacances à Mazarine et ses amies.

Un homme va faire exploser la vie privée de Mitterrand : Pascal Rostain fume le cigare, vit avec un téléphone portable accroché à l'oreille et fait trembler les hommes politiques autant que les stars du show-biz. Ils sont nombreux à l'avoir croisé dans un hôtel au bout du monde sans l'avoir remarqué, à s'être étranglés à leur retour en découvrant les photos « intimes » de leurs vacances publiées dans *Paris Match*. Parmi les paparazzi les plus en vue sur la place de Paris, il sera l'un des rares à s'aventurer sur le terrain des photos politiques « non autorisées ». À son futur tableau de chasse : la baignade de Jean-Pierre Raffarin en Crète, la balade à New York de Cécilia Sarkozy et son amant, le mariage de Borloo et Béatrice Schönberg... Avec son associé Bruno Mouron, Rostain connaît son « heure de gloire » en 1994. Les fondateurs de l'agence Sphinx sont en effet les auteurs d'un cliché historique.

Pour ces deux paparazzi, l'affaire commence en 1993 sur une fausse piste. Un journaliste à la retraite confie à Rostain un « tuyau » qui se révélera percé : Mitterrand vivait clandestinement avec celle qui fut son Premier ministre de mai 1991 à avril 1992, Édith Cresson. L'informateur indique une adresse : 11, quai Branly, dans le VIIᵉ arrondissement de Paris. Ce bel immeuble bourgeois sur la rive gauche de la Seine est une annexe du Conseil supérieur de la magistrature. Les photographes décident de « planquer ». Rostain raconte : « Nous sommes quatre à nous rendre sur place : l'informateur, Bruno Mouron, le chien et moi. À notre arrivée, en sortant de la station RER de l'Alma, nous adoptons l'attitude de gens très détendus. Nous passons une première fois devant le porche. » Mais le GSPR ne tarde pas à repérer le faux groupe de promeneurs. Suite du récit : « À notre troisième passage, six flics se jettent sur nous. Je les prends un peu de haut. L'un d'eux me dit : "Si t'es là pour ce que je crois, dégage !" Nous sommes carbonisés. » À cet instant, par hasard, Mitterrand apparaît.

Il sort de sa voiture et entre dans l'immeuble. Que vient faire le président de la République à cette adresse ?

Le même jour, un autre heureux hasard se produit. Rostain reçoit un coup de fil d'un photographe et d'un journaliste du *Figaro* : « Ils se trouvaient par hasard dans le bureau de l'attachée de presse de l'Élysée, qui leur a montré un fax du GSPR demandant des informations sur nous. Le document évoquait une "attitude suspecte devant le domicile du président de la République". » L'air de rien, c'est une information capitale. Officiellement, le chef de l'État réside rue de Bièvre et non quai Branly. Afin ne pas éveiller l'attention, le photographe et son équipe décident de laisser leur planque en plan pendant quinze jours. Ils louent un appartement au dernier étage d'un immeuble situé de l'autre côté du pont de l'Alma, qui leur offre une vue imprenable sur le quai Branly. Une vue imprenable, hormis un petit problème, selon Rostain : « Nous sommes au printemps. J'aperçois parfois Mitterrand en train de sortir de l'immeuble, mais il commence à y avoir des feuilles sur les arbres, et elles obstruent mon angle de vue. Que faire ? Je consulte un fleuriste. Je prétends que je suis décorateur de cinéma et que je veux tourner un plan sans feuilles sur les arbres. Il m'indique une recette pour les faire tomber : mettre du sulfate de cuivre au pied de l'arbre, mais le tronc risque de devenir tout bleu ! On décide d'attendre l'automne… »

Les paparazzi persévèrent. Pendant longtemps, ils ne voient plus le chef de l'État dans leurs téléobjectifs, mais repèrent une cycliste anonyme qui remonte le quai Branly à contresens. Ils ne savent pas encore qu'il s'agit d'Anne Pingeot, la mère de Mazarine, logée au premier étage. Le deuxième niveau est occupé par un collaborateur du président, François de Grossouvre. Chaque jour, Anne Pingeot se rend à son travail, au musée d'Orsay. Aucune image du père avec sa fille n'a jamais été prise. La chasse continue. Deux photographes, Sébastien Valiela et Pierre Suu, décrochent par hasard une information décisive. En planque dans le

VIᵉ arrondissement pour photographier Isabelle Adjani, ces deux chasseurs de clichés apprennent de la bouche du fils d'une commerçante que la fille de Mitterrand habite dans le quartier. Les paparazzi avertissent l'agence Sphinx. Ce petit monde parvient à localiser l'adresse de Mazarine. Rostain : « Il était très dur de travailler à cet endroit, car la rue était étroite. Quand une voiture emmenait Mazarine, une seconde la suivait et nous bloquait. »

Le 21 septembre 1994, la scène finale a lieu. Les photographes Valiela et Suu parviennent à prendre le convoi officiel en filature, perdent sa trace sur l'esplanade des Invalides, mais aperçoivent le dispositif de sécurité un peu plus loin. En fait, Mazarine rejoint son père dans l'un de ses restaurants préférés, Le Divellec, à l'angle de la rue de l'Université et de la rue Fabert. Rostain suit la planque à distance, par téléphone : « Les photographes s'installent de l'autre côté de l'esplanade, sur la terrasse du terminal d'Air France. Ils angoissent, car des bus passent devant eux. Coup de bol ! Mitterrand sort avec sa fille et lui pose la main sur l'épaule. » La photo est prise à cinq cents mètres avec un téléobjectif de 1 200 mm, le plus puissant du monde. Personne ne voit les paparazzi, pas même les gardes du corps de Mitterrand : « On aurait eu un fusil à lunette, c'était pareil », grimace le photographe. Pour le patron du GSPR, Christian Prouteau, ces photos prouvent un « échec » : « Mazarine constituait le talon d'Achille du président. Un enlèvement eût été catastrophique [...]. En temps normal, jamais un photographe n'aurait pu approcher Mazarine où qu'elle se trouve[1]. »

Sans le savoir, les photographes ont profité d'un incroyable concours de circonstances. Le chauffeur de Mitterrand, Pierre Tourlier, raconte : « En sortant du Divellec, j'ai aperçu Yvan Levaï qui passait sur le trottoir. J'ai averti le président. Cela nous a retardés. Anne

---

1. Christian Prouteau, *Mémoires d'État*, Michel Lafon, 1998.

et Mazarine sont sorties après, comme d'habitude. Du coup, Mitterrand a embrassé la petite. » Clic clac ! Les photographes se précipitent au service photo de *Paris Match*. « On savait que l'hebdomadaire était le seul à pouvoir les publier », précise Rostain. Responsable photo de *Match*, Michel Sola s'interroge : « Comment sortir cela ? » Des tractations s'engagent entre le groupe Filipacchi, propriétaire de *Match*, et l'Élysée. Le journaliste Stéphane Denis, qui connaît Mitterrand, va jouer les intermédiaires, ce qu'il persiste à nier aujourd'hui encore. Il montre les photos au président, qui se contente de lâcher : « Les journaux font ce qu'ils veulent. » Ni veto, ni autorisation. « Le chef de l'État a juste demandé d'attendre la fin des examens de Mazarine », assure Tourlier. Quelques jours plus tard, l'associé de Daniel Filipacchi, Frank Ténot, déjeune avec Roland Dumas, avec qui il entretient de bonnes relations. Les deux hommes se retrouvent à la table numéro sept du Pichet, un restaurant de fruits de mer à proximité des Champs-Élysées. La maison est appréciée par Mitterrand qui connaît le patron depuis les années soixante-dix : « Lorsque j'ai vu sortir les images quinze jours plus tard dans *Match*, j'ai compris quel avait été le sujet de leur conversation », confie le restaurateur.

Le secret « Mazarine » devenait de toute façon intenable. Alors journaliste à RTL, Philippe Alexandre s'apprêtait à lever le voile sur l'existence de Mazarine dans *Plaidoyer impossible pour un vieux président abandonné par les siens*[1]. Il connaissait l'affaire depuis 1981. Avant la publication, Mitterrand prend soin de prévenir sa fille. La conversation, relatée par Mazarine : « C'est un jeudi. Mon père m'appelle. Je ne vis plus chez mes parents. "Prépare-toi." Dehors, le monde aura changé et les kiosques afficheront mon visage[2]. » Les photos

---

1. Philippe Alexandre, *Plaidoyer impossible pour un vieux président abandonné par les siens*, Albin Michel, 1994.
2. Mazarine Pingeot, *Bouche cousue, op. cit.*

sortent. Leur prix ? Pascal Rostain assure que son scoop a été l'un des moins bien payés de sa carrière : 500 000 francs. Pas de quoi se plaindre, tout de même. Candidat unique à l'achat des photos, *Paris Match* a su bien négocier. Environ dix ans plus tard, le même photographe proposera à peu près pour le même prix un scoop un peu moins important : 80 000 euros pour les clichés de Nicolas Sarkozy avec sa nouvelle compagne. Mais personne n'achètera, ni à ce prix ni à un autre. Il est vrai que Mitterrand était à l'époque à la fin de son mandat. Sexus politicus fait moins peur en fin de règne.

7

Chirac ne pense qu'à ça !

En juin 2002, les chefs d'État et de gouvernement des huit pays les plus industrialisés de la planète se réunissent à Kananaskis, une ville perdue dans le grand Ouest canadien. Transformé en camp retranché, un hôtel abrite les travaux des délégations américaine, japonaise, allemande, française, etc., qui planchent sur l'économie mondiale. Séances de travail, négociations, déclarations officielles. Un rythme harassant. Le soir, vers 19 h 30, les hommes les plus puissants de la planète se détendent dans les salons de l'établissement. À l'heure de l'apéritif, assis dans de confortables canapés, les maîtres du monde bavardent et plaisantent. Un témoin : « Ils avaient l'air de camarades en week-end. Ils parlaient foot, voyages, femmes... » Une atmosphère très éloignée des rigueurs du protocole. Dans cette ambiance décontractée, les chefs d'État abordent un sujet crucial. « Dormez-vous avec vos femmes ? » lance à la cantonade le Premier ministre japonais. Junichiro Koizumi explique le sens de sa question : « La mienne bouge beaucoup. Je ne trouve pas ça très pratique. » Les pieds sur la table, en bon cow-boy, George W. Bush s'esclaffe : « Vous devriez essayer les lits grande taille, c'est plus commode. » Jamais en reste sur les blagues potaches, Jacques Chirac, l'œil alerte, rectifie : « Mais non, au Japon, on utilise des tatamis ! » La petite assemblée éclate de rire. Ambiance bon enfant.

Même lors des grandes occasions, Chirac ne déteste pas faire rimer diplomatie et gauloiserie. Représentant d'une culture rabelaisienne, le président français blague sur la nourriture, sur le sexe, voire sur les deux en même temps. Lorsqu'il est ministre délégué chargé des Affaires européennes du gouvernement de Lionel Jospin, entre 1997 et 2002, Pierre Moscovici a plusieurs fois l'occasion de s'en rendre compte[1]. La première scène a lieu à Saint-Pétersbourg. Reçus à l'Académie polaire de la ville de Pierre le Grand, les représentants de la France font face à de jeunes Eskimos qui récitent des poèmes. À un moment donné, Chirac prend ses lunettes et les pose sur son nez. Moscovici murmure au président : « Elle est pas mal, la petite Eskimo là-bas. » Chirac répond du tac au tac : « Pourquoi croyez-vous que j'ai enfilé mes lunettes ? » Une autre fois, lors d'un conseil européen, en 1998, le président donne une conférence de presse concernant le chocolat. Il se penche vers le ministre des Affaires européennes et lui glisse : « Le chocolat, c'est bon pour le moral et le sexe. » Chirac se relève, puis s'incline à nouveau, ménageant son effet : « À mon âge, surtout pour le moral, mais vous, vous êtes encore jeune. » Lors d'un G7, Chirac félicite le Premier ministre canadien, au motif qu'une firme pharmaceutique de son pays a inventé un remède revigorant pour les ardeurs sexuelles. Chirac s'émerveille qu'on puisse « faire l'amour quatre fois dans le week-end ! ». Selon un témoin, Berlusconi survient sur ces entrefaites, un rien fanfaron : « Mais alors, c'est un calmant ! »

L'humour de corps de garde est l'une des marques de fabrique du président français. Lors de ses premiers marathons politiques, le hussard gaulliste s'est rendu célèbre en portant des toasts « à nos chevaux, à nos

1. Entretien avec les auteurs, 6 décembre 2005.

femmes et à ceux qui les montent ». Mais sa légèreté de ton frise parfois le mauvais goût. Apprenti politicien, dans les années soixante, il déclare maladroitement que son « type de femme est une Corrézienne qui se tait et sert à table ». Une formule machiste qu'il regrettera plus tard. Les anecdotes de campagne font de lui un conquérant taquin et coquin. Lors d'un meeting à la fin des années soixante-dix, Chirac fait passer un petit mot à l'une des militantes au premier rang, qu'il nommera ministre quelques années plus tard. Un journaliste intercepte et ouvre le billet par erreur. Dessus, le président du RPR a écrit ces quelques mots : « Vous êtes toujours aussi désirable. » En la matière, pas de langue de bois !

Son entourage lui prête un bon mot : « Un matelas Tréca pour niquer sans tracas. » D'une femme facile, il est capable de dire qu'elle « a des frelons dans la culotte ». Dans les rendez-vous officiels, le propos peut même être d'une verdeur déroutante. En 1986, Premier ministre, il est excédé par son homologue britannique, Margaret Thatcher : « Qu'est-ce qu'elle veut encore, la ménagère, mes couilles sur un plateau ? » C'est ce qu'on appelle « représenter la France à l'étranger » ! Pas très diplomatique, on en conviendra. Mais Chirac sait surtout détendre l'atmosphère en petit comité. À table, entre une tête de veau, une choucroute et une bière Corona, ce bon vivant n'hésite pas à glisser les allusions coquines. Sous les yeux brillants de journalistes féminines qui suivent le champion de la droite, il lance à la cantonade : « Mangez épicé, c'est bon pour le poum-poum ! » Le poum-poum, l'expression fait encore rire Catherine Nay. Pour Chirac, les femmes sont un sujet de boutade en toutes circonstances. En avril 2001, le juge d'instruction Éric Halphen menace de le convoquer comme témoin dans l'enquête sur les HLM de la Ville de Paris. À l'occasion de l'affaire, le magistrat a rencontré une journaliste du *Figaro* – encore une ! – et vit une idylle avec elle. Les services s'empressent d'en informer le chef de l'État qui appelle le directeur du quotidien, Franz-Olivier Giesbert. À la fin de la conversation, l'air de rien, il demande : « Elle est belle au moins ? »

Chirac aime aussi raconter de vieilles histoires. En 1972, il était l'un des ministres proches du président Pompidou. En résumé, ce dernier s'était entiché de la femme d'un ambassadeur français en poste dans une capitale européenne. Le diplomate ayant eu quelques soucis de carrière, notamment en raison de la légèreté de son épouse, Pompidou décida de lui donner un coup de pouce. Il demanda qu'on inscrive le malheureux sur la liste du prochain gouvernement. Las ! Pompidou avait indiqué le nom du diplomate qu'il souhaitait promouvoir, mais pas son prénom. Et les conseillers s'étaient mépris. C'est le frère de l'ambassadeur, élu par ailleurs, qui eut l'heureuse surprise d'être nommé. Au grand étonnement de tout le monde. Ce n'est qu'une fois à la table du Conseil des ministres que Pompidou s'aperçut de l'erreur.

Même les choix politiques semblent parfois inspirés par des considérations sentimentales. La présidence phallique repose sur le principe du bon plaisir du roi. Il n'a de comptes à rendre à personne. Justement, c'est ce que prévoit la Ve République. En 1986, Chirac cherche une femme pour son gouvernement et, dans son entourage, il choisit Michèle Barzach, à qui il trouve beaucoup de charme. Médecin, elle est nommée secrétaire d'État à la Santé. Elle a du talent et réussit à s'imposer au sein du gouvernement. En 1988, Chirac perd la présidentielle. Il est déprimé. En mars 1989, lors des journées parlementaires du RPR à Nice, il s'adresse à son collaborateur Jean-François Probst sur un ton enjoué : « Jean-François, débrouillez-vous, il est bien entendu que Michèle Barzach sera à côté de moi ! » Les organisateurs sont obligés de revoir le plan de table. Chirac se fait attendre : « Il nous a bien énervés, se souvient l'un des députés présents. Il avait une heure de retard. Nous savions tous très bien où il était. » En arrivant, le président du RPR tient la main

167

de l'ex-secrétaire d'État. Comme s'il n'avait pas peur du qu'en-dira-t-on. « Il y avait quelques jalouses dans la salle », sourit Jean-François Probst. Une partie de l'assistance remarque que Françoise de Panafieu n'apprécie guère cette démonstration en public et préfère quitter la salle. Quelques mois plus tard, Chirac a le sentiment que Michèle Barzach le trahit. Elle quitte son giron pour rejoindre la « bande des quatre », composée des quadras rénovateurs – Michel Noir, Philippe Séguin, Étienne Pinte, Michel Barnier – et quelques autres. Bientôt, le roué aura raison de ces factieux. Pendant ce temps, des proches du président du RPR connaissent des promotions éclairs : une sténodactylo du ministère de l'Agriculture est ainsi propulsée chef de cabinet du ministre des Dom-Tom, une autre, secrétaire au ministère de l'Intérieur, deviendra chargée de mission à Matignon.

Nous ne sommes pas pour rien les citoyens d'une monarchie républicaine. Au XVIIᵉ siècle, il arrivait à l'épouse du Roi-Soleil de prendre en charge les favorites. Celle de Louis XV ne procédait pas autrement. Les infidélités de leurs nobles époux agaçaient Marie-Thérèse d'Autriche et Marie Leszczynska, mais elles feignaient de les maîtriser. L'épouse d'aujourd'hui, Bernadette Chirac, a pris ce parti des reines de France. On l'a observée soutenir lors d'élections locales des candidates dont son mari avait connu l'intimité.

À l'Élysée, Chirac apprécie, de temps à autre, la compagnie de Claudia Cardinale. La rumeur d'une liaison avec l'actrice italienne court le Tout-Paris. La comédienne, qui jouait dans *Quand la chair succombe*, de Mauro Bolognini, ou *Un homme amoureux*, de Diane Kurys, est obligée de démentir. En mars 1998, Bernadette Chirac, qui bat la campagne en Corrèze pour les cantonales, s'étonne de la meute des journalistes et photographes qui la suit : « Pourquoi toute cette presse ? Je ne suis pourtant pas Claudia Cardinale, tout de même ! » Un journaliste de *L'Express* note la phrase. Message crypté pour son époux ou simple boutade ?

La réplique entretient l'ambiguïté, dont l'épouse du chef de l'État sait désormais s'amuser.

Il est toujours revenu – de ses fugues, de ses amours, de ses serments formulés à d'autres femmes. « On vient me voir comme on va voir un cinquième acte. » Bernadette Chirac pourrait prononcer cette phrase prêtée à l'impératrice Eugénie, que son mari frivole, Napoléon III, n'avait prise au sérieux qu'à la fin de sa vie. Celle que Jacques Chirac appelle « bichette » dans l'intimité et parfois « maman » en son absence, celle que sa fille Claude appelle « mamie » et son petit-fils « Bernie », a fini par s'imposer. Pendant longtemps, elle était comme la petite chèvre qui, sur un dessin de Jacques Faizant, debout sur ses pattes arrière, s'appuie sur un bureau où écrit un homme qui la néglige. Chirac, d'ailleurs, avait offert cette caricature à Bernadette, pour se moquer gentiment d'elle. Timide dans sa jeunesse, reléguée ensuite au second plan par ses conseillers, elle a bien changé. Elle ne demande plus d'autorisation pour se rendre aux émissions de télévision. Les candidats de droite la sollicitent pour les campagnes électorales. Son mari lui-même la pousse à l'avant-scène. Que de couleuvres, pourtant, a-t-elle dû avaler !

En mars 2002, c'est-à-dire deux mois avant l'élection présidentielle, l'épouse du président de la République sortant se confie au journaliste Patrick de Carolis, qui présente à l'époque à la télévision l'émission *Des racines et des ailes*. Bernadette préfère évoquer d'elle-même un passé qui passe mal, plutôt que de voir son mari attaqué sur ce terrain délicat au cours de la campagne. Pendant longtemps, les Chirac ont été un couple de façade, comme les Giscard d'Estaing ou les Mitterrand, mais jamais une femme n'est allée si loin dans la confidence. Bernadette évoque le succès, le « succès énorme », de son mari, partout, dans tous les milieux. Elle ne parle pas de succès électoraux, mais de « filles éblouissantes ». Confession : « Bref, il avait un succès formidable. Bel homme, et puis très enjôleur, très gai. Alors les filles, ça galopait. Heureusement qu'il y a la philosophie de l'âge. Mais oui, bien sûr, j'ai été jalouse. Il y avait de quoi, écoutez ! La chance de mon mari, c'est que j'ai été une fille très raisonnable, je crois. Mais j'ai été jalouse par moments. Très ! Comment aurait-il pu en être autrement ? C'était un très beau garçon. Avec en plus la magie du verbe[1]... » Elle est « sûre qu'il plaisait beaucoup par cette faconde extraordinaire, par sa grande culture, son côté littéraire ».

Bernadette ne raconte pas tout. Elle tait les atroces manipulations autour de la journaliste amoureuse qui faillit, à la fin de son premier passage à Matignon, le faire divorcer. Elle ne parle pas de cette nuit du début des années quatre-vingt-dix où, désespérée, elle était allée frapper à la porte des Tiberi. Xavière lui avait fait prendre un bain. C'était bien avant que les Tiberi et les Chirac ne se déchirent sur fond de dossiers judiciaires. Bernadette ne cite pas les vacances au soleil que le maire de Paris s'autorisait avec des « amies ». Mais au fond, elle n'a pas intérêt à s'appesantir sur les détails, puisque l'oiseau est toujours revenu au nid : « Mon mari est toujours revenu au point fixe. De toute façon, je l'ai plusieurs fois mis en garde : "Le jour où Napoléon a abandonné Joséphine, il a tout perdu." » Pendant ce qu'elle appelle les « moments difficiles », Bernadette n'est pas partie à cause des enfants et des traditions familiales : « Les conventions faisaient que, devant ce genre de situation, on offrait une façade et on tenait le coup. » C'était avant que Cécilia ne quitte pour un temps Nicolas. Dans le théâtre d'ombres et d'alcôves autour de Chirac, la catholique Bernadette assume le rôle que la mythologie versaillaise et bourgeoise lui assigne. Comme les Mitterrand, les Chirac appartiennent à une génération « vieille France » qui ne divorce pas. Chez nous, monsieur, on n'est pas comme chez les

1. Bernadette Chirac, *Conversation*, entretiens avec Patrick de Carolis, *op. cit.*

Jospin, Rocard, Fabius, ou même Le Pen, tous des divorcés. Encore que ce ne soit plus un problème pour les Français : selon un sondage réalisé début 2006, seulement 4 % des électeurs seraient incités à ne pas voter pour un candidat pour cause de mariage éclaté. À la fin du XVIe siècle, Henri IV, le roi de France et de Navarre, n'avait-il pas annulé son mariage avec la reine Marguerite de Valois, la célèbre Reine Margot, avant de se remarier ? Il faut croire que ce qui semblait possible voici plus de quatre siècles n'était pas évident au XXe. Les hommes politiques en ont en tout cas été longtemps convaincus.

Avant l'élection présidentielle de 1974, le Syndicat de la magistrature avait lancé une campagne contre Valéry Giscard d'Estaing. Orienté à gauche, le Syndicat disposait de documents laissant à penser qu'il avait introduit une requête de divorce quelque temps plus tôt. Surpris par la mort prématurée de Georges Pompidou, Giscard aurait choisi de renoncer à sa séparation. Il ne pouvait, considérait-il, solliciter en célibataire les suffrages des Français. Élu à la présidence, l'homme de Chamalières n'hésita pas dès cet instant à mettre en scène sa relation avec Anne-Aymone. Il posa avec elle pour des affiches et présenta même, une année, ses vœux en sa compagnie. La malheureuse se contenta de prononcer deux phrases à peine audibles ! Mais il n'était pas si facile de sortir d'une tradition de discrétion. Pour élégante qu'elle fût, jamais Michèle Auriol, l'épouse du président Vincent Auriol, sous la IVe République, ne se serait avancée ainsi sous les projecteurs. De même, la femme de René Coty, raillée pour son allure très populaire, n'eut jamais d'autre horizon que familial. S'occuper de l'intendance, d'accord. Prétendre devenir la *first Lady*, quelle idée !

8

« Où est mon mari ce soir ? »

On dirait que le syndrome Louis XVI est encore présent dans toutes les têtes. Incapable d'honorer son épouse Marie-Antoinette pendant des années, il fut plus tard incapable d'empêcher la Révolution. Pour une partie de la classe politique, dominer les femmes est toujours une condition *sine qua non* si l'on veut asseoir son pouvoir et éviter les putschs ou les rébellions. Il faut fasciner, et le *fascinus*, en latin, c'est justement... l'organe masculin.

Deux anciens chauffeurs de présidents ont levé récemment un coin du voile de ce régime où le besoin de se rassurer sur sa virilité semble omniprésent. Au volant des véhicules officiels, ils ont été les témoins des vies intimes de leur « patron ». Parfois, ils en sont devenus les confidents. C'est par eux, en tout cas, que sont passés les secrets d'alcôve de leur illustre passager. Le premier, Jean-Claude Laumond, après vingt-cinq ans de bons et loyaux services auprès de Jacques Chirac, n'a pas digéré d'avoir été sèchement remercié en 1997. À l'inverse, le second, Pierre Tourlier, clame toujours son admiration pour François Mitterrand, le « père qu'il n'a pas eu ». Laumond et Tourlier en ont déjà beaucoup raconté dans leurs livres respectifs, *Vingt-cinq ans avec lui*, paru en 2001, et *Tonton*, en

172

2005[1]. On dirait qu'ils ont passé, il est vrai, leur temps à conduire leur grand homme à des rendez-vous galants ! L'ouvrage de Laumond, qui promettait « galipettes et galéjades, vie privée et vie publique », frôlait la sortie de route éditoriale et le crime de lèse-majesté présidentiel. À la demande de l'éditeur, vingt-cinq pages avaient été retirées du manuscrit.

L'ancien chauffeur de François Mitterrand a une carrure de déménageur. Avec en plus une queue de cheval, une boucle à l'oreille et un tatouage sur le bras. Il avait d'abord été son garde du corps. Ce militant engagé ne considère pas avoir servi un « patron », mais un chef de file politique : « Mitterrand est le Dieu d'une religion que je n'avais pas[2]. » Tourlier évoque l'obsession séductrice de l'homme : « C'était un homme qui aimait s'entourer de jolies femmes, sans être un consommateur invétéré. » Dans les années soixante-dix, le chauffeur patiente de longues heures le soir dans les courants d'air du couloir d'un immeuble de Saint-Germain-des-Prés, où habite une femme qui fera parler d'elle plus tard : Anne Pingeot. Tourlier doit être présent sans être vu. Protéger sans se faire remarquer. L'exercice est ardu au milieu de tant de vies parallèles. Il arrive à Tourlier de déposer celui qu'il appelle « Tonton » dans une lointaine banlieue de Paris. En claquant la porte, Mitterrand ordonne : « Pierre, vous m'attendez, s'il vous plaît[3]. » Le chauffeur suit la géographie amoureuse du président à travers les noms de rues ou de villes. Lors de certains meetings, il est même chargé d'éconduire d'anciennes conquêtes !

Le chauffeur s'enorgueillit aussi de conquêtes communes. À une époque, Tourlier a l'habitude de déposer Mitterrand devant un immeuble bourgeois du

---

1. Jean-Claude Laumond, *Vingt-cinq ans avec lui*, Ramsay, 2001 ; Pierre Tourlier, *Tonton*, Éditions du Rocher, 2005.
2. Entretien avec les auteurs, 26 décembre 2005.
3. Pierre Tourlier, *Tonton, op. cit.*

XVIe arrondissement, au pied duquel il l'attend de longues heures. Un jour, dans un autre cadre, une jeune femme du Parti socialiste propose au chauffeur de passer la soirée avec elle. Elle lui indique son adresse. Tourlier se rend compte qu'il s'agit du numéro de la rue où souvent il conduit le premier secrétaire du parti. Par prudence, l'employé préfère décliner l'offre. Une autre fois, c'est une permanente du PS qui invite Tourlier à un tendre rendez-vous. Il s'y rend en toute décontraction. Au meilleur moment, le téléphone sonne. La dame répond en bafouillant, l'air ennuyé. Le combiné raccroché, elle demande à Tourlier d'évacuer les lieux : « Mon ami arrive. » L'amant s'éclipse, quasiment le pantalon sur les chevilles. Au coin de la rue, l'infortuné aperçoit un taxi qui dépose celui qui l'a chassé du nid d'amour. Une silhouette reconnaissable entre mille, celle de Mitterrand !

L'ancien chauffeur de Chirac n'est pas dans les mêmes dispositions d'esprit. Limogé brutalement, Jean-Claude Laumond n'a pas tout perdu. Chargé de mission à la voirie de Paris, il a droit à un vaste bureau près des Halles. Après les dorures de l'Élysée, l'anonymat d'une pièce sans âme. Crinière grisonnante, carrure généreuse, l'ancien chauffeur rugit plutôt qu'il ne parle. Il évoque non pas « Chirac », mais le « grand », comme on parlerait d'un voisin de palier[1]. La nostalgie perce sous la colère. De mémoire, Laumond cite l'immatriculation de la CX avec laquelle il a conduit Chirac sur les Champs-Élysées le soir de son élection en 1995. Dans ses Mémoires, publiés à la veille de la présidentielle de 2002, le chauffeur raconte les bons souvenirs de Chirac au siège du RPR, à l'époque rue de Lille. Dans le « lieu de délassement » au dernier étage de l'immeuble, les sympathisantes allaient et venaient : « Leur foi militante s'accommodait de l'absence de galanterie du hussard, que je voyais régulièrement

---

1. Entretien avec les auteurs, 31 mars 2005.

redescendre mal fagoté et, signe déterminant, les chaussettes vrillées. » Laumond décrit l'habileté du maire de Paris à jongler avec les trousseaux de clés des chambres d'hôtel : « Nous étions à l'hôtel Mercure de Brive. Je monte à l'étage. Je range les affaires de Chirac. Je redescends. Il me demande alors de changer de chambre. Il avait confondu le numéro de sa chambre avec celui de la mienne. Il ne voulait pas prendre le risque que je voie débarquer une créature quelconque à laquelle il avait donné rendez-vous. Après cet incident, je ne voulais plus dormir à son étage. »

La nuit dramatique du 31 août 1997, lorsque la princesse Diana s'est tuée dans un accident sous le tunnel de l'Alma, illustre le laisser-aller qui a régné à l'Élysée. Pendant ces heures historiques, le président de la République était injoignable. Bernadette Chirac fut la seule à se recueillir à 7 heures du matin devant la dépouille de la princesse : « De son mari, point de nouvelles. Très prudemment d'ailleurs, la première dame se garda bien de me faire appeler : elle n'ignorait point que j'aurais été capable d'aller le chercher là où il avait passé la nuit, et où il n'aurait pas été bon que la presse, sur les dents depuis la veille au soir, se rendît avec moi. » Chef des armées et de la puissance nucléaire française, le président était donc introuvable pendant plusieurs heures. Comme Giscard autrefois. Le chauffeur insiste cruellement sur les états d'âme de l'épouse, à laquelle il attribue sa propre disgrâce : « Bernadette, émue des horaires échevelés de son mari, me demandait sans cesse : "Mais enfin, monsieur Laumond, où est mon mari ce soir ?" » Souvenirs, souvenirs.

QUATRIÈME PARTIE

L'exception française

Tandis qu'aux États-Unis ou en Grande-Bretagne les affaires de cœur font scandale, en France elles sont au centre de la vie politique mais personne n'en parle. Entre loi du silence et tolérance, il apparaît qu'en matière de mœurs, la République n'a en rien aboli les pratiques d'Ancien Régime.

1

Parties fines à Versailles

La France a toujours été dirigée par des monarques. Quant aux vassaux, ils imitent les suzerains. Même si la Révolution a eu raison du roi, les mythes sont restés en République. En 2005, l'Assemblée nationale et le Sénat décident ainsi de restituer à l'établissement public du château de Versailles les locaux dits « du Congrès ». Il s'agit notamment d'un hémicycle, situé dans une aile du palais du Roi-Soleil, ainsi que des appartements dédiés aux questeurs des deux Chambres. Les questeurs sont des élus choisis par leurs pairs pour veiller aux questions d'intendance. D'une superficie de quelques centaines de mètres carrés chacun, ces logements se situaient, pour ceux de l'Assemblée nationale, dans l'aile des Princes, et pour ceux du Sénat, dans l'aile des Ministres. La fin d'une époque. À quoi servaient ces appartements ? À de rares réceptions. À héberger les fêtes des anniversaires des enfants, selon les mauvaises langues.

Il était un usage bien plus rare mais qui a fait beaucoup jaser au Sénat et qui ramène au temps du libertinage de Louis XV, monarque qui distinguait peu les plaisirs privés des affaires de l'État. Sous la Ve République, qui se rapproche le plus de l'absolutisme royal, de drôles d'habitudes ont été prises. Ces dernières années, un membre important du groupe Républicains et indépendants, qui occupera plus tard des responsabilités comme conseiller dans le gouvernement de Jean-Pierre Raffarin, aurait organisé des festivités coquines dans l'appartement d'un questeur. Des collègues se sont même plaints que de l'argent de la questure ait pu être utilisé pour rémunérer de charmantes hôtesses. La magie de Versailles avait encore fait effet. Président de la Société des amis de Versailles, Olivier de Rohan est le frère de Josselin de Rohan, président du groupe UMP au Sénat. Ni l'un ni l'autre n'ont à voir avec cette affaire. Olivier de Rohan est discret, mais, au téléphone, cet homme élégant confie, sans plus de précisions : « Ces appartements ont été des baisodromes. » Un sénateur raconte qu'un jour, l'une de ses collègues, élue du Nord, a fait un pari : « Je vais aller baiser à Versailles. » Pari tenu. Madame la sénatrice a demandé les clés à un questeur et s'est exécutée avec son époux.

L'endroit fait rêver depuis toujours. De 1962 à 1966, le ministre de la Culture André Malraux engage la restauration complète du Grand Trianon, à quelques centaines de mètres du château dans le parc, et réserve une aile au chef de l'État. Dès lors, de Gaulle accueille plus volontiers ses hôtes prestigieux à Trianon qu'à l'Élysée, qui fut la résidence à Paris de Mme de Pompadour, courtisane s'il en fut. En effet, pour le Général, « la demeure d'une reine semble plus digne que celle d'une favorite[1] ». Même si Marie-Antoinette est réputée y avoir abrité ses amours adultérines. Il y a quelques décennies, des gardes du château assurent qu'un autre président de la République venait en galante compagnie au Trianon de Versailles. Pourquoi le château et le Trianon suscitent-ils tant d'engouement ? À cause d'une corrélation supposée entre puissance sexuelle et puissance tout court. Et puis il y a un puissant fantasme attaché aux plaisirs débridés que l'on prête à la monarchie absolue finissante. Les dirigeants de la République

---

1. Plaquette officielle du château de Versailles.

aiment à penser que les femmes sont un attribut de leur pouvoir, comme elles l'étaient autrefois des rois. Les maîtresses d'aujourd'hui ne sont que la version moderne des favorites, mais elles mobilisent toujours les mâles de tous les partis. Au Parti socialiste, selon un membre du conseil national, on aime cette phrase prêtée à Louis XIV : « Le peuple aime à savoir que le roi est puissant. »

Au XVIᵉ siècle, bien avant que la Cour ne se déplace à Versailles, Henri IV s'adjuge déjà pas moins de cinquante-quatre conquêtes. Parmi elles, quatre ou cinq ont droit au titre de favorites. Henri IV écrit à Gabrielle d'Estrées : « Je baise un million de fois vos beaux yeux », ou encore : « Je vous chéris, adore et honore miraculeusement[1]. » Si Louis XIII n'a pas de favorites, Louis XIV en a d'innombrables, à commencer par Olympe Mancini. Après Olympe, c'est au tour de sa sœur, Marie, de s'allonger sur la couche royale. Pour séduire, Louis XIV fait valoir ses arguments : à Mme de La Vallière, qui se plaint d'être toute trempée sous la pluie, il promet : « Comptez les gouttes de pluie, je vous donnerai autant de perles[2]. » Pendant dix-huit ans, le roi s'attache ensuite à Mme de Montespan. En parallèle, il ne dédaigne pas les amourettes éphémères. Avec l'affaire des Poisons, la Montespan tombe en disgrâce. Louis XIV tombe alors dans les bras de Mlle de Fontanges. Puis il rejoint ceux de Mme de Maintenon. Des chansons satiriques moquent les maîtresses de la seconde partie du règne.

Louis XV ne s'encombre pas, quant à lui, de préjugés. Comme le raconte un ouvrage de référence, *Les Favorites royales*, publié en 1902 : « Le règne fut le triomphe des toutes-puissantes favorites et – hélas ! – des favorites de toutes les classes. Le souverain commence avec la noblesse, continue avec la bourgeoisie et termine par

---

1. Georges de Dubor, *Les Favorites royales, op. cit.*
2. *Ibid.*

le ruisseau. » De Mme de Mailly, l'aînée des filles de la marquise de Nesle, Louis XV passe à l'une de ses sœurs, puis à une troisième, avant de se lier à Jeanne Poisson, dont le père est boucher aux Invalides. Faite marquise de Pompadour, la « Poisson », comme on l'appelle, impose ses vues au roi. Jamais une favorite n'aura autant de pouvoir que cette Pompadour, dont la célébrité ne se démentira pas, même deux siècles plus tard. Aujourd'hui encore, aux États-Unis, elle est le symbole du mélange du pouvoir et de la sexualité la plus débridée. Tout cela parce que pendant sa vie elle influence les décisions, détermine les nominations, au seul motif qu'elle a partagé la couche du roi. Baptisés « poissonnades », des libelles orduriers dénoncent la « catin subalterne » qui gouverne. Après le décès de la Pompadour en 1764, Louis XV éprouve ses derniers feux pour Jeanne Bécu, une fille de rien devenue comtesse du Barry.

À la même époque, le futur Louis XVI s'échine à tenter d'honorer Marie-Antoinette. Mais le pauvre, atteint d'un phimosis et sans doute blessé par une éducation castratrice, ne parvient pas à enlever sa virginité à la jeune Autrichienne. Les atermoiements durent un septennat. Monsieur manque de vigueur sexuelle au point de fixer parfois des échéances pour l'inauguration, et de toujours manquer à sa promesse. En 1771, de son château de Schönbrunn, à Vienne, Marie-Thérèse est obligée de donner des conseils à sa fille : « Je ne saurais assez vous répéter : caresses, cajolis, mais trop d'empressement gâterait le tout. La douceur, la patience sont les uniques moyens dont vous devez vous servir[1]. » Frustrée, Marie-Antoinette rechigne parfois à dormir sur la même couche que son époux. Elle trouve ailleurs quelques divertissements. La rumeur lui prête même une relation avec son beau-frère, le comte

1. Courrier du 8 mai 1771, *in Correspondance de Marie-Antoinette (1770-1793)*, Tallandier, 2005.

d'Artois. En 1775, sa mère la rappelle à l'ordre : « Pardonnez ce sermon, mais je vous avoue, ce lit à part, ces courses avec le comte d'Artois ont mis d'autant plus de chagrin dans mon âme que j'en connais les conséquences et ne saurais vous les présenter trop vivement pour vous sauver de l'abîme où vous vous précipitez[1]. » « Le roi n'a pas le goût de coucher à deux[2] », se plaint encore Marie-Antoinette en 1777. De cette abstinence forcée, elle ne se remettra pas. À Trianon, elle organise des fêtes légères avec la duchesse de Polignac, et s'éprend d'un séducteur suédois, le comte Axel de Fersen. C'est lui qui, en 1791, en pleine Révolution, préparera la fuite du roi et de la reine, interrompue par leur arrestation à Varennes. À leur retour, la reine écrit un billet à son amant : « Je puis vous dire que je vous aime[3]. » La royauté est engloutie dans une ambiance sulfureuse où se mêlent sexe, nobles idées et ambitions. Cette décadence affichée fera le lit de la Révolution. Depuis, les monarques, même élus, n'ont jamais dissocié vraiment l'exercice du pouvoir de la puissance sexuelle. Encore une des formes de l'exception française qui nous distingue du reste du monde.

---

1. Courrier du 2 juin 1775, *in Correspondance de Marie-Antoinette (1770-1793), op. cit.*
2. Courrier du 10 septembre 1777, *ibid.*
3. Courrier du 29 juin 1791, *ibid.*

2

Cresson n'est pas la Pompadour

Une seule fois dans l'histoire de la République une femme a gouverné la France en pleine lumière, sans jouer de son influence en coulisse. Ce n'était pas une idéologue, ni une petite sainte. Mais une femme déterminée qui, d'une certaine façon, a payé pour d'autres. Car son règne fut bref. Il n'a aucun équivalent à l'étranger, où pas un président n'a autant de pouvoir que celui de la V⁰ République. L'épisode dura de mai 1991 à avril 1992. Cette femme unique en a encore le cœur gros.

Édith Cresson ne prononce pas le mot de « regret », mais c'est tout comme. Dans son bureau situé aujourd'hui avenue George-V à Paris, elle garantit que si sa vie était à refaire, elle refuserait d'aller à Matignon : « François Mitterrand m'avait appelée un jour pour me proposer. J'ai refusé deux fois avant d'accepter[1]. » Elle aurait peut-être dû décliner aussi la troisième, au lieu d'accepter ce cadeau empoisonné : « Que j'aie été Premier ministre, cela n'a été utile pour personne. Dans un pays où la classe politique et la presse réagissent ainsi, non vraiment, je ne le referais pas. » En mai 1991, sa nomination à Matignon fait des remous. En secret, des ambassadeurs étrangers susurrent à son prédécesseur, Michel Rocard, « combien ce

_____

1. Entretien avec les auteurs, 25 novembre 2005.

184

n'est pas bien qu'une maîtresse royale dirige le gouvernement ». En public, le député UDF de la Mayenne, François d'Aubert, compare la promue à la « Pompadour ». Cette référence à l'ancienne favorite de Louis XV laisse entendre qu'elle ne doit sa nomination qu'à ses liens particuliers avec le président de la République. Sur le moment, Édith Cresson clame à la télévision : « Je suis peut-être la favorite, mais la favorite de mes électeurs. » Pourtant le mal est fait. Être obligée de lancer : « Les femmes sont des êtres humains doués d'un cerveau », c'est déjà être en position de faiblesse.

Bien entendu, François Mitterrand n'a pas toujours été insensible aux charmes d'Édith Cresson. Mais, en 1991, c'est déjà une affaire ancienne. La jeune femme est entrée dans l'orbite du futur président en 1965. Cette année-là, l'une de ses amies est membre du staff de Mitterrand pour la campagne présidentielle contre de Gaulle. Édith apporte son aide, discrètement. Elle colle des enveloppes et rédige des courriers. Quelques années plus tard, Mitterrand arrive en sa compagnie à une réunion de bureau de la Fédération de la gauche démocrate et socialiste (FGDS), le groupuscule qu'il utilisera pour prendre le contrôle du PS. L'assistance en a conservé le souvenir : « Ce qui a marqué la mémoire de ce groupe de mâles, c'est une transgression soudaine symbolisée par la belle et charpentée créature qui accompagnait leur chef de file. Ils n'ont oublié ni l'opulente chevelure auburn, ni la poitrine généreusement offerte[1]. » Édith Cresson, inconnue de l'assistance, s'assied dans un coin. Au cours de la réunion, Mitterrand s'offusque du caractère trop masculin de la direction. Il faut introniser des femmes, argue-t-il. Édith Cresson, ici présente, est disponible. Personne ne bronche. « Elle est cooptée à l'unanimité à la tête de ce que l'on nommait alors "la gauche non communiste". »

1. Thierry Pfister, *Lettre ouverte à la génération Mitterrand qui marche à côté de ses pompes*, Albin Michel, 1988.

Après ces prémices délicieuses, les années passent, et la charmante jeune femme fait une carrière politique. Elle passe un à un tous les examens de la démocratie. « J'ai été élue maire, député, conseiller général, cinq fois ministre. Après tout cela, je trouve hallucinant qu'on ait pu tenir de tels propos contre moi. » Dans son esprit, voilà un déni de démocratie. Ce sont ses électeurs d'abord, à ses yeux, qui l'ont amenée jusqu'aux sommets. Pas la volonté d'un seul. De toute façon, il est exact que si les intrigues d'alcôves avaient été le critère de nomination des Premiers ministres de François Mitterrand à Matignon, il y aurait eu foule sous les dorures ! Une proche de Mitterrand confirme : « Cette fille a consacré sa vie au Parti socialiste. Le président ne l'a nommée que pour cette raison. »

Des réflexions machistes, Édith Cresson en a entendu toute sa carrière. Même si elle-même avait un langage vert, en traitant par exemple les Britanniques de « pédés », elles les connaît par cœur, ces saillies injustes. Signe que cela l'a marquée. En 1975, l'ancienne diplômée de HEC Jeunes filles a quarante et un ans. Elle se présente pour la première fois à la législative partielle de Châtellerault. « Personne ne voulait aller à la bagarre dans cette circonscription. Elle avait été proposée à plusieurs, dont Michel Rocard. Ils ont tous refusé parce qu'elle était trop difficile », dit-elle. Elle se souvient que le maire de l'époque, Pierre Abelin, persifle à l'annonce de sa candidature : « Le Parti socialiste, n'ayant aucune idée, m'a envoyé une femme. En d'autres circonstances, j'aurais aimé la rencontrer, mais là, non. » Édith Cresson est encore fière d'avoir devancé de quatre-vingts voix sur sa ville cet homme qui avait coutume de dire : « La province, c'est comme une femme, il faut s'en occuper. » Le reste de la circonscription vote toutefois contre elle et elle perd. Elle ne devient député qu'en 1981 et, en 1983, elle emportera la mairie de Châtellerault, que Pierre Abelin, décédé, avait entre-temps léguée... à sa femme. Après l'élection de Mitterrand à l'Élysée en 1981, l'ancienne responsable des problèmes agricoles à la Convention des institutions républicaines est nommée ministre de l'Agriculture. Un jour, lors d'un voyage en province, alors que doit commencer une réunion organisée par le syndicat agricole FNSEA, elle aperçoit une banderole : « Édith, on espère que tu es meilleure au lit qu'au ministère. » « Je leur ai répondu qu'ils étaient des porcs », précise aujourd'hui celle qui ne s'est jamais embarrassée de circonlocutions. Sa mémoire fourmille encore d'autres épisodes : « Mon mari et moi avions une maison dans le Maine-et-Loire. Un jour, trois cents agriculteurs frappent à la porte pour manifester. On en laisse entrer quelques-uns. Ils ont trouvé le moyen de dire à mon mari : "Ça fait du bien de parler avec un homme." D'ailleurs, quand Michel Rocard m'a remplacée au ministère de l'Agriculture, le patron de la FNSEA, François Guillaume, s'est exclamé : "Enfin on va pouvoir parler d'homme à homme." »

Édith Cresson passe ensuite par le Commerce extérieur et l'Industrie. En octobre 1990, alors qu'elle démissionne du ministère des Affaires européennes, Stéphane Denis lui consacre un article intitulé « Hue cocotte[1] ! » dans *Le Quotidien de Paris*. Dans la première colonne, on peut lire qu'au congrès de Rennes, peu avant, « elle s'asseyait sur les marches du podium, montrant ses jolies jambes de rousse ». Dans la seconde colonne, que la ministre a voulu « passer par-dessus les intérêts en levant haut la jambe (qu'elle a vraiment bien faite) ». De tels détails confinent à l'obsession. A-t-on jamais vu pareilles allusions pour d'autres ministres ? Une fois à Matignon, la pression monte d'un cran. L'émission satirique de TF1, le *Bébête show*, s'acharne chaque soir contre elle. Le chef du gouvernement est représenté en panthère, en femme amoureuse de Mitterrand. La marionnette ne hurle pas seulement « Mon chéri » d'une voix de crécelle, mais aussi « mon zazou, mon scoubi-

---

1. *Le Quotidien de Paris*, 4 octobre 1990.

dou, mon chabichou, mon canard de Latché » ! À la marionnette d'Édith Cresson, d'autres marionnettes du *Bébête show* adressent des quolibets du genre : « C'est bien fait, salope ! Tu as voulu le job, tu l'as » ou « Toi, tu vas reboucher ton trou et tu nous fous la paix ». En juillet 1991, Édith Cresson précise lors d'une conférence de presse devant des journalistes anglo-américains que, contre elle, la limite a été « dépassée ». L'animateur Jean Amadou, qui participait à la conception de l'émission, fait aujourd'hui amende honorable : « Il est exact que nous n'avons pas été d'une rare élégance avec elle. Toutefois, on ne l'a pas attaquée en tant que femme, mais en tant que Premier ministre. D'ailleurs, les gens du Parti socialiste étaient bien plus méchants que nous ne l'étions. » Édith Cresson conserve en effet une rancœur à l'endroit de quelques-uns, et notamment de son successeur, Pierre Bérégovoy, qui, selon elle, n'a pas lésiné sur les agressions en dessous de la ceinture.

L'ancien Premier ministre a aussi été blessée par la presse écrite, et notamment une chronique de Claude Sarraute, dans *Le Monde*, intitulée « Amabotte[1] ». À propos de son personnage au *Bébête show*, la journaliste évoquait « cette panthère en peluche feulant, chéri chéri, à plat ventre devant son Mimi ». Et, deux lignes plus loin, elle ajoutait : « Bien qu'ignorant tout de vos rapports, j'imagine mal le Mimi te repoussant du pied, agacé par tes câlineries de femelle en chaleur. Si tant est que tu l'exaspères, ce serait plutôt par tes bourdes de charretier en fureur. » Trois jours plus tard, à l'occasion du 14 juillet, un dessin en une du *Monde* la représentait au côté de François Mitterrand. En référence à ses projets pour l'apprentissage, la caricature était intitulée « L'apprentie et son maître ». Comme si elle n'avait été, au mieux, qu'une égérie. Les féministes sont loin d'avoir tort quand elles dénoncent certains archaïsmes.

---

1. *Le Monde*, 11 juillet 1991.

3

Les égéries d'autrefois

Il est une autre tradition française : les hommes politiques ont toujours eu un faible pour les actrices. Sans pour autant les nommer à des postes officiels, ils les poursuivent de leurs assiduités ou même, souvent, simplement de leurs compliments. Par exemple, Mitterrand était attiré par Juliette Binoche. Giscard, de son côté, avait un petit faible pour le fantasme des Français, Brigitte Bardot. Un jour de 1980, l'actrice de *Et Dieu créa la femme* rend visite au président à l'Élysée. Elle vient défendre la cause, dit-elle, de l'une de ses voisines de Saint-Tropez, Christina von Opel, condamnée à dix ans de prison. Mais « Valéry » a autre chose en tête. Il demande : « Comment va votre cœur, chère Brigitte ? » Elle répond : « Il va mal, Valéry, c'est pourquoi je suis ici. » Le chef de l'État se méprend-il ? Il met la main sur la cuisse de B.B. « Valéry, si vous m'aimez un tout petit peu, faites quelque chose pour elle, je vous en supplie[1]. » Et le président de caresser sa cuisse d'une main ferme...

Le réalisateur Jean-Pierre Mocky, qui tourna en 1988 *Une nuit à l'Assemblée*, un film dans lequel des nudistes interprétaient les députés, affirme : « J'ai connu beaucoup d'hommes politiques qui me proposaient des

---

1. Brigitte Bardot, *Le Carré de Pluton*, Grasset, 1999.

actrices, qui étaient leurs petites protégées[1]. » Selon
Mocky, au début du siècle, une actrice de Julien
Duvivier était même rentrée dans les ordres après avoir
fauté avec nombre d'hommes politiques. En fait, cette
tradition remonte à très loin. Sous la IIIe République
notamment, de nombreux ministres ou élus recrutent
de tendres amies dans les théâtres. Ministre des Beaux-
Arts dans les premières années du XXe siècle, onze fois
président du Conseil, Aristide Briand s'amourache
d'une pensionnaire de la Comédie-Française, Berthe
Cerny. Il lui contera fleurette pendant neuf ans. Dans
les années trente, Yvon Delbos, ministre de l'Instruction
publique puis des Affaires étrangères, emménage avec
une comédienne. À la fin des Années folles, André
Tardieu, à qui l'on prête un grand avenir à droite – il
sera de fait président du Conseil –, ressent un coup de
foudre pour Mary Marquet. Pendant quatre ans, il va
s'occuper d'elle. Par écrit, celui qui est ministre des
Travaux publics fait une promesse à sa douce : « Si la
Comédie-Française ne fait pas de bonnes recettes, je
rétablirai l'équilibre[2]. » Après leur séparation en 1931,
Mary Marquet publie le récit de leurs aventures. Des
décennies plus tard, elle fera encore des confidences à
l'historien Michel de Decker, qui les a en mémoire :
« Mary m'a affirmé qu'un jour, avec Tardieu, ils ont
failli manquer un virage, en voiture. Elle lui a dit que
les arbres seraient mieux visibles la nuit si les troncs
étaient blancs. Tardieu a fait passer la mesure après ça. »
   Sous la IIIe République, plus encore qu'aujourd'hui,
les belles égéries attirent les puissants, elles ont du pouvoir sur eux et savent leur tendre des pièges. Le 4 septembre 1870, deux jours après la capitulation de
Napoléon III à Sedan, le gouvernement provisoire
proclame le nouveau régime. Le premier président,
Adolphe Thiers, est certes un homme de droite, mais

---

1. Entretien avec les auteurs, 11 juillet 2005.
2. Patrick Girard, *Ces Don Juan qui nous gouvernent, op. cit.*

point trop engoncé dans les principes. Pendant sa jeunesse, il avait eu « un certain nombre d'aventures galantes ». Élu à la tête de l'État à soixante-quatorze ans, Thiers fait encore en sorte que « les grandes aventurières politiques[1] » s'éprennent de lui. Partisan de la République, il lutte contre la majorité monarchiste du Parlement. Finalement, face aux tenants de l'Ordre moral, la République ne doit sa perpétuation qu'à une voix de majorité.

Lors de la première campagne pour les élections législatives, un homme sort du lot : Léon Gambetta. Dans un discours à Grenoble, quatre ans plus tôt, cet orateur a accusé les monarchistes et les bonapartistes de vouloir « se marier *in extremis* avec la République » et a appelé au pouvoir, à leur place, « de nouvelles couches »[2]. Même s'il n'a pas un physique étourdissant, Gambetta a du succès. Et parfois il doit en payer la rançon. Car, comme d'autres le seront plus tard, il est victime de ses propres envolées lyriques. Les hommes ne font jamais assez attention avec les femmes. Avant les élections d'octobre 1877, l'une de ses anciennes maîtresses, Marie Meersmans, menace de divulguer une dédicace qu'il lui a adressée longtemps auparavant : « À ma petite reine, que j'aime plus que la France. » Il faut alors à Gambetta faire racheter le papier à prix d'or pour éviter sa divulgation, qui pourrait donner le sentiment que pour lui le pays passe au second plan[3].

C'est ainsi, sous la III\ :sup:`e` République : les hommes politiques ajoutent les fautes aux extravagances. En 1889, le général Boulanger, qui menace de marcher sur l'Élysée, commet une erreur fatale. Pour les beaux yeux de sa douce, Marguerite de Bonnemains, il s'arrête sur le chemin du pouvoir. Heureusement pour la République. Marguerite meurt d'un cancer deux ans plus tard

1. André Germain, *Les Grandes Favorites, 1815-1940, op. cit.*
2. Jean-Jacques Chevallier et Gérard Conac, *Histoire des institutions et des régimes politiques de la France de 1789 à nos jours*, Dalloz, 1977.
3. Patrick Girard, *Ces Don Juan qui nous gouvernent, op. cit.*

et le militaire se suicide sur sa tombe, au cimetière d'Ixelles. À propos de Boulanger, l'histoire retient cette phrase narquoise : « César n'était qu'un Roméo de garnison. » Ou encore celle de Georges Clemenceau : « Boulanger est mort comme il a vécu, en midinette. » Mais sur ce plan, les républicains n'ont pas de leçons à donner. En 1891, à Saint-Nazaire, Aristide Briand est condamné à six mois de prison et 200 francs d'amende pour un attentat public à la pudeur. Un garde champêtre l'a surpris à ciel ouvert avec une jeune femme mariée. La Cour de cassation finit par réduire l'incrimination à néant. L'épisode n'empêchera pas Briand de faire une glorieuse carrière. Quelques années plus tard, Émile Combes, le fameux « petit père Combes », ennemi des congrégations qui inventera la laïcité à la française, en lutte contre le Vatican, tombe amoureux... d'une carmélite. Mais le président du Conseil n'évoquera jamais ce talon d'Achille politique.

Au début des années trente, le ministre des Affaires étrangères Joseph Paul-Boncour a des soucis. « Le malheureux ministre, perpétuellement érotique, avait une prédilection pour les intrigantes, pour les maîtresses chanteuses et les espionnes. Il mettait sur les dents la police chargée de le surveiller et, en même temps, de le protéger. Il mettait à sec les fonds secrets, obligé de racheter les lettres amoureuses par lesquelles il compromettait l'honneur de la République[1]. » L'un des courriers qu'il fallut racheter avait été rédigé par ses soins, à Genève, où il représentait la France devant les institutions internationales. Il avait écrit à une belle : « Si j'ai parlé si bien hier [...] de la Société des Nations, cette Société dont je me fiche n'y était pour rien. Mais je la confondais avec tes admirables seins nus. » Du même, l'histoire retiendra une phrase semblable : « Entre tes seins, je me fous de la Yougoslavie ! »

---

1. André Germain, *Les Grandes Favorites, 1815-1940, op. cit.*

Pendant l'entre-deux-guerres, alors que montent les périls, les égéries sont aussi puissantes que les plus grandes favorites au temps de Versailles. En 1938, le ministre de l'Air, Guy La Chambre, épouse une artiste lyrique rencontrée dix ans plus tôt. Cora Madou, de son vrai nom Jeanne Odaglia, est plutôt désinvolte. Par le passé, elle n'a jamais hésité à faire intervenir son homme auprès du préfet de police pour obtenir des passe-droits. Et dans les mois qui précèdent la guerre, elle influe sans vergogne sur les nominations. Deux autres femmes jouent un rôle important : la marquise de Crussol auprès d'Édouard Daladier, et la comtesse Hélène de Portes, au côté de Paul Reynaud. Les deux femmes se détestent et font en sorte qu'il en soit ainsi de leurs amants. Mais l'une et l'autre tentent d'infléchir la politique dans le sens de la faiblesse face à Hitler. Avec la nomination de Paul Reynaud à la présidence du Conseil en mars 1940, Hélène de Portes voit l'accomplissement de ses ambitions. Pendant la « drôle de guerre », elle donne parfois des ordres aux hauts fonctionnaires, en lieu et place du président du Conseil. Alors que le gouvernement se replie sur Bordeaux pour fuir l'avancée des troupes nazies, elle agit comme une sorte de présidente du Conseil bis. Finalement, la comtesse décède dans un accident de la route à la fin de juin 1940. Peu avant que les pleins pouvoirs ne soient votés en faveur de Pétain et que le régime de Vichy n'exécute la République. Avec le décès quasi simultané d'Hélène de Portes et de la IIIᵉ République, c'en est fini des égéries. Mais le machisme atavique des hommes politiques ne se démentira pas par la suite, même s'il prendra des formes plus hypocrites.

4

Maîtresses en campagne

Pourquoi les femmes en politique sont-elles souvent raillées ? Parce que l'article premier d'une constitution cachée semble prévoir pour elles une place dans le lit de leurs collègues masculins ! Le roman de Balzac, *Splendeurs et misères des courtisanes*, paraît toujours d'actualité. C'est regrettable, mais une polémique récente au sein de l'UMP en fait foi. Personne n'en a lu une ligne dans les journaux. Mais à l'intérieur du parti, des voix se sont élevées, considérant qu'à tous les abus il y a quand même des limites. Le grief de ces mécontents ? Parmi les femmes de la liste dirigée par Jean-François Copé pour les régionales de 2004, nombreuses étaient des maîtresses ou d'anciennes maîtresses. Entre autres, l'ancienne amante d'un personnage important de la République, la maîtresse d'un élu parisien aspirant à de hautes fonctions, la maîtresse d'un ministre en poste. En Île-de-France toujours, aux dernières européennes, une femme en tête de liste était la maîtresse d'un candidat à la présidentielle. Dans les milieux politiques, où le népotisme est une seconde nature, les vieux messieurs acceptent parfois de se retirer, à condition que la circonscription soit transmise à leur fille. Alors pourquoi ne pas donner un coup de pouce aussi aux chéries ? En 1999, une dame s'était retrouvée sur la liste Madelin-Sarkozy au seul motif qu'elle était la mère de l'enfant d'un ancien président de la République[1].

La « promotion canapé » a donc la vie dure. Les observateurs ne s'étonnent même plus de voir de jolies femmes nommées de façon fulgurante au gouvernement, sans que leurs antécédents électoraux le justifient. Ancien proche de François Mitterrand, Michel Charasse avance qu'« il n'y a plus de courtisanes qui pèsent sur les décisions de l'État ». C'est possible. D'ailleurs, selon Charasse, François Mitterrand n'avait nommé certaines de ses amies à des postes ministériels « que lorsqu'elles étaient devenues des souvenirs ». On n'en est plus à l'époque du règne des favorites. Il n'empêche. Ancien directeur de cabinet de Rocard à Matignon, Jean-Paul Huchon a en mémoire une conversation étonnante, au moment de la formation du gouvernement Rocard en 1988. Une femme qui a été promue ministre dans les heures précédentes appelle Huchon et lui dit : « Vous pouvez faire de moi ce que vous voulez. » Mimique du « dircab ». Elle poursuit : « Les présidents Giscard d'Estaing et Mitterrand, je les ai bien connus. Mitterrand est plus décontracté. »

L'existence des maîtresses à recaser n'est pas toujours facile à gérer pour autant. À la fin des années soixante-dix, Jacques Chirac visite la circonscription d'un ministre gaulliste. Il salue son épouse. Quelques jours plus tard, le futur chef de l'État croise de nouveau le ministre dans un cocktail. Mais la femme au bras de ce dernier n'est plus la même. La surprise n'empêche pas le candidat à la présidentielle de rendre au tendron l'hommage dévolu à une épouse légitime. Toujours nature, Chirac ! Sa conseillère, Marie-France Garaud, s'occupe alors de constituer la liste pour les européennes de 1979. Le ministre en question vient la voir dans les jours qui suivent, pour solliciter une bonne place. Elle rétorque du tac au tac : « Je vous mets quarantième et

---

1. Daniel Carton, *Bien entendu... c'est off*, Albin Michel, 2002.

dernier, comme ça vous verrez si elle vous aime pour vous-même. » C'est comme cela dans la vie politique, les *backstreet*, comme disent les Anglais – les femmes de l'ombre – sont dans tous les esprits. Dans les années soixante-dix, lors d'un débat à l'Assemblée nationale sur la modification du code civil, le président de la commission des Lois fait un discours très dur sur la question des enfants bâtards. Dans l'hémicycle, à droite comme à gauche, on murmure. À la buvette, on parle. Quelques jours plus tard, le même président de la commission des Lois se montre bien plus prudent.

Ancien secrétaire général du groupe RPR au Sénat, Jean-François Probst a le souvenir d'un sénateur, rapporteur du budget de l'aviation, qui consacrait beaucoup de temps à ses petites amies : « Son bureau était au troisième étage, là où on met les vieux sénateurs. Il n'avait jamais écrit un de ses rapports. Quand je prenais l'ascenseur, il était toujours accompagné de femmes avec une drôle d'allure, les cheveux colorés, qu'il devait aller chercher rue Saint-Denis. Sans tromper personne, il disait : "C'est ma nièce."[1] » Un sénateur du Var, qui avait sa femme dans sa ville, se rendait aux rendez-vous dans les cafés parisiens, lui aussi avec sa « nièce », habillée d'une tenue léopard assez peu discrète.

En octobre 1992, dans un dossier intitulé « Génération Clinton », le magazine *Actuel* pose des questions très indiscrètes à des hommes politiques, qui ne rechignent pas à répondre : avez-vous « fait votre service militaire », « fumé un joint » et « trompé votre femme »[2] ? À cette dernière interrogation, les hommes politiques de gauche répondent sans trop de gêne. Ainsi des socialistes. Le sénateur Jean-Luc Mélenchon : « C'est un concept qui n'a pas vraiment de sens pour moi. » Jean-Jack Queyranne, élu de la banlieue lyon-

1. Entretien avec les auteurs, 20 avril 2005.
2. *Actuel*, octobre 1992.

naise : « Quel homme politique français, quel homme, serait suffisamment pur ? Voilà, je vous ai répondu. » L'ancien ministre de la Santé Claude Évin : « Trompé, non. Eu des relations diverses, oui... » L'ancien ministre du Commerce et actuel maire de Mulhouse, Jean-Marie Bockel : « La réponse que je ferais devant ma femme, si elle était en face de moi et si on abordait le sujet, c'est que je ne prétends pas à la perfection. » Jacques Rocca Serra, alors sénateur des Bouches-du-Rhône : « Je ne vais pas vous mentir. À Marseille, tout se sait. Je ne bois pas. Je ne fume pas. Je ne joue jamais. Mais j'ai une passion, je dis bien une passion : j'adore les femmes. J'ai été un très très très grand coureur. » Jean-François Hory, à l'époque président des radicaux de gauche : « Je vous ferai la même réponse que Clinton : on a réglé le problème, ma femme et moi. Et ce n'est plus un problème aujourd'hui. »

À droite, les réponses sont plus prudentes. Alors, « avez-vous trompé votre femme », Patrick Devedjian ? « Si ma femme était là, elle vous répondrait peut-être, elle connaît la réponse. » Alain Carignon, à l'époque maire de Grenoble : « Non. Mais je suis marié depuis peu de temps. » Michel Barnier, alors président du conseil général de Savoie : « Non. Je suis un jeune marié. Et j'ai une femme super. » Quant à Bruno Mégret, à l'époque numéro deux du Front national, il contourne la question : « Écoutez, je viens de me marier avant-hier. Donc non ! » À l'extrême droite, il arrive que les maîtresses se révèlent des années plus tard. En mars 2005, une scène curieuse se déroule devant la 17e chambre correctionnelle de Paris. L'audience oppose Marie-France Stirbois, veuve de Jean-Pierre Stirbois, ancien numéro deux du Front national décédé en 1988 dans un accident de voiture, et Marie-Christine Arnautu, élue Front national du conseil régional Île-de-France, et autrefois proche de Jean-Pierre Stirbois. Un an avant sa mort en avril 2006, l'ancienne épouse reproche à l'ancienne « proche » de l'avoir accusée, dans *Libération*[1], de faire « comme les franchisés, qui se servent d'un nom pour se faire de l'argent ». L'ancienne maîtresse avait même ajouté que la veuve Stirbois « use indûment du nom qu'elle porte et n'a aucunement à donner des leçons de morale ». Devant les magistrats, Marie-Christine Arnautu, cinquante-trois ans, finit par lâcher tous les détails. À la mort de Jean-Pierre Stirbois, elle entretenait depuis un an et demi une relation « passionnelle » avec lui. Elle affirme avoir « admiré l'homme politique avant d'être tombée amoureuse de l'homme[2] ». Pour preuve de ses assertions, elle fournit le contrat de location d'un appartement meublé qui abritait leur vie commune. L'ancienne maîtresse divulgue aussi une attestation du frère du défunt, qui certifie que ce dernier avait l'intention de divorcer de son épouse. Dix-sept ans après, les déboires conjugaux se retrouvent sur la place publique, à la faveur de désaccords sur la constitution des listes pour les élections européennes de 2004. Un curieux télescopage entre vies intimes et cuisine politique.

---

1. *Libération*, 22-23 mai 2004.
2. Entretien avec les auteurs, 20 octobre 2005.

5

Des maris sous surveillance

Selon un sondage réalisé par TNS Sofres pour *Le Figaro* en janvier 2006, seuls 17 % des électeurs seraient dissuadés de voter pour un candidat à la présidentielle au motif qu'il a eu des relations extra-conjugales. C'est peu par rapport à d'autres pays, et notamment, bien sûr, aux États-Unis : la France reste unique au monde ! Ce libertinage accepté par l'opinion l'est souvent moins par les épouses concernées, car, face à des maris surmenés et volages, leur rôle est souvent ingrat. En octobre 1984, le journaliste Maurice Szafran interroge Jacques Toubon pour *Playboy*. Responsable du RPR, ce dernier affirme avoir « trois métiers », car il est aussi maire du XIIIe arrondissement et député du XVe. En résumé, « peu de loisirs, peu de vie familiale, peu de sport ». Toubon donne un exemple : « Un quart d'heure avant mon mariage, je dictais encore au téléphone un texte de réponse à un communiqué du groupe socialiste de l'Hôtel de Ville. » Le futur ministre de la Culture met en garde : « N'oubliez pas que c'est avant tout la vie des épouses des hommes politiques qui n'est pas agréable[1]... » Il dit si vrai que la sienne va bientôt le quitter. Les épouses de la nouvelle génération ne sont plus disposées à supporter les absences ou les infidélités à

---

1. *Playboy*, 10 octobre 1984.

grande échelle. Elles savent les couleuvres qu'ont avalées leurs devancières. Elles n'ont pas le même estomac. Alors elles ont changé d'attitude : pour contrôler Sexus politicus, elles s'imposent. Elles suivent les voyages, organisent dans le détail les agendas. En un mot, elles « fliquent ».

Bien entendu, elles le faisaient déjà autrefois, mais c'était autre chose, une sorte de police des mœurs à la papa. Ève Barre était réputée pour veiller de très près sur son époux : « Elle l'observait et le suivait des yeux tout le temps », se souvient Michel Cointat, ancien secrétaire d'État au Commerce extérieur. Lors d'un déplacement au Maroc en 1980, le Premier ministre est invité à une cérémonie officielle à La Mamounia en présence du fils de Hassan II, qui n'a que dix-sept ans mais représente déjà son père. Pour honorer ses invités, le futur Mohammed VI offre un spectacle de danse du ventre : « Lorsque l'une des danseuses, un peu potelée, s'est mise à tourner autour de Barre, les yeux de son épouse étaient exorbités », se souvient l'ancien ministre. Le Premier ministre est resté impassible, au moins en apparence. « Alors, comment trouvez-vous la danseuse ? » interroge Cointat. « Gironde », répond sobrement Barre, au grand soulagement de son épouse. Ève Barre veillait, mais ce n'était rien à côté du contrôle exercé par la nouvelle génération. Après 1997, par exemple, Anne Sinclair est très présente auprès de son mari, Dominique Strauss-Kahn. Elle est la troisième épouse du ministre de l'Économie et des Finances et rate rarement ses déplacements à l'étranger.

En 2002, Jacques Chirac est réélu. Jean-Pierre Raffarin compose son gouvernement. Nombre de « femmes de... » mettent leurs escarpins dans les pas de leurs maris. On ne présente plus Cécilia Sarkozy, sans doute celle qui va le plus loin, puisque, après avoir eu un bureau attenant à celui de son mari place Beauvau, elle deviendra son chef de cabinet à l'UMP. Avec les suites que l'on sait. Dans le même temps, la jeune épouse du ministre de l'Éducation nationale, Marie-

Caroline Ferry, dispose d'un bureau rue de Grenelle et prend une part active à la vie du cabinet. C'est Sarkozy qui a donné à Ferry le conseil d'avoir toujours sa femme à côté de lui : « Sache que si tu ne travailles pas avec ta femme, ton couple est foutu. Pendant la journée, tu ne la verras pas, et le soir, si elle n'est pas impliquée, vous n'aurez plus rien à vous raconter[1]. »

Mais la présence de Marie-Caroline fait grincer des dents car elle n'a aucun sens politique. Et cette jolie femme toujours habillée très court se permet de tancer les élus. En 2003, Luc Ferry, qui doit représenter la France au sommet anti-mondialisation de Porto Alegre, exige d'être accompagné de son épouse. Ulcéré par cet entrisme conjugal, son chef de cabinet préfère démissionner. La jeune femme fait mine de ne pas comprendre. Elle a toujours travaillé avec Luc, dit-elle, alors pourquoi y mettre fin ? « Je le suivais à chacune de ses conférences. Il me faisait relire ses livres, chapitre après chapitre. Maintenant, c'est pareil. Et que ça plaise ou pas, je resterai là[2] ! »

Dans le gouvernement Raffarin, Laure Darcos exerce également un rôle de conseillère au sein du cabinet de son époux, mais la politique, elle connaît, puisqu'elle a été l'attachée de presse de François Bayrou. La femme du ministre délégué à l'Enseignement scolaire de l'époque, puis à la Coopération, a vingt-trois ans de moins que son mari, un schéma semblable à celui des Ferry. Cependant, Laure Darcos, qui a pour modèle Anne-Marie Raffarin, se défend d'avoir joué le rôle de ministre bis et dénonce les « phénomènes de cour[3] » : « Je n'étais pas dans un bureau à côté du sien, explique-t-elle. Je ne voulais pas qu'on rentre dans ma pièce de travail avant d'aller le voir. J'étais une collaboratrice à part entière, mais je ne participais à aucun déplacement pour me sentir plus indépendante et garder un

1. Élisabeth Chavelet, *Leurs femmes*, Robert Laffont, 2003.
2. *Marianne*, février 2003.
3. Entretien avec les auteurs, 28 mars 2006.

sens critique. » Elle a bien sûr remarqué l'attraction du pouvoir : « Les hommes politiques attirent les femmes. Ils ont une sorte de charisme. Elles essaient de se faire remarquer. Après, tout est une question d'équilibre dans le couple. »

Dans un autre style, Corinne Perben, femme de Dominique, est très présente auprès du garde des Sceaux de l'époque, qu'elle accompagne dans ses déplacements. Mais elle se garde bien d'empiéter sur le pré carré politique du ministre. Elle se contente de soutenir des actions caritatives, à la manière d'une Bernadette Chirac, auprès de laquelle elle a pris des conseils.

Cette omniprésence n'est pas dénuée d'arrière-pensées de la part des époux aussi. Au début des années quatre-vingt, le libéral Alain Madelin avait rédigé une plaquette à l'intention des candidats à la députation de son bord, dans lequel on montrait comment utiliser sa femme pour se rendre populaire. Des années plus tard, il étendra sa théorie, en posant pour le magazine people *Gala* avec une femme qui n'était pas la sienne. Rares sont les prétendants aux fonctions politiques à ne pas céder à la tentation, y compris quand leur vie personnelle ne correspond pas exactement à l'imagerie d'Épinal. C'est Giscard qui avait le premier posé avec son épouse Anne-Aymone. Plus récemment, François Bayrou s'est plié à cette exigence, pour une photo rurale dans *Paris Match*. Même l'épouse de Lionel Jospin, la philosophe Sylviane Agacinski, qui pourtant voyait quelque chose de « particulièrement anachronique, parce que, pour une part, sexiste[1] », dans la place faite aux épouses d'hommes politiques, s'est prêtée au jeu médiatique en participant activement en 2002 à la campagne de son mari pour la présidentielle. Car dans un monde où les valeurs sont mouvantes, la vision du couple classique est censée rassurer les électeurs.

---

1. Liliane Delwasse et Frédéric Delpech, *Sylviane et Bernadette sont en campagne*, Ramsay, 2001.

Cette vision apaise aussi les hommes politiques eux-mêmes, qui en ont bien besoin. L'ex-maîtresse d'un ministre : « Les hommes politiques se servent des femmes, ils les consomment, mais ils ne les voient pas. Si beaucoup ont leur attachée de presse comme maîtresse, ce n'est pas parce qu'elle est à côté, mais parce qu'elle s'occupe d'eux. » Dans un monde dur, les épouses sont aussi de vraies mères. Aujourd'hui, alors que l'exigence de sincérité ébranle un peu ce modèle, les épouses restent auprès de leur mari, mais ne veulent plus rester chez elles à attendre le retour du guerrier. Pénélope désormais entend voyager avec Ulysse !

6

Le puritanisme américain

C'est une anecdote coquine que Chirac aime à raconter et avec laquelle il avait fait rire le président des États-Unis. Et, semble-t-il, ce n'était pas un rire jaune. Chirac frappe un jour à la porte de la chambre d'hôtel de son ami Pierre Mazeaud, à l'époque candidat aux législatives. Ce n'est pas lui qui vient ouvrir la porte, mais une fille en tenue d'Ève. Chirac entre dans un couloir et aperçoit son ami, allongé à même le sol, en train de petit déjeuner auprès d'une autre jeune femme, tout aussi nue. Mazeaud n'a jamais été puritain, c'est le moins que l'on puisse dire. Selon l'un de ses anciens gardes du corps, lorsqu'il était secrétaire d'État en 1973, il blaguait souvent dans la voiture. À son ange gardien, assis à l'avant à droite, le ministre, sur la banquette arrière, lançait : « Vous m'emmerdez, vous êtes trop grand, je ne vois pas les gonzesses sur le trottoir ! » Mazeaud, au téléphone, en 2005 : « L'histoire narrée à Clinton est exacte, mais vous savez, ce sont des choses vieilles comme le monde. » Le président du Conseil constitutionnel croit savoir que le président américain a éclaté de rire quand Chirac lui a raconté l'anecdote en anglais.

Car l'Amérique et le sexe, c'est toute une histoire, et très différente de la nôtre. Les pulsions sont les mêmes qu'en France, mais pas les règles sociales. Au milieu des années quatre-vingt-dix, l'homme le plus puissant du monde s'entiche d'une jeune stagiaire de la Maison Blanche. Monica Lewinski a eu la chance de visiter le célèbre bureau ovale, mais ne s'est pas contentée d'y jeter un coup d'œil. Elle offre des cravates au président, il lui achète une épingle à cheveu et des broches. « J'aime bien quand tu portes une de mes cravates, car alors je sais que je suis près de ton cœur », lui sussure la jeune femme à l'oreille dans un dialogue digne de *Santa Barbara*. Tard le soir, les deux tourtereaux se glissent des mots doux au téléphone. Lors de l'un de ces échanges « hot », Clinton s'endort au bout du fil. En présence de Monica, il lui arrive d'être plus vigoureux. En 1997, le « Monicagate » éclate à Washington, à la faveur d'une autre affaire. Une employée de l'État de l'Arkansas a accusé Clinton de lui avoir fait des avances sexuelles lorsqu'il était gouverneur de cet État. Entendu le 17 janvier 1997, le président américain est aussi interrogé sur les liens qu'il aurait eus avec la stagiaire. Il nie avoir eu des « relations sexuelles » avec elle. En avançant un argument de choc : « Il n'y avait pas de rideaux dans le bureau ovale, ni dans mon bureau personnel, ni dans ma salle à manger privée. »

En France, cette histoire n'aurait pas fait trois lignes dans les journaux. Le mensonge, car en l'occurrence c'en est un, n'aurait pas choqué grand monde. Mais en Amérique, c'est autre chose. En janvier 1998, une confidente de Monica fomente un sordide traquenard. Bardée de micros du FBI, cette traîtresse enregistre les confessions de la stagiaire californienne à son insu. Il est question notamment d'une robe bleue qui serait tachée de semence présidentielle. En août 1998, devant le grand jury réuni pour statuer sur son cas, le président américain est forcé de confesser un « contact intime inapproprié ». Puis il reconnaît avoir eu des relations sexuelles. C'est alors l'avalanche. D'autres femmes l'accusent : une danseuse de cabaret et une ancienne amie du couple. Voilà le président inculpé par la Chambre des représentants pour parjure et obstruction à la justice. Va-t-il être destitué à l'issue d'une procédure d'*impeachment* ? En février 1999, les sénateurs le blanchissent. L'homme a le triomphe modeste : « Je veux dire à nouveau au peuple américain que je suis profondément désolé pour ce que j'ai dit et fait pour provoquer ces événements et pour l'énorme fardeau que cela a fait peser sur le Congrès et le peuple américain. »

En France, l'histoire fait rire plus qu'elle ne choque. En référence à une information du rapport Starr – le nom du procureur qui a mené l'enquête –, selon laquelle Clinton a fait de son cigare un usage que la morale puritaine réprouve, le député André Santini lance : « Bill Clinton est l'homme qui a réconcilié la pipe et le cigare. » Même la catholique Christine Boutin se lâche : « Il aime les femmes, cet homme ? C'est un signe de bonne santé ! » Outre ces plaisanteries, la classe politique témoigne cependant d'une certaine inquiétude. Et si un tel scandale survenait un jour en France ? Au téléphone, Jacques Chirac assure son homologue de « toute son estime et son amitié dans l'épreuve personnelle qu'il traverse ». Premier secrétaire national du Parti socialiste, François Hollande dénonce le « spectacle d'une première puissance mondiale qui s'amuse, confondant la démocratie avec un jeu vidéo et jugeant la vie privée d'un président sur Internet ». Martine Aubry évoque un « sentiment d'écœurement, d'impudeur et d'indécence ».

Daniel Cohn-Bendit est l'un des rares à faire exception. L'ancien meneur de Mai 68, aujourd'hui député européen, est revenu de l'idée selon laquelle le sexe est politique. Il n'apprécie guère la vieille morale façon Tante Yvonne, mais en même temps il déteste l'hypocrisie : « Clinton se fait piquer la braguette ouverte, cela fait partie du jeu. Il a le droit de faire ce qu'il veut avec Monica. Mais je ne supporte pas qu'il prenne la pose du vertueux. Je dirais la même chose de Sarkozy. Les politiques croient qu'ils doivent renvoyer à la société l'image d'un couple fonctionnant parfaitement. En faisant croire qu'ils sont fidèles à leurs femmes, les politiques laissent à penser qu'ils sont fidèles à eux-mêmes. Je trouve ça indécent de se présenter avec sa femme[1]. »

Au fond, pour les États-Unis, l'affaire Monica n'est originale que parce qu'elle concerne la Maison Blanche. Mais au pays de l'oncle Sam, combien d'hommes politiques avaient déjà vu leurs carrières brisées net à cause du « maccarthysme sexuel » ? Difficile pour les Français de comprendre le tropisme américain. Ancien chef du bureau de *Newsweek* à Paris, Ted Stanger invoque « un contrat entre les électeurs et celui qu'ils élisent ». Le président américain doit être le reflet de la « moralité » des citoyens. Stanger analyse : « En France, le fait d'avoir une maîtresse est considéré comme normal. Aux États-Unis, c'est inimaginable. Celle-ci peut exercer un chantage, l'influencer et le gêner dans ses fonctions[2] ! » Les Britanniques raisonnent de la même manière depuis qu'en juillet 1961 le ministre de la Défense de Sa Majesté, John Profumo, s'était épris d'une mondaine, Christine Keeler, déjà liée intimement à un officier de renseignement soviétique. Alors qu'en octobre 1962 se déroulait la crise des missiles à Cuba, lors de laquelle l'affrontement entre l'Est et l'Ouest menaça de dégénérer en déflagration générale, ce vaudeville était devenu hautement sensible. Profumo avait fini par démissionner. Une haute autorité judiciaire du royaume avait affirmé alors que « l'immoralité, ou la conduite indigne, n'est un risque pour la sécurité du pays que si elle est commise dans des circonstances telles qu'elle peut exposer la personne en cause au chantage ou à des pressions qui peuvent l'amener à livrer des informations secrètes[3] ». C'était le cas.

John Profumo est décédé le 10 mars 2006. En France, il n'y a jamais eu de scandale semblable à celui qui porte son nom. Stanger toujours : « En France, il y a

---

1. Entretien avec les auteurs, 8 décembre 2005.
2. Entretien avec les auteurs, 29 décembre 2005.
3. Jacques Georgel, *Sexe et politique, op. cit.*

comme une sorte d'écran de fumée, derrière lequel les politiques peuvent faire ce qu'ils veulent. Certains candidats à la présidentielle en France, qui mènent une double vie, ne pourraient pas être candidats aux États-Unis. » Un député sourit : « Nous, en France, nous avons eu Henri IV, Louis XIV, Napoléon et d'autres plus près de nous... » Ancien ministre, ancien proche de Chirac, Patrick Devedjian analyse : « Les Américains sont des puritains descendants du *Mayflower*. Nos institutions viennent de la décadence romaine. Nous sommes un vieux peuple. Les maîtresses des monarques, de Louis XIV à Napoléon III en passant par Edgar Faure, sont entrées dans l'Histoire[1]. » En clair, ce qui est scandaleux outre-Atlantique est une tradition dans la France des favorites. Les valeurs de la Bible contre les libertinages de la cour. Aux États-Unis, la liberté sexuelle des dirigeants français est d'ailleurs une authentique légende. Quelques mois après le Monicagate, un livre détaille la « vie sexuelle des présidents américains[2] ». Dès les premiers paragraphes, un hommage est rendu à la République. L'auteur cite l'exemple de François Mitterrand qui a « entretenu ouvertement une liaison avec une maîtresse pendant très longtemps ». Pour l'auteur, les écarts conjugaux des édiles français participent de leur succès : « Les présidents français n'auraient pas le respect de leurs électeurs s'ils se comportaient autrement. » Sexus politicus n'a pas traversé l'Atlantique.

1. Entretien avec les auteurs, 8 décembre 2005.
2. Nigel Cathorne, *Sex Lives of the Presidents*, St Martin's paperbacks, 1998.

7

La DST enquête

L'exception française dépérit-elle, cependant, avec les changements radicaux des rapports entre hommes et femmes dans la société ? Le 17 mai 1995, un demi-siècle après la fin de la Seconde Guerre mondiale et l'instauration du droit de vote des femmes, douze représentantes du « deuxième sexe » posent pour la postérité sur le perron de l'hôtel Matignon. Avec l'élection de Chirac à l'Élysée quelques jours plus tôt, est-ce le début d'une nouvelle ère, une séance de rattrapage trois ans après le passage raté d'Édith Cresson aux plus hautes fonctions ? Est-ce la fin de cette anomalie hexagonale en vertu de laquelle les femmes ne sont jamais que les « conjointes » ? Ou pire, des indésirables : « Les femmes sont l'âme de toutes les intrigues, on devrait les reléguer dans leur ménage, les salons du gouvernement devraient leur être fermés », pérorait Napoléon. Ces douze femmes n'ont rien des égéries maniérées d'autrefois. Elles viennent d'être appelées au gouvernement, aux côtés du nouveau Premier ministre Alain Juppé. Sur la photo de famille, les « juppettes », Élisabeth Hubert, Françoise de Panafieu, Margie Sudre, Corinne Lepage et les autres, ont le sourire aux lèvres. L'avenir leur appartient. Les pauvres ignorent que le voile va bientôt se déchirer.

En fait, leur promotion relève moins de la cause des femmes que d'une tradition. À bien regarder en effet, la nomination de certaines d'entre elles relève du fait du prince. Le chef de l'État a connu intimement certaines d'entre elles. Le privilège du roi. Plusieurs Pompadour à la table du Conseil des ministres, voilà qui ne manque pas de piquant. Un fait d'armes chiraquien relaté par Franz-Olivier Giesbert, qui a vidé ses carnets dans l'un des livres politiques les plus remarqués de 2006 : « On notera seulement que Jacques Chirac, après avoir longtemps daubé sur les pratiques mitterrandiennes du même ordre, a truffé le gouvernement d'anciennes ou nouvelles proches amies dont la moindre n'est pas Margie Sudre, bombardée secrétaire d'État au Tourisme, avant qu'il ne la laisse tomber, un jour, comme un vieux paquet[1]. » L'allusion sèche et nominative a suscité l'indignation de l'intéressée, députée au Parlement européen, qui s'en est ouverte dans une lettre au vitriol envoyée au directeur du *Point*. Dans cette missive enflammée, elle regrette des « formules alambiquées et ambiguës » et reproche à l'auteur de ne pas avoir eu le courage d'utiliser le terme de « maîtresse » ! Sans apporter de démenti formel à l'insinuation de Giesbert, elle s'offusque du « machisme suintant » de l'écrivain qui se « complaît à persuader les lecteurs que les femmes politiques d'aujourd'hui doivent leurs mandats ou leurs nominations au passage par la couche d'un puissant ». Cependant, l'aventure des égéries de Juppé sera de courte durée. Six mois plus tard, dès le premier remaniement ministériel, neuf d'entre elles disparaîtront en criant au scandale. Margie Sudre, qui était secrétaire d'État chargée de la Francophonie (et non au Tourisme), fera partie des rescapées : elle est restée au gouvernement jusqu'en juin 1997.

Mais c'est au moment de leur nomination que dans le plus grand secret se produit un événement stupéfiant. L'ordre qui tombe sur le bureau de l'un des directeurs de la DST (Direction de la surveillance du territoire) est

---

1. Franz-Olivier Giesbert, *La Tragédie du président, op. cit.*

du genre qui ne s'oublie pas. On lui demande de « cribler » les femmes du gouvernement Juppé ! Dans le jargon des services, cela consiste à faire le tour des fichiers policiers pour vérifier si un nom y figure. Censé traquer les espions et les terroristes, le contre-espionnage français est ainsi mis à contribution pour jeter un œil à ses propres archives, mais aussi à celles des Renseignements généraux, de la police judiciaire, de la Direction de la protection et de la sécurité de la Défense (DPSD)... De quoi sont-elles suspectées ? Sont-elles alliées à un service de renseignement ennemi ? Ont-elles des relations peu fréquentables ? Ce type de recherche est d'habitude effectué pour les habilitations au secret défense. Là, rien de tel. L'ordre est d'autant plus stupéfiant que jamais un ministre homme exerçant les – modestes – fonctions qui leur ont été confiées n'a eu à subir un tel contrôle. L'un des anciens patrons de la DST s'esclaffe : « Je n'ai pas compris cette exception pour elles. C'était totalement illogique. Évidemment, nous n'avons rien trouvé. » Aucun des sourires qui s'affichent sur papier glacé ne cache une espionne de l'Est ou une terroriste infiltrée.

Secrétaire d'État aux Affaires européennes dans le gouvernement Raffarin, Noëlle Lenoir n'a pas non plus que des bons souvenirs : « Les femmes sont en train d'accéder au pouvoir, mais elles ne sont souvent qu'un alibi. Les lieux de pouvoir sont des lieux machistes. Les mœurs ne changent pas. Entre les syndicats et les élus, les femmes viennent jouer les trouble-fête[1]. » Les ministères ne sont pas les seuls lieux où les femmes n'ont pas la place qui leur est due. Malgré le vote de la loi sur la parité en juin 2000, il n'y a aujourd'hui que soixante et onze femmes sur cinq cent soixante-dix-sept députés. Au-delà des chiffres, les comportements ne sont pas toujours reluisants. Au début du XXIe siècle, des femmes montant à la tribune de l'Assemblée nationale ou péné-

_____
1. Entretien avec les auteurs, 19 octobre 2005.

trant sous les préaux des circonscriptions essuient encore quolibets ou injures. Élue députée de Seine-et-Marne sans étiquette en 2002, Chantal Brunel a connu des débuts difficiles : « On me regardait avec condescendance. Je n'étais pas députée à part entière. Un maire de ma circonscription m'a narguée : "La députée a de bien belles jambes, elle devrait se mettre en jupe." » Un autre jour, le parlementaire d'une circonscription voisine s'exclame en la voyant arriver : « Chaque putain dans son bordel ! » Un autre l'interpelle lors d'une inauguration : « Alors ma chérie, on part quand en week-end tous les deux ? » Heureusement que Chantal Brunel a les épaules solides. Ancienne dirigeante d'entreprise, ancienne conseillère au cabinet du ministre de l'Intérieur de 1974 à 1981, il lui faudra montrer son savoir-faire sur le terrain politique pour faire taire les machistes.

D'autres femmes politiques, élues depuis longtemps, font état des mêmes agressions. Catherine Trautmann, députée européenne, raconte avoir été traitée de « miss quotas » et qu'on lui a expliqué qu'elle avait été élue députée en raison de son « organe génital féminin[1] ». Autrefois au Parlement français, désormais au Parlement européen, Roselyne Bachelot fréquente les coulisses. La tradition française des blagues grasses, elle connaît : « En 1995, j'ai mené campagne comme tête de liste aux municipales d'Angers. On racontait dans les salons angevins que j'avais été une actrice de films porno[2] ! » Bête rumeur spontanée ? Pas du tout, selon elle : « Les bruits étaient orchestrés par les membres de la liste adverse. Ils ont été si insistants que même certains de mes colistiers se sont posé des questions et ont été déstabilisés. » Le 19 septembre 2002, la ministre de l'Écologie Roselyne Bachelot est l'invitée d'une émission sur Europe 1. L'un des chroniqueurs franchit la

---

1. *Le Parisien* du 12 octobre 2005.
2. Entretien avec les auteurs, 29 novembre 2005.

ligne jaune en parlant de l'invitée : « Quand elle parle, elle donne l'impression qu'elle jouit. » Sur le coup, l'animateur éclate de rire. Un sénateur du Maine-et-Loire, le département de Bachelot, en profite. Bachelot : « Il a dit dans la presse locale que je l'avais bien cherché. J'ai appelé l'animateur en hurlant. J'ai eu le sentiment d'être salie, exactement comme une femme violée. » L'homme de radio présente finalement ses excuses. Désormais, Bachelot se protège : par un solide humour, mais aussi en interdisant à ses proches de lui transmettre les lettres injurieuses. Enfin, les femmes en politique sont empêchées, selon elle, de se lancer dans des entreprises de séduction. « Mis à part quelques Messaline, nous menons une vie de religieuses quasi cloîtrées. Les femmes savent qu'avoir une vie amoureuse un peu libre serait utilisé par leurs adversaires. »

Pas de différence entre la province et Paris. En 1997, Véronique Carrion, pétulante, dynamique et intelligente, est la seule femme socialiste à être élue députée de la capitale. Adoubée par Michel Charzat, l'un des barons socialistes du secteur, elle représente une forme de renouvellement de la classe politique. Mais son « parrain » dans la circonscription ne la laisse pas longtemps tranquille. Sénateur, Charzat n'entend pas la laisser voler de ses propres ailes. Machisme ou jalousie ? Carrion : « Il me porte d'abord aux nues, puis l'ambiance se crispe. » La belle histoire vire au cauchemar : « Je devais rendre compte de tout ce que je faisais, y compris quand je défendais des textes à l'Assemblée, comme si j'étais devenue sa chose. » Fin 1999, épuisée par ce harcèlement moral, la parlementaire préfère démissionner pour « raisons personnelles ». Elle ne regrette pas : « J'étais soulagée de me dégager de cette emprise. » Michel Charzat, qui avait repris le siège de député, a été prié depuis de céder sa place en 2007 au profit d'une… femme. Adjointe à la Jeunesse à la mairie de Paris, apparentée PCF, Clémentine Autain s'offusque face au pouvoir masculin : « Au Conseil de Paris, on me dit : "T'as une jolie robe… enfin, je sais pas si j'ai le droit de te le dire." J'ai parfois le sentiment d'être considérée comme un objet sexuel. Mais ce n'est jamais frontal. » Autain, toute simple : « Ma formation féministe me protège. J'ai lu Bourdieu. Je sais décrypter les rapports de domination. Quand on fait de la politique, c'est un jeu avec la mort. Le plaisir sexuel, c'est une manière de profiter de la vie. Mais on bascule vite de la séduction à la domination. Il y a un paquet de pervers ! »

8

Une France tolérante

En matière de mœurs, le pays d'Henri IV et de Mitterrand se distingue finalement par le libéralisme des esprits. Chacun mène sa vie comme il l'entend. On peut ne pas étaler, ou même cacher son homosexualité si l'on en a envie. Ni inquisition – des médias ou du milieu politique – ni pudibonderie. Les indiscrétions restent cantonnées à un petit milieu et aucune course à la délation ne s'engage. On n'est pas en Grande-Bretagne où, en 1998, le ministre du Commerce et de l'Industrie, Peter Mandelson, fut forcé à la démission dans une affaire de conflit d'intérêts. Cet inspirateur de la politique de Tony Blair avait été déstabilisé dans les semaines précédentes par les attaques de la presse tabloïd, qui l'accusait ni plus ni moins de nier son homosexualité. Quelques années plus tard, du *Daily Star* au *Sun*, les journaux populaires britanniques ironisent toujours sur les mœurs de l'intéressé. Mandelson est souvent pris en photo avec son petit ami brésilien. Mais l'actuel commissaire européen au Commerce protège sa vie privée : « Je préfère être français sur ce sujet[1]. »

En France, une exception confirme la règle : Act up. En 1999, l'association d'activistes homo exerce un redoutable chantage. Ses dirigeants menacent de révé-

---

1. *Libération*, 27 janvier 2003.

ler l'homosexualité d'un homme politique de premier plan. Au motif qu'il se serait compromis. Comment ? En ayant accueilli des habitants de sa circonscription montés à Paris pour manifester contre l'instauration du pacte civil de solidarité, le Pacs. Lors du défilé dans les rues de la capitale, des slogans hostiles aux homosexuels ont été lancés. Act up va-t-il décrocher l'épée de Damoclès ? Dans ce contexte odieux, une scène cocasse se déroule lors d'une réunion du groupe Démocratie libérale à l'Assemblée nationale. Comme à son habitude, devant les parlementaires de son groupe, Alain Madelin prononce un discours sur l'actualité. À la fin, il évoque cette campagne indigne, et se tourne vers un député, croyant qu'il s'agit de la cible visée. Madelin s'adresse à lui : « Nous sommes tous avec toi. » Sidéré, le député rougit. Il est gay, mais souhaite rester discret, et n'a surtout rien à voir avec les menaces d'Act up. Erreur totale sur la personne. Pourtant, voilà ce député-là « outé » pour de bon ! Madelin s'aperçoit de sa bévue. Pour tenter de se rattraper, il lance à l'assistance : « Je me suis trompé, je parlais bien entendu de Claude Goasguen ! » Rires dans la salle. Dans l'enceinte, personne n'ignore que le député de Paris n'a rien d'un homo. Et personne, à part Madelin, n'a de doute sur l'identité de la cible d'Act up.

L'orateur ne commettrait plus cette erreur. Car le nom de Renaud Donnedieu de Vabres est désormais connu. En 2003, le premier à avoir cité son identité est l'éditeur Guy Birenbaum, auteur d'un livre controversé sur la vie privée des élites[1]. Au printemps 2004, alors que Donnedieu de Vabres est nommé ministre de la Culture, l'hebdomadaire culturel *Les Inrocks* revient de manière polémique sur l'épisode. *Marianne* réagit durement à l'article, ce qui ne manque pas de donner encore plus de publicité à l'affaire : « Renaud Donnedieu de Vabres n'a jamais rien dit de sa sexualité. Il ne souhaite

---

1. Guy Birenbaum, *Nos délits d'initiés*, Stock, 2003.

pas en parler et c'est, pour le moins, sa liberté. Mais la gauche *Inrocks* a choisi, elle, d'utiliser d'épouvantables méthodes. Certains s'en étonneront. Pas nous[1]. » Enfin, en mai 2005, à l'occasion de son numéro 100, le magazine des gays et lesbiennes, *Têtu*, consacre quelques-uns de ses portraits à des politiques. Il y a là le ministre britannique Peter Mandelson, le maire de Berlin Klaus Wowereit, mais aussi, bien entendu, le maire de Paris, Bertrand Delanoë, l'ancien secrétaire national de l'UMP Jean-Luc Romero, le député socialiste de Paris Patrick Bloche. Et encore Renaud Donnedieu de Vabres, dont *Têtu* critique la façon « singulièrement peu moderne de penser la communication ». Comme si le ministre de la Culture était obligé de rendre des comptes.

Cela étant dit, évoquer son homosexualité n'est plus très risqué. Dans son numéro 100, *Têtu* publie également une interview du prédécesseur de Donnedieu au ministère de la Culture, Jean-Jacques Aillagon. *Têtu* : « Quand vous dirigiez le Centre Pompidou, puis le ministère, rue de Valois, vous n'avez jamais fait mystère de vos préférences sexuelles. Vous en a-t-on parfois fait le reproche ? » Réponse : « Personne. » De nombreux hommes politiques préfèrent, cependant, se taire, et c'est leur droit le plus strict. À l'intérieur du groupe UMP à l'Assemblée nationale, constitué de trois cent soixante députés, une quarantaine seraient homosexuels. Une minuscule poignée a assumé publiquement sa préférence. Pour les électeurs, ce sont des hommes mariés, souvent pères de plusieurs enfants. Pour le cercle intime, des homosexuels libérés sachant draguer. Cathos en province, cuirs à Paris, ironise-t-on à propos de certains. Un responsable de l'UMP : « Ils se cachent par convention sociale et peur de la réaction de l'opinion. C'est surtout vrai pour les élus locaux. » Selon ceux qui ont fait leur « outing », c'est une erreur d'appréciation. « Les électeurs préfèrent l'honnêteté à

---

1. *Marianne*, 12-18 avril 2004.

la dissimulation », souligne Sébastien Chenu, porte-parole de Gaylib, une association homosexuelle affiliée à l'UMP[1]. Le schéma de l'homosexualité comme handicap électoral serait donc dépassé. Mais l'omerta reste de mise. Emmanuel de La Pagerie, vice-président de Gaylib : « Il y a un problème générationnel. Vu la moyenne d'âge de l'Assemblée nationale, les choses ne risquent pas d'avancer rapidement[2]. » Une anecdote résume les blocages que suscite encore l'homosexualité. Lancée début 2005, la chaîne rose Pink TV peine à trouver son public. Quelques semaines après son lancement, le président, Pascal Houzelot, cherche un député acceptant de dire simplement à l'antenne qu'il est abonné à Pink. Les journalistes épluchent leur carnet d'adresses. Un sénateur du Sud-Ouest accepte d'intervenir. Las ! De crainte des répercussions, ce dernier déprogramme son rendez-vous deux heures avant.

Le premier homme politique à avoir déclaré sans fard son homosexualité ne l'avait pourtant pas regretté. Avant son décès au printemps 2006, André Labarrère était depuis 1971 le maire socialiste de Pau, la cité natale d'Henri IV. Ce dernier fut le père de Louis XIII, roi « inverti », comme on disait autrefois. Est-ce un signe ? En 1997, Labarrère lève le tabou dans un roman autobiographique, *Le Baron rouge*. L'ancien ministre des Relations avec le Parlement y révélait ce que ses concitoyens savaient depuis longtemps. Sa liberté, il ne l'avait jamais occultée. Dès les élections législatives de 1977, les murs de Pau avaient été tapissés d'affiches : « Labarrère PD. » L'édile s'était bien gardé de faire effacer ces basses attaques et avait été élu au premier tour avec 65 % des voix. L'homme qui préférait « faire l'amour avec un bel amant qu'avec la France[3] » n'était pas du genre à se cacher derrière son petit doigt. Il était capable de dire à la télévision avoir fait l'amour à beau-

---

1. Entretien avec les auteurs, 26 décembre 2005.
2. *Ibid.*
3. Entretien avec les auteurs, 26 avril 2006.

coup de femmes et plus encore d'hommes. Lui-même s'enorgueillissait de son surnom, l'« embrayage », car c'est la « pédale de gauche ». Il affirmait sans fausse pudeur avoir « connu une vingtaine d'hommes politiques intimement », de gauche et de droite.

Un autre homme a longtemps hésité avant de jouer la carte de la « sincérité ». Aujourd'hui, il ne le regrette pas. Delanoë s'était même un moment imaginé jouer les premiers rôles dans la course à l'Élysée. Si le maire de Paris a finalement renoncé à se présenter, c'est moins à cause de ses mœurs que de son bilan à la tête de la capitale ou de ses tracas avec ses amis socialistes. En effet, qu'un candidat à la présidentielle soit homosexuel n'est un inconvénient que pour 22 % des Français. C'est sans doute encore trop, mais ce chiffre prouve que l'homophobie n'est pas la chose la mieux partagée dans la population. Il est vrai que Delanoë s'est dévoilé habilement. En 1998, en plein débat sur le Pacs, l'équipe de l'émission *Zone interdite* sur M6 lui propose d'intervenir sur ce sujet délicat. Le sénateur est très partagé. Comment les Français, et notamment les Parisiens, vont-ils réagir ? En ouvrant cette boîte de Pandore, le candidat se demande s'il ne va pas lancer la presse dans une espèce de chasse à courre à l'anglaise. Après de nombreuses hésitations, Delanoë accepte. Le 22 novembre, à une heure de grande écoute, c'est l'événement. Devant la caméra, chez lui, en chemise et en jean, il confie : « Oui, je suis homosexuel. » A-t-il soupesé les risques d'une telle déclaration ? « Je dois vivre mes convictions. » Pour lui, le devoir de solidarité avec les homosexuels l'emporte sur le « droit à l'indifférence ». Il entend « rendre les choses un peu plus simples pour d'autres personnes ». Rejetant tout sentiment communautaire, le futur candidat ajoute : « On ne doit pas se faire élire – ou voter – sur ces thèmes. » Il conclut : « J'aimerais que le citoyen s'en foute. » Pari réussi. En mai 2005, dans une interview accordée à *Têtu*, le maire de Paris revient sobrement sur cet épisode : « J'avoue avoir hésité […]. Pourtant, pouvais-je renoncer ? Pouvais-je reculer sans éprouver un sentiment de lâcheté, de démission face à mon propre combat pour le respect de toutes les identités ? » Il se défend de tout déballage de sa vie personnelle : « J'ai pris trois minutes pour dire : "Je suis homo" et le reste pour parler, beaucoup plus largement, des libertés et des moyens de les défendre. »

Ce « coming out » a été une bonne opération. Elle a permis à Delanoë d'asseoir une notoriété encore balbutiante à l'époque. Un coup de poker à quelques mois des élections municipales de mars 2001. Conseiller régional UMP d'Île-de-France, Jean-Luc Romero lui rend hommage : « C'était très courageux de sa part. C'était aussi une manière de désamorcer le sujet, car il savait que ce serait utilisé contre lui à un moment ou un autre. » Cette opération a en effet permis au candidat à la mairie de Paris de prendre les devants face à d'éventuelles attaques sur ce thème. Un ancien militant se souvient : « L'un des arguments pour pallier le manque de propositions du staff de Philippe Séguin pendant les municipales était de balancer Delanoë. Certaines barbouzes au quartier général du RPR demandaient que l'on trouve des trucs sur sa vie privée. » À quoi bon, dès lors que l'essentiel était sur la place publique ? Bertrand Delanoë se défend, lui, de tout calcul : « L'évocation publique de mon homosexualité n'a jamais constitué à mes yeux un élément de stratégie pour conquérir la mairie de Paris[1]. »

Rares sont ceux à avoir désapprouvé la démarche. Nicolas Sarkozy fait partie de cette minorité. En 2001, il l'explique dans son livre, *Libre* : « Quelle mouche a bien pu piquer Bertrand Delanoë de vouloir à tout prix révéler son homosexualité au motif de sa candidature à la mairie de Paris ? […] En quoi cet élément privé se

---

1. Bertrand Delanoë, *La Vie, passionnément*, Robert Laffont, 2004.

révéla-t-il déterminant pour juger de la capacité de M. Delanoë à devenir un bon maire ? Dois-je à mon tour confesser mon hétérosexualité pour être considéré ? Tout cela me paraît déplacé, hors sujet, dangereux, et en tout état de cause inutile. Cet aveu public sonne comme une expiation mauvaise, il justifie de surcroît toutes les violations ultérieures de la vie privée. Puisque certains avouent si spontanément, alors pourquoi se gêner avec les autres sur qui la pression sera d'autant plus forte[1] ? » Trois ans plus tard, dans son propre livre, *La Vie, passionnément*, le maire de Paris répond de manière cinglante. Sur la vie privée, il n'a pas de mal à retourner la politesse à Sarkozy : « Me suis-je affiché dans la presse people avec un compagnon ? Je suis en réalité d'une grande pudeur dès qu'il s'agit de ma vie personnelle. Peut-on en dire autant de Nicolas Sarkozy[2] ? » Delanoë revient sur la question posée par l'actuel président de l'UMP, qui lui demandait ironiquement s'il devait « confesser » sa propre hétérosexualité. Le retour du maire de Paris à l'envoyeur est pertinent : « Nicolas Sarkozy, vous passez votre temps non "à confesser", mais à afficher votre hétérosexualité. » De fait, ni devant les photographes, ni devant les caméras, Delanoë n'a jamais embrassé quiconque. Le ministre de l'Intérieur ne peut pas en dire autant.

1. Nicolas Sarkozy, *Libre*, Robert Laffont/XO Éditions, 2001.
2. Bertrand Delanoë, *La Vie, passionnément, op. cit.*

CINQUIÈME PARTIE

L'État voyeur

Les pulsions peuvent donc être dangereuses. Les archives de la Mondaine ou les fichiers de police plus récents qui en gardent la trace sont de bons moyens de pression sur des rivaux ou des alliés. À l'évidence, la vie intime des élus passionne l'État.

1

Tout remonte place Beauvau

Dans son bureau avec vue sur la Seine, au siège de TF1 à Boulogne, le présentateur du journal télévisé le plus regardé de France raconte comment Charles Pasqua, à l'époque où il était ministre de l'Intérieur, aimait à plaisanter : « J'ai lu votre fiche des Renseignements généraux. » Une plaisanterie médiocre mais récurrente, selon PPDA. Car l'État s'intéresse aussi de près à la vie privée des commentateurs. À Matignon ou place Beauvau, Sexus politicus est une obsession. Deux directeurs de l'information de la première chaîne, Michèle Cotta et Gérard Carreyrou, auraient aussi eu droit à la même blague. Les fiches de renseignements sur PPDA sont presque aussi longues que sa revue de presse des gazettes *people*. Les « notes blanches » – sans en-tête du ministère de l'Intérieur donc permettant toutes les manipulations – étaient appréciées dans les cabinets ministériels : celles sur les journalistes sont ainsi remplies de la même manière que celles des politiques, en « corrigeant » le curriculum vitae officiel par quelques éléments sulfureux, réels ou supposés. Les successeurs de Fouché se complaisent souvent à y jeter un coup d'œil.

Un rapport de police avait laissé entendre que PPDA avait vécu une idylle avec Diana. Le présentateur jure d'un œil goguenard qu'il s'était juste « promené » avec la princesse de Galles dans les rues de Paris et qu'il n'avait « fait que dîner » à son côté[1]. Mais voilà. Avisé de la balade, de manière un peu déformée sans doute, François Mitterrand s'est évertué à tirer les vers du nez du présentateur qui l'agaçait. Peut-être parce que l'ancien membre des Jeunes giscardiens le concurrençait sur le terrain des conquêtes féminines. PPDA évoque la conversation : « Comme Mitterrand aimait les ragots, il m'avait dit : "On me dit que…" C'était peu après l'entrevue avec Diana et je n'en avais parlé à personne. Je crois que le président avait ajouté : "Nous sommes bien renseignés." » Le présentateur jure qu'une fois, une cellule proche de l'Élysée a tenté de le déstabiliser en se servant de sa vie privée : « J'ai subi une série d'attaques concomitantes. Il y a eu le dossier Botton, l'affaire Castro, et à la même époque est parue dans un magazine une photo de Claire Chazal et moi, alors que notre relation n'était pas connue à l'époque. Je crois savoir que le travail du paparazzi avait été commandité au niveau politique. »

En bon ministre de l'Intérieur, Charles Pasqua fut un fervent lecteur des fiches, mais, contrairement à sa réputation, sans prédilection pour les plus croustillantes. Question de nature. L'ancien ministre est plutôt prude. Son ami de jeunesse, le réalisateur Jean-Pierre Mocky, se souvient même d'un jeune homme réservé sur la question. Sur la plage de Nice, tandis que Jean-Pierre faisait office d'entremetteur entre riches hommes d'affaires et filles faciles, Charles préférait vendre des glaces. Mocky : « Un jour, entre copains, nous avons fait un concours comme seuls les hommes peuvent en faire. Charles a refusé de participer[2]. » Précision du réalisateur : « Je me vantais déjà de mes conquêtes féminines, et Charles, lui, ne parlait jamais de sa sexualité. » Peu après, le jeune Pasqua ouvre une agence de

---

1. Entretien avec les auteurs, 13 décembre 2005.
2. Entretien avec les auteurs, 11 juillet 2005.

détective privé, avec sa femme, Jeanne. Le futur patron des policiers mène les enquêtes dont les clients passent commande. Aujourd'hui sénateur, Pasqua commente : « Quand j'avais une affaire d'adultère, il fallait bien que je m'y mette. Mais je n'aimais pas trop cela. »

Dans les bureaux de son mouvement politique, à Neuilly, l'ancien ministre rechigne à trop parler du sujet. Il révèle tout de même deux histoires amusantes qui eurent lieu pendant la première cohabitation, entre 1986 et 1988[1]. Notre ministre est alors à son bureau, celui de Cambacérès, place Beauvau. Il reçoit la visite d'une personnalité politique bien embarrassée, qui explique : « Je suis très ennuyé, il y a des vols chez moi. » Le visiteur ajoute : « C'est un peu particulier, car quelqu'un s'introduit chez moi et vole les petites culottes de mon épouse. » Pasqua propose de « tendre une souricière discrète ». L'opération porte vite ses fruits. Le chapardeur est en fait un déséquilibré. Révélée dans la presse à l'époque, l'histoire aurait fait mauvais genre. Aucune fuite n'a lieu. À la même époque, des informations remontent au ministre de l'Intérieur, selon lesquelles un ministre collectionne la lingerie de ses conquêtes. En racontant l'histoire, Pasqua glousse encore de bon cœur.

Mais il ne raconte pas tout. Toujours sous la première cohabitation, une scène curieuse se produit dans le quartier du Marais à Paris. Un soir de 1986, des policiers surprennent un ancien ministre socialiste en posture inconvenante dans une voiture. Car dans l'habitacle, il y a aussi un chanteur de variétés. Les deux hommes sont susceptibles d'être poursuivis pour attentat à la pudeur sur la voie publique. Le cabinet de Pasqua avertit aussitôt celui du ministre de la Culture, François Léotard, ministre de tutelle du chanteur en quelque sorte. Finalement, le dossier est classé. Journaliste d'investigation, auteur de *Mitterrand et les 40*

1. Entretien avec les auteurs, 3 novembre 2005.

voleurs, Jean Montaldo raconte un épisode qu'il a vécu également à cette période : « Un jour, je prends le café avec Charles Pasqua. Il me lit un extrait d'un rapport selon lequel un membre du gouvernement s'est fait surprendre au bois de Boulogne, en bas résille, pendant la nuit. » Mi-sérieux, mi-goguenard, car avec lui on ne sait jamais à quel masque se fier, Pasqua demande au journaliste : « À ma place, que ferais-tu ? » Montaldo : « Tu veux t'en faire un ami ou un ennemi ? » Le ministre : « Un ennemi ? Tu rigoles, certainement pas pour une connerie pareille. » Montaldo éclate de rire : « À ta place, je demanderais à la police de me livrer les bas résille. Ensuite, je les rendrais à l'intéressé en lui faisant les gros yeux, mais sans en parler à quiconque. Avec ce petit geste, je m'en ferais un allié pour la vie[1]. » L'histoire ne dit pas ce que Pasqua a fait finalement. Plus de dix ans plus tard, sous un autre gouvernement, le même ancien ministre est interpellé avec un jeune garçon de quinze ans dans le parking souterrain du Centre Beaubourg. Et grâce à une bonne fée, l'affaire sera à nouveau étouffée. Cette indulgence, c'est aussi la limite de ce système bien protecteur pour les notables.

À la même époque, les services de la préfecture de police de Paris interpellent un jour une prostituée en possession d'un portefeuille appartenant à un ressortissant japonais. Les policiers identifient le propriétaire de l'objet : il s'agit d'un diplomate japonais. Membre d'une délégation de son pays à un sommet antiterroriste organisé par Pasqua à Paris, ce dernier s'est manifestement fait subtiliser argent et papiers au cours d'ébats nocturnes. Le portefeuille est communiqué directement au ministre de l'Intérieur. Pasqua raconte, sourire aux lèvres : « L'affaire était d'autant plus sensible que c'était la première fois que des fonctionnaires du ministère de l'Intérieur et de la Justice du Japon étaient autorisés à sortir de leur territoire. » Il décroche son téléphone et

1. Entretien avec les auteurs, 18 juillet 2005.

avertit l'ambassadeur du Japon : « J'ai quelque chose pour vous, je vous l'envoie par courrier. » Sans préciser dans quelles conditions le portefeuille a été trouvé. « J'ai eu droit à des remerciements très chaleureux de sa part », se souvient Pasqua.

Les histoires nocturnes ne se terminent pas toujours aussi bien pour les diplomates étrangers en goguette. En 1991, un employé de l'ambassade américaine monte avec un transsexuel dans un immeuble de la rue Saint-Denis. La transaction se passe mal. Le client est violent. Il frappe une prostituée. Pour la venger, les collègues de cette dernière infligent une dérouillée au diplomate. Accompagné de son chauffeur et d'un collaborateur de l'ambassade, le fonctionnaire américain sera obligé de mener des tractations serrées avec les filles de la rue pour éviter le déballage public.

L'État continue à avoir sa part d'ombre en collectant les secrets qui permettent de tenir à distance les adversaires. Quand un homme politique a l'infortune de tomber dans les filets de la police, les officiers de permanence font, en effet, remonter l'information au cabinet du préfet de police de Paris, puis au ministère de l'Intérieur, le cas échéant à Matignon et à l'Élysée. Un ancien commissaire du XVIIe arrondissement raconte : « Lorsque j'étais de permanence pour tout Paris, des personnalités étaient souvent interpellées avec des prostituées. Cela tombait sous le coup de l'exhibitionnisme. On les faisait venir au commissariat en leur disant : "Attention, vous êtes vulnérable." Si le type menaçait en disant : "Vous allez entendre parler de moi", on l'envoyait au procureur pour le punir. » Sinon, motus et bouche cousue.

Des allées sombres, des phares éblouissants et des silhouettes interlopes : le bois de Boulogne reste aujourd'hui encore un temple de la passe et des fantasmes. Haut lieu de la drague tarifée et, le cas échéant, redoutable piège pour les personnalités. Les prostituées assurent y voir souvent des voitures à cocarde. Début 2000, l'un des dirigeants de la DGSE s'y fait arrêter en compagnie d'un transsexuel. Fâcheux ! Trois officiers des services secrets seront dépêchés au commissariat du coin pour récupérer l'amateur de sensations fortes. En interne, la nouvelle fait jaser. Certains en profitent même pour demander la suppression de la section dirigée par ce haut fonctionnaire imprudent. Depuis, il a été nommé ambassadeur dans un pays africain. Les interpellations au bois servent aussi parfois à exercer des pressions. En mai 2004, l'hebdomadaire *L'Express* publie un « confidentiel » expliquant qu'un « célèbre animateur, salarié de l'une des chaînes publiques », dont le nom n'est pas mentionné, a eu « une très violente altercation avec la police au bois de Boulogne, après avoir été surpris en flagrant délit avec une prostituée ». L'intéressé jure que s'il est bien un habitué du bois, ce soir-là il ne s'est rendu coupable de rien. Selon *L'Express*, l'animateur aurait frappé un policier au visage et « n'aurait dû son salut qu'à une intervention directe d'un conseiller de l'Élysée ». Derrière cette brève dans les colonnes d'un hebdomadaire, l'animateur devine la main de policiers plutôt hostiles à Chirac, c'est-à-dire favorables à Sarkozy. Une preuve parmi d'autres que la campagne pour la présidentielle de 2007 a commencé très tôt dans les coulisses.

2

Le coffre de la Mondaine

Ces secrets d'alcôve plus ou moins sulfureux, s'ils ne filtrent pas à l'extérieur, sont néanmoins bien gardés. Par qui ? Par l'État, bien sûr, toujours curieux en la matière. Où ? Dans un coffre qui pesait deux tonnes et mesurait deux mètres de côté. Cette armoire blindée de la brigade mondaine, entrée dans la légende du 36, quai des Orfèvres, le siège de la police judiciaire parisienne, contenait des milliers de souvenirs de vespasiennes ou de clubs échangistes. Depuis 1910, les fonctionnaires du quai des Orfèvres y stockaient les anecdotes les plus scandaleuses de la vie nocturne parisienne. Un classement méticuleux et poussiéreux par dates et ordre alphabétique. En fiches, il y avait là le condensé de décennies de libertinage. Seul le commissaire de la brigade et son adjoint possédaient le code de ce coffre-fort, situé à côté de leur bureau. « Il y avait de quoi faire sauter plusieurs fois la République », se souvient l'un des anciens patrons du service. Au milieu des années quatre-vingt, des déménageurs sont venus démonter ce dinosaure policier. Le contenu a été soigneusement trié avant d'être versé aux Archives nationales et au musée de la Préfecture de police, dans le quartier Latin. Quelques dossiers compromettants sont restés à l'intérieur du service. Au cas où... L'un des hommes chargés de faire le ménage souligne : « Beaucoup de dossiers ont été détruits car sans intérêt. Il y avait aussi quelques affaires plus contemporaines... » Pour évacuer cette encombrante armoire, il a fallu utiliser un monte-charge et la désosser pièce par pièce en passant par l'une des fenêtres donnant sur la place Dauphine, sur l'île de la Cité. Une opération colossale qui a coûté une petite fortune.

Avant son décès en 2005, Roger Le Taillanter, patron mythique de la Mondaine entre 1970 et 1974, racontait : « Beaucoup de grands personnages de la République, parmi les plus hauts, ont laissé des traces de leur extravagance dans cette histoire intime. Les écarts de ces grands personnages m'ont toujours paru rassurants. » On se souvient dans le service d'un dossier au nom d'Édouard Herriot, président du Conseil et maire de Lyon sous la IIIᵉ République. Il était fait état de son assiduité au One Two Two, la plus célèbre maison de tolérance de l'époque avec le Chabanais. Dans le style ampoulé de l'époque, les faits étaient relatés non sans humour. Du genre : « Herriot a honoré aussi bien le champagne que les femmes. » Au One Two Two, Herriot pouvait croiser le ministre Louis Barthou, qui laisserait autant sa trace dans les fiches de la Mondaine que dans les livres d'histoire, en raison de son assassinat à Marseille en 1934 avec le roi Alexandre de Yougoslavie.

Au début du XXᵉ siècle, les notes sont rédigées à l'encre noire, d'une plume élégante couchée sur papier épais. Ce qui fait scandale à l'époque ferait sourire aujourd'hui. Un commissaire confie : « À la lecture de ces documents, on percevait une sorte de bonne humeur, une narration amusée, un ton un peu léger, pas très moralisateur. Mais il y avait un véritable tabou, notamment un ton plus gêné sur l'homosexualité. » Les policiers usent alors d'un vocabulaire d'un autre âge et parlent d'individus « anti-physiques » ou d'« invertis ». Les fonctionnaires de la brigade mondaine dressent les listes des « femmes galantes », des clubs libertins, des adultères. Dans les archives, il reste par exemple une fiche sur Marguerite Steinheil, dans les bras de laquelle le président Félix Faure a eu une attaque. On y trouve aussi un dossier sur « Joseph Caillaux et Mme son épouse ». Après la Seconde Guerre mondiale, les fiches continuent à être remplies de manière systématique. Même si les patrons de la Mondaine doivent parfois s'autocensurer. Le Taillanter expliquait : « J'avais dans une main le code pénal et dans l'autre un accréditement professionnel. Il y a des choses que l'on ne doit pas voir. Dans ces cas-là, on regarde ailleurs. » Certes. Il n'en reste pas moins que le ministère stockait avec soin ces milliers de fiches entre espionnage et indiscrétion mondaine.

À la fin des années soixante-dix, les fonctionnaires relèvent qu'un des plus hauts personnages de l'État en « pince » pour une magnifique speakerine noire, qui est hospitalisée : il lui fait envoyer discrètement de très belles roses. Discrétion toute relative. L'anecdote atterrit dans le coffre de la Mondaine. La pratique se perd au moment de l'arrivée de la gauche au pouvoir. L'évolution des mœurs rend dérisoire et scandaleux le fichage des homosexuels. En tant que telle, la brigade mondaine disparaît. Le service est alors rebaptisé brigade des stupéfiants et de la prostitution. En 1989, elle devient brigade de répression du proxénétisme. Le service regarde moins qu'avant par les trous des serrures, mais tout de même. Il arrive que la hiérarchie de la préfecture de police de Paris soit toujours très friande de ces histoires de mœurs. Un commissaire de police divisionnaire explique : « L'entourage du préfet Philippe Massoni[1] adorait ce genre d'histoires. Avec un air entendu, ses collaborateurs venaient me voir et me disaient, en pensant manifestement au préfet : "Si tu as des histoires de cul, pense à nous !" »

À la brigade de répression du proxénétisme, les vieilles traditions ne se perdent pas tout à fait. Le

---

1. Ancien conseiller à la présidence de la République pour les affaires de sécurité et de terrorisme.

« groupe cabaret » produit parfois des notes sur les personnalités perdues dans le monde de la nuit. Cette section, qui ne compte que six fonctionnaires, contrôle en permanence les cent cinquante bars à hôtesses et trente clubs échangistes de Paris. Sans compter les quelque six cents discothèques, cabarets, bars homosexuels... Les anecdotes croustillantes continuent à circuler. Chaque tournée fait l'objet d'un compte rendu quotidien. Au hasard de la nuit, les policiers croisent un ancien ministre socialiste grimé dans une boîte échangiste. Une information consignée sur la main courante de la brigade. Au nom de quoi ? On se le demande. Les fonctionnaires recueillent aussi les confidences du patron d'un établissement libertin qui raconte que l'un de ses clients, un ténor de la gauche, a fait enlever toutes les banquettes pour installer des matelas à l'occasion de son anniversaire. Y a-t-il là de quoi mettre en péril la sécurité de l'État ? Il y a aussi des princes du Golfe, qui viennent s'encanailler dans les cabarets orientaux des Champs-Élysées. Une manière de consommer discrètement de l'alcool dissimulé dans des théières ou de repartir avec une prostituée au bras. À l'occasion de l'une de ces surveillances, l'un des policiers a eu la surprise de croiser un membre de la famille d'Oussama ben Laden, venu se décontracter dans l'un de ces clubs exotiques. Une information communiquée aussitôt à la section antiterroriste de la brigade criminelle. Autre époque, autres priorités. Cependant, aujourd'hui encore, les affaires de mœurs pouvant atteindre des hommes politiques sont suivies de près par le pouvoir. Des enquêtes discrètes sont effectuées par les services de police judiciaire à Paris chargés des « affaires réservées » : « Officiellement, il s'agit d'éviter des pressions sur tel ou tel homme politique, raconte un commissaire. En fait, ce n'est qu'un prétexte pour connaître les faiblesses d'un éventuel adversaire. » Les vieilles habitudes se perdent difficilement.

3

Des maisons très protégées

La scène se déroule en 1990, alors qu'au Quai d'Orsay les diplomates préparent le sommet franco-africain de La Baule. Lors de cette rencontre internationale, Mitterrand va prononcer l'un des discours essentiels de sa politique africaine, en prônant la démocratisation du continent. Pour que le sommet soit organisé dans les règles de l'art, les réunions interministérielles se succèdent. L'un des conseillers de Matignon qui assiste à ces préparatifs en conserve aujourd'hui encore un vif souvenir : lors de l'une d'elles, un haut fonctionnaire pose une liste sur la table. Il s'agit du répertoire des hôtes ayant besoin d'« oreillers supplémentaires ». Les rats d'hôtel connaissent l'expression. Les clients désireux de ne pas appeler les call-girls par leur nom utilisent ce code quand ils cherchent de la compagnie. Quand l'intérêt général ou les relations entre la France et l'Afrique l'exigent, l'État français sait se montrer attentionné...

Parfois il s'agit de faire plaisir, d'autres fois de mettre des Mata Hari dans les jambes de nos hôtes. Ce fut le cas pour Bokassa, l'ancien ami de Giscard. Après quelque temps d'exil en Côte-d'Ivoire, l'empereur déchu arrive en France au début des années quatre-vingt. Il est alors hébergé au château d'Hardricourt, dans les Yvelines. Mission est donnée à un commissaire de

l'avoir à l'œil. Ce dernier, Patrick Rougelet, indique :
« Le jour où je viens me présenter, en lui indiquant que
je serai dorénavant chargé de sa sécurité, Bokassa me
dit : "On fera comme d'habitude, une blonde, une
rousse, une brune. » Devant ma stupéfaction, il me
répond que les policiers français des Voyages officiels,
rebaptisés depuis Service de protection des hautes personnalités, se sont toujours occupés de lui amener des
prostituées. » Le supérieur hiérarchique de Rougelet
refuse de perpétuer cette tradition. Mais un sous-directeur
des RG confie au commissaire une mission sensible :
récupérer des documents dans un coffre-fort dont
Bokassa garde en permanence la clé à son cou.
« Comment dois-je procéder ? » demande Rougelet.
« Saoulez-le », rétorque le hiérarque. Le problème est
que Bokassa tient mieux l'alcool que le policier. Rougelet confie aujourd'hui : « Deux semaines après, j'ai vu
arriver une péripatéticienne. J'ai tout de suite compris.
Elle est restée là pendant huit jours. Bokassa se l'est
offerte aux frais de la République, mais je ne crois pas
qu'elle ait réussi à lui subtiliser sa clé. » Les méthodes
classiques ne fonctionnent pas toujours !

Pourtant l'administration se penche souvent avec
beaucoup de professionnalisme sur le péché de chair.
Des fonctionnaires du Protocole connaissent les bonnes
adresses, les numéros des maisons de rendez-vous et
des réseaux de call-girls. Les plus grandes négociations ne se soldent pas seulement à coups de commis-
sions ! La méthode est vieille comme le monde. Parmi
les témoins anonymes de ces agapes, un ancien fonctionnaire au ministère de l'Équipement, qui depuis a
fait une carrière politique : « À l'Équipement, je
m'occupais des relations avec le Moyen-Orient. Il y
avait une caisse noire, ravitaillée par les entreprises
françaises, à la disposition du directeur des affaires
économiques et internationales. Dans cette caisse
noire, les hauts fonctionnaires pouvaient puiser de
l'argent pour mettre une fille dans le lit d'un prince
saoudien. » Un ancien préfet des Yvelines confirme. Il

a vu défiler les délégations de clients potentiels de nos fabricants d'armes et souvent observé les charmantes jeunes femmes qui allaient avec.

Mais qui donc sont les fournisseurs de ces arguments en nature ? Des entremetteuses – on parlait autrefois de mères maquerelles – à l'instar de ce que furent, dans la seconde moitié du XXᵉ siècle, Madame Claude ou Madame Billy. À l'état civil, ces deux femmes s'appelaient Fernande Grudet et Marie-Aline Roblot, mais elles sont passées à la postérité sous leur dénomination de « Madame ». Plus que dans les draps, leurs activités ont laissé des traces dans les fichiers des services de renseignement. Dirigeante d'un célèbre réseau de call-girls qui portait son nom, Madame Claude était connue dans les services secrets français sous le nom de code de « Violette ». Sans que les coucheurs le sachent, les confidences livrées à certaines de ses filles sur l'oreiller finissaient rapportées sur des papiers tamponnés « secret défense ». Madame Claude, qui prétendait avoir voulu rendre le vice joli, savait tous les secrets de la prostitution de luxe. Dans ses Mémoires, elle raconta l'histoire de ce ministre français qui aimait, en galante compagnie, monter sur une cheminée et s'enfoncer une plume de paon dans l'arrière-train. Mais elle vantait aussi sa clientèle internationale de haut vol, jurant même avoir un jour fourni une fille au président des États-Unis John Fitzgerald Kennedy[1]. Lequel, après avoir fait établir un contact par l'ambassade des États-Unis, aurait ensuite passé lui-même un coup de fil. Madame Claude en rajoutait-elle un peu ? Toujours est-il que la gestion d'un réseau de call-girls pouvait la rendre très intéressante pour des services secrets soucieux de surveiller ou de faire plaisir à des hôtes de passage.

Madame Billy, elle, a géré de 1943 à 1978 l'Étoile Kléber, l'une des maisons de rendez-vous les plus célèbres de Paris. Comme le Chabanais, le One Two Two

---

1. Claude Grudet, « *Madam* », *Madame Claude raconte...*, *op. cit.*

ou la Villa Montespan, l'Étoile Kléber accueillit pendant près d'un quart de siècle une partie du ban et de l'arrière-ban de la vie politique française. Pendant sa jeunesse, Madame Billy avait été la maîtresse d'André Tardieu, l'un des hommes politiques les plus influents de la IIIe République. Plus tard, elle fournirait en jeunes femmes les deux Républiques suivantes. Très liée aux Renseignements généraux, Madame Billy rendait aux policiers d'éminents services : « Avec les RG, j'ai toujours joué le jeu. Eux aussi. Ils voulaient savoir qui venait chez moi. Ils s'intéressaient principalement aux hommes politiques et à leurs éventuels travers. Je les informais dans la mesure du possible[1]. » Pour faciliter la tâche de Madame Billy, censée leur rapporter les noms de personnalités parmi ses clients, les RG lui avaient remis un trombinoscope, avec les photographies de tous les parlementaires.

Mais ce n'était pas la panacée, et par acquit de conscience les policiers des RG « exerçaient une surveillance rue Paul-Valéry, photographiaient les clients qui entraient et sortaient, relevaient les numéros d'immatriculation des voitures en stationnement à proximité de la maison ». Selon Madame Billy, en échange de cette coopération – puisque la police lui envoyait des clients, des diplomates ou des visiteurs officiels « on pensait souvent à moi en haut lieu. Au moment où devait se tenir à Paris une importante conférence internationale, un ministère m'avait demandé de réserver deux nuits : l'une pour le président d'un grand État, l'autre pour sa femme. Évidemment, pas ensemble. On m'avait fait connaître les goûts du président. Le choix s'était fait sur catalogue ». En fait, la conférence fut annulée in extremis. Une autre fois, alors qu'un chef d'État africain s'apprêtait à voter contre la France à l'ONU, elle était intervenue. Le chef d'État appartenait à sa clientèle et comme elle entrete-

_____

1. Madame Billy, *La Maîtresse de maison*, La Table Ronde, 1980.

nait de bonnes relations avec lui, elle avait réussi à lui faire réviser son jugement[1] ! Pendant plus d'un quart de siècle, la mère maquerelle de luxe fut également très prisée des têtes couronnées du Moyen-Orient. L'Égyptien Farouk, ou le Saoudien Ibn Séoud, étaient des habitués : « Bien avant que la crise de l'énergie crée une aristocratie du pétrole, tous les émirs, sans exception, ont fréquenté ma maison. Bahreïn, Qatar, Abu Dhabi, Dubaï, Koweït… Tout le golfe. Certains m'ont envoyé leurs vœux de nouvel an pendant des années[2]. » De quoi faciliter les exportations françaises : « J'ai aidé à la conclusion d'un marché avec le Vietnam, à la demande d'un ministère. Il s'agissait d'une vente d'hélicoptères, qui se traitait à Bruxelles. Les négociateurs asiatiques s'ennuyaient dans la capitale belge. »

Le couturier Francesco Smalto, lui, avait trouvé une autre manière de s'ouvrir les portes de marchés à l'étranger, en l'occurrence ceux du Gabon et de son président, Omar Bongo. En avril 1995, le tribunal correctionnel de Paris examine un dossier de proxénétisme aggravé. En vedette italienne, le couturier, qui sera finalement condamné, ainsi que son premier coupeur et son neveu, chargé de communication. Le chef d'État africain fait figure de *guest star* du procès. Converti à l'islam en 1973, réputé pour son goût des garde-robes de luxe, « Papa Bongo » n'est pas à la barre du tribunal. Mais son nom figure dans le dossier posé sur le bureau du président du tribunal. Le couturier italien, qui habille les grands de ce monde, est accusé d'avoir livré des costumes au chef d'État de Libreville accompagnés de bonus très particuliers : de splendides mannequins rémunérés pour agrémenter de manière agréable ce lucratif business. Le scénario était bien rodé : deux fois

---

1. Roger Faligot et Rémi Kauffer, *Porno business*, Fayard, 1987.
2. Madame Billy, *La Maîtresse de maison, op. cit.*

par an, Omar Bongo affrétait un avion d'Air Gabon pour transporter les soixante-dix valises nécessaires pour une présentation privée de haute couture. Dans la soute, les collections du maître. En première classe, les maîtresses fournies par une agence d'escort-girls parisienne. Omar Bongo essayait les costumes, mais pas seulement. Le viril président africain recevait dans sa chambre de cent mètres carrés, meublée d'un lit *king size* et de commodes encombrées de montres en or et diamants. Les costumes sur mesure étaient réglés 30 000 francs pièce. Les cadeaux féminins, blonds de préférence, entre 30 000 et 50 000 francs.

L'affaire a, pourtant, manqué se transformer en crise diplomatique. À l'audience, le président du tribunal lit les procès-verbaux d'escort-girls racontant qu'elles demandaient à leur client de marque de mettre des préservatifs. Une rumeur courait en effet parmi les call-girls selon laquelle il avait des problèmes de santé : « Nous demandions de 80 000 à 100 000 francs compte tenu du risque que nous prenions. » Les filles assurent que Bongo refusait de payer lorsqu'elles exigeaient d'être protégées. Le 21 avril 1995, Omar Bongo décide de rappeler « en consultation » son ambassadeur à Paris en raison du « silence » du gouvernement français face à la « campagne diffamatoire » de la presse française à son encontre. Dix ans plus tard, cela n'empêchera pas Jacques Chirac de féliciter l'inamovible président pour son énième réélection. Manifestement, dans le secret de l'isoloir, les électeurs gabonais ne sont pas puritains non plus...

4

Les call-girls et le juge

Que les filles soient des « oreillers supplémentaires », des supplétifs de la police, ou les deux, les écarts de conduite se transforment en casse-tête lorsqu'elles tournent mal. Le pire, de ce point de vue, est de tomber dans la machine judiciaire. En 1996, une affaire de prostitution de luxe fera ainsi les manchettes des journaux. Dans ce dossier, le juge d'instruction parisien Frédéric N'Guyen a osé convoquer *manu militari* l'acteur américain Robert De Niro. Une étoile de Hollywood interrogée sur sa consommation de call-girls, voilà qui suscite des remous ! L'acteur fétiche de Martin Scorsese prend des airs offusqués. Mais la clientèle huppée d'Annika Brumark, responsable de cette petite « famille », comprend bien d'autres patronymes sensibles. Un véritable Bottin mondain. Princes saoudiens, stars du show-business, élus… La jolie Suédoise organisait des rendez-vous très galants pour tout ce beau monde. Le dossier mêle intérêts diplomatiques et enjeux économiques. Et, comme on va le voir, certains aspects relèvent de la politique intérieure.

Dans les locaux de la police, les magnétophones tournent. Sur les cassettes, les policiers enregistrent les conversations. Le 26 octobre 1996, un intermédiaire du réseau, Al Ladki, apparaît sur les lignes. Surnommé le « Madame Claude du Moyen-Orient », ce Libanais appelle à propos de l'un de ses clients, le secrétaire du ministre de la Défense du Qatar. Al Ladki annonce que cette éminence du Golfe sera en retard à son rendez-vous avec une fille car il est « en réunion avec le président Chirac ». À l'hôtel Crillon, le ministre de l'Intérieur du Qatar figure également dans son « portefeuille » de relations. Au téléphone, l'intermédiaire précise les goûts de ses clients : des femmes « de grande taille », « grosses et pulpeuses », avec de « grosses fesses ». L'alliance du charme oriental et européen. Ces exigences déconcertent les call-girls du réseau, plus proches de la taille mannequin que du gabarit enrobé. Peu à peu, le juge N'Guyen dresse la liste d'autres clients réguliers des filles d'Annika Brumark : un frère du roi Fahd d'Arabie Saoudite, deux autres membres de la famille régnante du royaume pétrolier, un homme d'affaires libanais autrefois proche de Pierre Bérégovoy[1].

Frédéric N'Guyen soupçonne l'existence d'une autre filière sur la Côte d'Azur. Le magistrat est alors convaincu que l'un de ses animateurs est le capitaine Paul Barril, ancien responsable de la cellule antiterroriste de l'Élysée, reconverti depuis dans la sécurité privée. En juin 1997, Barril, qui assure la garde rapprochée de l'émir du Qatar, est placé en garde à vue. Le magistrat le suspecte d'avoir acheminé à Cannes des prostituées marocaines via Nice pour son richissime client. Au cours d'une déposition, l'une des call-girls orientales, Soumia, a précisé qu'elle devait jouer les Mata Hari pour le capitaine : « En 1992, Barril m'avait demandé de travailler pour lui et d'obtenir des informations sur l'oreiller. Il m'a proposé 50 000 francs par mois. Il devait me présenter à des personnalités françaises et étrangères. » Devant les policiers, Barril assure n'avoir jamais proposé la moindre prostituée à l'émir. Pour lui, dans ce dossier, les soucis judiciaires s'arrête-

---

1. Cf. l'ordonnance de renvoi devant le tribunal correctionnel de Paris.

ront là. Le magistrat n'est pas autorisé à enquêter plus avant. Pour éviter tout zèle intempestif, le parquet de Paris lui refuse les réquisitoires supplétifs, qui permettraient d'élargir le champ de ses investigations. Le libertinage tourne à l'affaire d'État.

À Matignon, le cabinet suit de près l'évolution du dossier. Le Premier ministre lui-même s'y intéresse. Selon Marc Moinard, directeur des affaires criminelles et des grâces à la Chancellerie, Alain Juppé s'est informé « au début de la deuxième quinzaine de mai sur le point de savoir si des diplomates ou des personnalités étrangères pouvaient être mises en examen ». Les princes du golfe Persique apprécient peu la curiosité du juge. Ils menacent de geler leurs relations diplomatiques avec la France et d'annuler toutes les négociations de contrats en cours. Le poids des pétrodollars contre la ténacité d'un juge. Mais la sensibilité du dossier tient aussi à des éléments plus franco-français. À la lecture d'un relevé d'écoutes, Frédéric N'Guyen s'aperçoit que l'une des prostituées a cité un ancien ministre, maire d'une très grande ville. Normalement, le magistrat devrait faire entendre cette professionnelle comme témoin. C'est son intention. Mais les enquêteurs de la brigade de répression du proxénétisme (BRP) lui assurent qu'ils ne parviennent pas à la trouver. Finalement, les policiers la convoquent, mais elle ne vient pas… Agacé, Frédéric N'Guyen annonce aux policiers qu'il est prêt à l'appeler lui-même pour la convaincre de répondre aux questions. Le magistrat leur demande son numéro de téléphone. Il attend toujours…

Il est un protagoniste français de l'affaire dont le nom ne sera jamais dévoilé, et qui est encore plus gênant pour le gouvernement. Ce client définitivement anonyme pour la justice, car il n'apparaîtra jamais dans la procédure, est un proche à la fois de Matignon et de l'Élysée. Il figure juste en dessous de la surface du dossier dès le début de l'affaire, quand les policiers recueillent en direct les confidences des prostituées grâce à leurs « bretelles ». Sur la ligne d'un appartement situé dans le XVIᵉ arrondissement de Paris, l'une des call-girls évoque des rendez-vous avec l'un des membres du cabinet du Premier ministre Alain Juppé. Les enquêteurs ont tôt fait d'identifier cet amateur de « parties à trois » avec son épouse. Il n'est autre qu'un cousin de Bernadette Chirac. Les policiers se gardent bien de prévenir le juge N'Guyen. Son apparition fait illico l'objet d'une note interne à la préfecture de police de Paris, qui remonte au plus haut niveau de l'État. Inutile de préciser que ce haut fonctionnaire très protégé ne recevra jamais la moindre convocation devant les policiers, ne serait-ce qu'en qualité de témoin.

Aujourd'hui juge d'application des peines à Bobigny, autrement dit « au placard », le magistrat a le sentiment d'être tombé sur une affaire ultra-sensible sans que les officiers de police judiciaire, normalement sous son autorité, lui aient rien annoncé. Dans la pièce anguleuse remplie de paperasserie administrative et de permis de visite où dorénavant il se morfond, le magistrat revient sur le mutisme des policiers : « Ils m'ont fait la confidence bien plus tard. J'ai alors compris. Tout le monde avait paniqué ! » De son côté, un ancien patron de la brigade de répression du proxénétisme confirme : « La hiérarchie nous a dit de fermer notre gueule ! » Un commissaire, qui a eu à connaître de l'affaire, explique : « Cet épisode m'a été signalé lorsque je suis arrivé à la BRP. Le dossier était sous clé. »

Le plus navrant, c'est que le fameux cousin continue à faire des siennes. En 2000, une prostituée dépose plainte contre lui car, au domicile de ce dernier, elle s'est retrouvée un jour enfermée dans une cage après avoir été frappée avec un peu d'outillage. Cette fois-ci, le procureur de la République de Paris se dit qu'il faut au moins lui administrer une bonne leçon, pour mettre fin à ses agissements. Pour ce genre de chose, les policiers sont toujours pleins d'imagination. Un commissaire explique : « Nous avons perquisitionné chez lui, saisi tout l'attirail, et nous avons sorti le matériel sous les yeux de sa concierge, pour qu'elle aille raconter ça à tout le voisinage. » Et que ce résident un peu pervers soit obligé de déménager, ce qui gâche légèrement la vie. Amené devant le procureur les menottes aux poignets, il est resté là « à mijoter un peu pour que cela lui fiche un coup ». Mais l'État voyeur n'est pas si cruel avec ceux qui le servent : toute autre personne aurait dû affronter un (long) procès pour de tels faits...

5

Les services secrets jouent avec le feu...

La méthode est vieille comme le monde de l'espionnage. Sur le territoire de la République, les services français cherchent à identifier, au-delà des maisons plus ou moins closes, les faiblesses provoquées par les « gazelles », autrement dit les filles faciles. La curiosité de l'État s'aggrave lorsque la géopolotique s'en mêle. Futiles en apparence, ces techniques peuvent être au cœur d'enjeux stratégiques et politiques. À la fin des années quatre-vingt et de la guerre meurtrière entre l'Irak et l'Iran, les services français surveillent de près les ambassades des deux pays à Paris. Leurs organigrammes abritent de nombreux agents secrets « sous couverture diplomatique ». Les Français s'intéressent notamment aux liens entre l'Irak et certains mouvements terroristes pro-arabes. À la représentation irakienne, la DST identifie un officier des services de Saddam Hussein, membre du bureau militaire. Le contre-espionnage français pense pouvoir le « retourner ». Car l'homme est vulnérable. Un commissaire de la DST raconte : « On s'est aperçus qu'il avait une maîtresse à Paris et menait une double vie. » Tous les jours, il lui téléphone : « Cela nous permettait d'avoir une bonne idée de l'évolution de la situation et de constater l'état de démoralisation du régime irakien », sourit un haut fonctionnaire. Pendant ce temps, la DST poursuit son travail de sape : « C'est comme une partie de poker, il faut abattre les bonnes cartes au bon moment. »

La machine à chantage s'enclenche à bas bruit : « Tout cela se fait progressivement. Au début, on envoie quelques signes à la cible ainsi qu'à sa maîtresse. Peu à peu, on augmente la pression. » Les services français prennent contact avec l'officier irakien en provoquant des rendez-vous « par hasard ». Les policiers de la DST tentent de sonder l'intéressé : « Alors, il paraît que vous aimez bien la France ? » Au fil des rencontres, ils lui mettent le marché en main : « Ou tu travailles pour nous, ou on te dénonce ! » Si ses supérieurs sont informés, l'harmonie de sa vie familiale et sa carrière risquent d'en pâtir... La maîtresse de l'officier est, il est vrai, française, ce qui est une faute grave pour un espion en mission. Pour prouver qu'ils ne bluffent pas, les policiers de la DST font passer à l'officier des photos très probantes... Mais l'Irakien tient bon. Il préfère même se dénoncer auprès de sa hiérarchie plutôt que de trahir son pays ! « Il est allé voir ses supérieurs en disant qu'il avait été "tamponné" par les services français, raconte le commissaire. Il n'a jamais voulu lâcher son service, ce qui ne manque pas de panache. » Une semaine après, l'Irakien est renvoyé dans son pays : « On ne sait pas ce qu'il est devenu », relève l'homme de la DST. L'opération a échoué.

Pendant trente ans, les mères maquerelles des maisons de rendez-vous étaient très liées aux services secrets. Ancien conseiller ministériel à la Défense et à l'Intérieur, Philippe Barret s'indigne : « Dans mes différentes fonctions, j'ai connu tous les services de renseignement. Ils ont l'œil qui ne remonte jamais au-dessus de la ceinture : l'œil au niveau de la braguette et dans la poche. Mais ce n'est pas leur faute. La réalité, c'est que les hommes politiques sont fascinés par cette boue. » Il arrive que ce voyeurisme d'État soit efficace. Au début de 1975, grâce à deux jeunes Françaises qui tiennent compagnie au président du Tchad François Tombalbaye dans une villa de Grasse, les services fran-

247

çais apprennent que ce dernier s'apprête à vendre des droits de recherche à une firme pétrolière américaine[1]. Il sera assassiné en avril de la même année après une mutinerie.

De leur côté, des responsables de la DGSE assurent ne plus utiliser cette méthode d'approche. Un officier : « On risque à tout moment de perdre le contrôle dans ce type d'opération. La source devient alors un maillon faible. » Un ancien militaire est plus nuancé : « Les femmes font partie des moyens de recrutement, mais ce n'est pas le plus facile. » Un ancien responsable précise : « On piège des étrangers avec des filles. Ce ne sont pas des politiques, mais des personnalités de la société civile, de grands dirigeants d'entreprise, des hauts fonctionnaires étrangers… » Chargée d'organiser les visites des services étrangers à Paris, la section des relations extérieures de la DGSE a parfois pour mission délicate d'allier protocole et charme. Une stratégie adoptée lors des grandes rencontres internationales. En 1999, les négociations de Rambouillet sur les Balkans, en présence de la secrétaire d'État américaine Madeleine Albright, donnent lieu à des tractations en coulisse. La France essaie de rapprocher les points de vue des lieutenants de Milosevic et ceux de la communauté albanaise du Kosovo.

En contact avec les services français, l'un des responsables de l'Armée de libération du Kosovo (UCK) éprouve une sorte de coup de foudre pour l'assistante personnelle d'un des patrons du ministère des Affaires étrangères. La jeune femme vient voir des fonctionnaires de la DGSE : « Que dois-je faire ? » Les espions lui répondent : « C'est un combattant, il est beau. » En clair, ils l'incitent à faire don de son corps pour la République. Elle s'exécute. L'opération porte ses fruits : la jeune femme rapporte chaque matin des informations

---

1. Roger Faligot et Pascal Krop, *La Piscine, les services secrets français, 1944-1984*, Le Seuil, 1985.

« confidentielles » que les agents traitants du chef de l'UCK n'obtiennent pas de leurs contacts habituels. Le seul problème, c'est que la jeune femme, qui n'a rien dit, travaille déjà pour une troisième équipe de la DGSE. Bref, tout ce petit monde se marche sur les pieds. L'incident se termine par des explications viriles à la caserne Mortier. Les espions avaient également remarqué que l'un des fils de Saddam Hussein n'était pas insensible au charme des jeunes femmes françaises lors de la réception d'une délégation France-Irak à Bagdad. Il avait remarqué deux filles et avait envoyé ses sbires les chercher à leur hôtel. Elles avaient résisté. L'idée avait germé d'utiliser l'arme fatale : « On n'a jamais trouvé de candidate pour effectuer cette mission, se souvient un responsable de la DGSE. Pas même parmi les professionnelles ! »

Un autre exemple illustre la stratégie visant à exploiter les failles intimes des « amis » ou des ennemis de la France. Abidjan, capitale de la Côte-d'Ivoire, cœur pendant trente ans de la grande politique africaine de la France. Un pays où notre armée est installée depuis des décennies. En novembre 2004, les militaires ont évacué en toute hâte leur quartier général, l'hôtel Licorne, en raison des manifestations hostiles à la France qui s'amplifiaient chaque jour. Las ! Pressés par l'urgence, les fonctionnaires de la Direction du renseignement militaire (DRM), une agence qui dépend du ministère français de la Défense, ont oublié un ordinateur dont le disque dur contenait des documents hautement sensibles. Parmi ceux-ci, des fiches biographiques sur la classe dirigeante du pays. Un véritable *Who's who* secret défense. Les fiches de renseignement rapportaient des informations officielles, mais aussi des éléments plus personnels : passés troubles, liaisons amoureuses... La copie du disque dur sur CD-Rom fut mise en vente sur les marchés moyennant six euros. En avril 2005, le quotidien d'Abidjan *Fraternité Matin* publiait une version quasi intégrale des documents qui auraient dû rester confidentiels. C'est la transparence à l'africaine et ça fait mal !

À la lecture, édifiante, de ce document, il ne fait aucun doute que les agents secrets français ont passé au crible la vie intime des collaborateurs du chef d'État ivoirien Laurent Gbagbo, qui entretient justement des relations tendues avec Paris. À la rubrique « commentaires », les militaires recensent des « faits d'ordre familial, goûts, travers, points faibles… ». Le lecteur apprend que le couple Gbagbo a sept enfants et qu'il a « peu de temps pour s'occuper d'eux ». Le CD-Rom évoque les « problèmes familiaux » entre le président ivoirien et un homme clé du régime, chargé des « missions sensibles ». Derrière l'expression « problèmes familiaux », il faut entendre des considérations plus prosaïques : « Ils ont évolué comme deux frères […]. Profitant de sa position, [celui-ci] aurait eu une relation physique avec une des filles de son "frère". Le président Gbagbo s'estime offensé et ne veut pas lui pardonner. Pour [lui], ce n'était pas un coup d'essai, car il a eu des relations adultérines avec les épouses de plusieurs membres du FPI pendant que leurs maris séjournaient en prison. » Un chaud lapin dans l'entourage direct de Gbagbo ? Mais quelle est l'utilité de ces informations dans le cadre de l'opération Licorne, qui vise à assurer la stabilité du pays menacé de guerre civile ? On peut deviner sans grande imagination l'usage qui a pu en être fait. Ce qui n'a fait cependant que détériorer encore un peu plus la relation Gbagbo-Chirac. Les méthodes des barbouzes gaullistes ont apparemment la vie dure !

6

La maîtresse du ministre
est une espionne

L'État espion est donc fort actif. Du matin au soir, les grandes oreilles ont l'œil à tout, si l'on peut dire. C'est un rituel à Matignon : tous les matins, à 8 heures, un haut gradé du commandement militaire, préposé aux écoutes téléphoniques, déboule, droit dans ses bottes, dans le bureau du directeur de cabinet du Premier ministre. Sa mission : présenter les comptes rendus des écoutes téléphoniques les plus sensibles. Au menu : terrorisme, contre-espionnage, grand banditisme... La scène suivante a lieu entre 1988 et 1991, alors que Michel Rocard est à Matignon. Ce jour-là, l'officier qui se présente devant son directeur de cabinet, Jean-Paul Huchon, est gêné. En effet, la liasse du jour contient une note délicate. Elle concerne un ministre du gouvernement en place. Sa voix a été enregistrée lors d'une écoute effectuée par le Groupement interministériel de contrôle (GIC). Cet organisme placé sous la tutelle du Premier ministre est situé au sous-sol des Invalides à Paris.

Les « oreilles » indiscrètes font apparaître que ce ministre en fonction entretient une liaison avec une femme suspectée d'être la patronne clandestine des services secrets vietnamiens à Paris. Cette ambassade d'un régime communiste est considérée comme sensible. Les dialogues paraissent anodins et plutôt coquins. L'homme politique : « Tu as mal à la gorge ? Il faut que je te donne le sirop du bon docteur... » Mais les fonctions de cette personnalité, qui voyage souvent à l'étranger, sont incompatibles avec une telle relation. Michel Rocard s'explique : « J'ai immédiatement donné l'ordre qu'on prévienne le ministre concerné. » Jean-Paul Huchon est chargé de la délicate besogne. Le directeur de cabinet glisse sous le nez de son interlocuteur embarrassé le compte rendu d'écoutes compromettant. Raison d'État oblige, il lui conseille de prendre ses distances. Un conseil que l'intéressé va suivre sagement. Pendant plusieurs années, la Mata Hari aux yeux bridés continuera à faire l'objet d'un suivi discret des services secrets. Un ancien conseiller d'Alain Juppé à Matignon, en 1995, se souvient : « C'était une sorte d'aventurière moderne. Nous l'avons suivie à la trace, sans jamais réussir à prouver quoi que ce soit. »

C'est l'une des hantises des patrons des services secrets et des responsables politiques : comment aller taper sur l'épaule d'un ministre pour lui dire d'être plus prudent sous les draps ? L'intéressé risque de prendre en mauvaise part d'avoir été surpris la main dans le sac. Cette mésaventure est arrivée en 1965 à un jeune loup de la politique. Lors d'un déplacement à Moscou, l'ambitieux, alors chargé de mission au cabinet de Georges Pompidou, fut la cible d'une opération des services spéciaux soviétiques. Une hôtesse d'Air France, Alevtina, lui avait fait du charme, non sans un certain succès. Basée dans la capitale soviétique, la belle Alevtina était en fait un agent du KGB. La DST ordonna une mise sur écoutes de la cible. Il n'apprécia guère cette intrusion des services dans sa vie privée, mais il ne pouvait s'en prendre qu'à lui. Début 1974, une fois ministre de l'Intérieur, il fera sortir sa fiche d'écoutes des archives et la donnera au *Nouvel Obs*, qui la publiera. Le meilleur moyen de n'être pas rattrapé plus tard par cette affaire : Chirac, puisque c'était lui, connaissait déjà bien les règles tordues de la course politique.

Dans le registre des séducteurs prêtant le flanc aux pièges des services spéciaux, Charles Hernu occupe également une place de choix. En 1981, François Mitterrand le nomme à la tête du ministère de la Défense. À l'époque, la DST vient de s'attacher les services d'un espion russe, baptisé « Farewell », qui s'est retourné contre l'URSS. L'un des plus beaux coups du contre-espionnage français. L'ancien directeur de la DST, Marcel Chalet, se souvient que le ministre de l'Intérieur, Gaston Defferre, lui a recommandé : « N'en parlez pas à Charles Hernu, il raconte tout à sa femme[1] ! » Hernu était d'autant plus vulnérable qu'il affichait ses aventures. Au premier abord, les militaires étaient inquiets car il entretenait une liaison tapageuse avec une danseuse d'un célèbre cabaret parisien. Un jour, Hernu va au cinéma avec un ami. Il revient deux heures plus tard au bras de cette splendide jeune femme[2]. Cette liaison prend un tour embarrassant le jour où la danseuse met à profit ses compétences linguistiques pour effectuer des traductions lors d'une rencontre confidentielle entre Hernu et le secrétaire à la Défense américain. Le tout devant des cartes et des plans secret défense étalés sur la table. La Direction de la protection et de la sécurité de la Défense (DPSD), service spécialisé qui ne fait guère parler de lui, enquête sur la belle. Sans résultats probants.

Au début des années quatre-vingt-dix, le ministre des Affaires étrangères Roland Dumas se trouve à son tour au cœur d'une affaire mêlant services secrets et liaisons intimes. Réputé pour son esprit, le roué noue une relation avec une belle Orientale, Nahed Ojjeh. Veuve

---

1. Entretien avec les auteurs, 18 novembre 2005.
2. Jean Guisnel, *Charles Hernu*, Fayard, 1993.

d'Akhram Ojjeh, un marchand d'armes du Moyen-Orient, cette femme richissime est aussi la fille du général Mustapha Tlass, ancien patron des services de renseignement syriens, qui fut aussi le ministre de la Défense de Damas. Le Tout-Paris aperçoit parfois le patron du Quai d'Orsay en compagnie de l'élégante Syrienne dans les restaurants de Montmartre. Plus tard, elle lui en voudra d'avoir laissé dire que leur relation dépassait le cadre amical. Les contacts de Roland Dumas n'intriguent pas seulement le contre-espionnage français, qui craint des manœuvres de déstabilisation. Les rencontres se déroulent aussi sous l'œil intéressé des services étrangers, les Israéliens au premier chef. Devant l'ampleur de l'affaire, l'Élysée charge le directeur de la DST, Jacques Fournet, de dire à Dumas de faire attention. À sa manière, le ministre des Affaires étrangères confirme les craintes des services français. Dans un entretien au *Nouvel Observateur* en mars 2003, il assure avoir été surveillé, notamment lors de ses visites chez la fille du général Tlass. Il y voit la main du « lobby militaro-industriel » dont les intérêts convergeaient avec ceux des services américains et israéliens, qui n'appréciaient pas sa politique en direction du Moyen-Orient. D'autres jugent que cette relation était pour le moins imprudente.

En 1993, la fondation Tlass, créée par Nahed Ojjeh, s'engage à subventionner, à hauteur de 8,2 millions de francs, l'achat d'un scanner destiné au centre hospitalier de Sarlat, en Dordogne. En pleine campagne électorale, ce petit coup de main est censé aider Dumas, député sortant de la circonscription. Son adversaire, Jean-Jacques de Peretti, trouvera « quand même un peu étrange qu'un ministre d'État du gouvernement français ait recours à une fondation étrangère, syrienne, pour financer un scanner d'un hôpital public[1]. » Finalement, Dumas sera battu, et le scanner

---

1. Gilles Gaetner, *Le Roman d'un séducteur*, J.-C. Lattès, 1998.

financé autrement. L'épilogue de cette histoire se produira cinq ans plus tard, quand, en pleine affaire Elf, Nahed Ojjeh débarquera soudain dans le bureau de la juge Éva Joly pour raconter des choses pas très agréables sur l'ancien ministre. Quoi de pire que la vengeance d'une femme ?

7

Les « chantiers » des RG

Bientôt l'élection présidentielle de 1988. Le président, François Mitterrand, fait durer le suspense, mais au final il sera candidat. Jacques Chirac, tout le monde le sait, aussi. Face à eux, Raymond Barre, qui a la faveur des sondages, veut tenter sa chance. Mais l'ancien Premier ministre ne tarde pas à avoir quelques soucis. Des mains malintentionnées font circuler un petit opuscule diffamatoire. De quoi s'agit-il ? Une ancienne conseillère de Barre a les accusations en mémoire. En résumé, le pseudo-rapport évoque l'appartenance de Barre à la Commission trilatérale dont le siège est situé aux États-Unis. Sous-entendu : le « meilleur économiste de France » incarne le parti de l'étranger. Le document comprend également un passage sur les soi-disant relations du candidat avec Moscou, par l'intermédiaire de son épouse. Beaucoup pour un seul homme. Mais qui a rédigé le document ? Selon un ancien commissaire des Renseignements généraux, ses collègues des RG « ont beaucoup travaillé sur la femme de Raymond Barre avant l'élection présidentielle de 1988 ». Ève Barre était d'origine hongroise. De certaines relations amicales dans son pays d'origine, des fonctionnaires partisans, ou idiots, ont tôt fait de déduire que l'épouse du candidat était sinon une espionne, du moins un agent d'influence à la solde de

Budapest, voire de Moscou. Accusations absurdes, mais à la veille d'une campagne électorale, on peut toujours espérer qu'il en restera quelque chose.

À l'Élysée, le commandant Christian Prouteau, qui dirige la cellule de sécurité du président de la République, réussit à se procurer un exemplaire du fascicule. Il transmet la brochure à François Mitterrand, qui la trouve « ignoble[1] ». Le chef de l'État, qui a du respect pour Barre, joint d'ailleurs ce dernier au téléphone pour l'avertir de ce qui se trame. Dans l'entourage du candidat, on a toujours attribué la note au cercle de Charles Pasqua. Aujourd'hui, Barre répond en une phrase à ce qu'il appelle « les attaques dirigées contre ma femme dans le but de m'atteindre, au moment de l'élection présidentielle » : « À cette bassesse nous avons répondu, ma femme et moi, par le mépris absolu[2]. » Pour la petite histoire, Ève Barre s'est souvent retrouvée sur des écoutes administratives dans les années qui ont suivi la réélection de François Mitterrand. En effet, il arrivait souvent à l'épouse de l'ancien Premier ministre d'appeler l'ambassadeur de Hongrie pour des raisons mondaines. Or à certaines époques, les lignes de l'ambassade étaient sur écoute. Ancien directeur de cabinet du Premier ministre Michel Rocard, Jean-Paul Huchon a vu passer des retranscriptions de conversations avec Ève Barre. Il en est certain : « Il était stupide de l'avoir soupçonnée. »

Les archives des RG regorgent d'informations, ou d'un tas de petits secrets, parfois croustillants, mais souvent sans intérêt. L'« œil du bidet », formule épouvantable des flics à l'ancienne, est vieux comme la police. Sous la IVe République, il arrivait même aux RG de s'occuper de la résolution de problèmes conjugaux. En juillet 1957, l'épouse du ministre d'État Félix Houphouët-Boigny, futur président très francophile de

---

1. Christian Prouteau, *Mémoires d'État*, Michel Lafon, 1998.
2. Courrier aux auteurs, 21 décembre 2005.

la Côte-d'Ivoire, commet une fugue. Les RG sont chargés de retrouver l'épouse en cavale. Le directeur du service apprend que la dame se trouve en galante compagnie dans une auberge de la Riviera italienne. L'information est bonne. Houphouët-Boigny se rendra sur place en avion spécial pour la convaincre de réintégrer le foyer conjugal[1].

Nommé chef de la 2e section des RG parisiens, la section politique, en 1967, Paul Roux se souvient avoir été chargé d'enquêter sur Michel Poniatowski, alors député républicain indépendant du Val-d'Oise et secrétaire général de la Confédération des indépendants, car le préfet de police avait entendu parler d'une maîtresse en banlieue. Mais les policiers n'avaient rien trouvé. Dans ces années-là, une autre section vole le portefeuille d'un journaliste aujourd'hui célèbre. À l'intérieur, il y a la photo d'une très proche amie. Le service envoie gracieusement le cliché à l'épouse du journaliste, avec toutes les explications utiles, « pour l'emmerder ». En 1968, la section du commissaire Roux reçoit l'ordre d'enquêter sur la vie privée du vice-président de l'Unef, Jacques Sauvageot. Cet étudiant anime le joli mois de Mai et ennuie passablement le gouvernement. Infiltré dans le mouvement sous une couverture de journaliste, un enquêteur des RG refuse de vérifier si Sauvageot trompe sa femme. Question de principe. « J'ai trouvé ça très bien », explique Paul Roux, qui s'en alla expliquer à sa hiérarchie que sa section n'avait rien trouvé. Pour une fois.

La libéralisation des mœurs après 1968 n'atténue guère la curiosité de la hiérarchie policière. En 1977, lorsqu'une très belle jeune femme, Véronique Troy, trouve la mort avec une amie dans le désert yéménite, la section « recherches » des RG enquête. Le dossier est sensible. Le jeune inspecteur Gilles Kaehlin en a la

---

1. Jean-Émile Vié, *Mémoires d'un directeur des renseignements généraux*, Albin Michel, 1988.

charge. Il découvre que le mannequin de vingt-six ans est connu à Paris pour ses activités de call-girl. Ce sont des diplomates de l'ambassade du Yémen en France qui l'ont conduite à l'aéroport. Kaehlin apprend que Véronique Troy travaille en fait pour les services secrets français, qui, comme on dit, l'ont mise « dans les pattes » du président du Yémen du Nord. Le chef d'État de ce pays situé au bout de la péninsule arabique décède de mort violente au même moment que les deux jeunes Françaises. « Véronique Troy a été liquidée par des opposants au président yéménite », affirme aujourd'hui Kaehlin.

En 1979, le jeune inspecteur est chargé d'enquêter pour les RG sur un autre assassinat lié à une affaire de mœurs hautement sensible. Pour résumer une affaire complexe, un décorateur français, Robert Luong, avait travaillé au palais présidentiel du Gabon. Là, il s'était entiché de l'épouse du président Bongo, et vice versa. Comme on l'imagine, leur idylle avait été suivie de près par les agents secrets, et l'amant avait fini par se faire abattre à l'arme à feu devant son immeuble à Villeneuve-sur-Lot. Le commissaire de police Roger Marion, qui dirige l'enquête judiciaire à l'époque, rédige un rapport dans lequel il écrit que la veuve de Luong « confiait des documents et permettait la saisie d'objets qui venaient confirmer les relations intimes de son mari avec l'épouse du président de la République gabonaise[1] ». Selon le policier, « les multiples recherches accomplies au cours de l'enquête ont démontré que Robert Luong, expulsé du Gabon, mis sous surveillance sur le sol français dès son retour à Villeneuve-sur-Lot, a essayé d'avoir, malgré interdiction, de nouvelles relations avec Mme Joséphine Bongo ». Que s'est-il passé ensuite ? Marion s'appuie sur le témoignage d'un ancien officier de la garde présidentielle du Gabon, Demba N'Doye. Qui a expliqué que Luong aurait payé

---

1. Rapport du SRPJ Toulouse, 2 juillet 1980.

le prix de ses tentatives : « Cette insolente insistance aurait conduit le "clan masculin de la famille Bongo" à faire exécuter Robert Luong. » Quand la petite mort mène à la grande faux. Mais l'enquête aboutira finalement à un non-lieu.

Des années plus tard, à l'occasion d'une affaire liée au secteur des jeux, dans un tout autre registre, le fonctionnaire des RG Gilles Kaehlin rédigera une note sur un bar de Pigalle, le Tabarys. Dans cet endroit chaud, un magistrat, un journaliste et un membre du cabinet du ministre de l'Intérieur, Pierre Joxe, viennent souvent boire un verre. Le conseiller ministériel en question sera un jour numéro deux du Parti socialiste. Les archives conservent la trace de ses soirées festives. Comme elles conservent la mémoire d'une scène dans une boîte de nuit près des Halles. Un syndicaliste policier très réputé se fait prendre en photo avec une fille nue dans les bras. Le directeur des RG de l'époque l'apprend et appelle l'intéressé pour le mettre en garde. Le syndicaliste en concevra une rancœur tenace envers le hiérarque policier.

Il ne faut pas imaginer pour autant que les recherches des RG sur les affaires de cœur sont toujours sérieuses. Dans les années soixante-dix ou quatre-vingt, des directeurs profitent de leurs fonctions pour vérifier l'emploi du temps de leurs épouses. « Certains ont découvert ainsi que leurs femmes allaient à l'hôtel la journée », rigole Jean-Claude Bouchoux, qui a lui-même fini à la tête du service parisien. Les tuyaux glanés par les RG permettent aussi de rendre de petits services. Au milieu du second septennat de François Mitterrand, le préfet de police de Paris, Pierre Verbrugghe, appelle au téléphone le ministre du Budget Michel Charasse. Le préfet avise le ministre qu'un huissier s'apprête à effectuer la nuit suivante un constat d'adultère dans un appartement bien précis. Dans la chambre de cet appartement, un conseiller et une conseillère du cabinet du ministre ont pris l'habitude de se retrouver après le travail. Charasse convoque son conseiller et l'enjoint d'aller coucher ailleurs, sans autre forme d'explication. Quand l'huissier frappe à la porte au petit matin, la conseillère est seule au lit. Le lendemain, en saluant Charasse, le conseiller le remercie chaleureusement. Le boulet du scandale n'était pas passé loin.

Au fond, certains fonctionnaires des RG adorent faire ce travail peu glorieux. Ces – mauvaises – habitudes remontent à loin. Le 8 janvier 1968, le ministre de la Jeunesse, François Missoffe, inaugure la piscine de l'université de Nanterre. Depuis un an, sur le campus, les étudiants s'agitent, énervés que les filles ne puissent accéder aux dortoirs des garçons et vice versa. Un étudiant rouquin admoneste le ministre : « Pourquoi, dans votre livre blanc sur la jeunesse, n'avez-vous pas parlé des problèmes sexuels des jeunes ? » À l'insolent, Missoffe répond que s'il a des problèmes sexuels, il n'a qu'à plonger dans la piscine. Daniel Cohn-Bendit a vingt-trois ans. Bientôt, avec son porte-voix et sa verve, « Dany » sera l'un des meneurs des événements de Mai. Déjà, les Renseignements généraux s'intéressent à lui. Futur patron des RG parisiens, Jean-Claude Bouchoux est affecté à la direction départementale des Hauts-de-Seine en mars 1968. Aussitôt, il se met à travailler sur la « contestation ». Les couloirs de la préfecture bruissent d'une rumeur stupéfiante : « Sur place, les gens disaient que Daniel Cohn-Bendit sortait avec la fille Missoffe. » Le meneur flirtant avec la fille du ministre ! Selon le policier, « on les voyait beaucoup ensemble ». Les RG rédigent des notes et font remonter l'information. Le journal d'extrême droite *Minute* s'en fait l'écho. À la fin mai, dans *Le Nouvel Observateur*, l'écrivain Jean Genet évoque cette rumeur dans un article intitulé « Les maîtresses de Lénine » : « On demande à quelques étudiants s'ils pourraient contresigner ce qu'a dit et écrit Cohn-Bendit ; beaucoup répondent "oui" mais ils disent aussi qu'il aurait fait jouir la fille d'un ministre dont il aurait joui[1]. » Genet ne voit là que « désordre de ragots », mais retient tout de même « qu'une fille de ministre aurait bon goût ».

L'épisode fait fantasmer. D'autant que la fille de François Missoffe a fait depuis carrière. Connue sous le nom de Françoise de Panafieu, elle est aujourd'hui maire UMP du XVIIe arrondissement de Paris et voudrait bien un jour être la première femme maire de la capitale. Françoise de Panafieu a toujours démenti avoir flirté avec Cohn-Bendit. Pour ce dernier aussi, cette rumeur est « hallucinante » : « Je n'ai jamais rencontré la fille de Missoffe. Peut-être l'ai-je croisée sans savoir qui elle était, dans un couloir, puisqu'on m'a dit qu'elle étudiait à Nanterre à l'époque. Mais rien d'autre, je vous assure[2]. » Cohn-Bendit, qui certifie n'avoir pas eu connaissance des bruits de couloir à l'époque, et jure même avoir toujours cru que la rumeur était née bien plus tard, imagine que ceux qui l'ont lancée ou propagée ont joué du billard à trois bandes : « Missoffe n'était pas l'un des pires. Ce devait même être le genre de type à parler des problèmes de Nanterre avec sa fille à table. Alors sans doute des policiers qui avaient intérêt à nous nuire à tous les deux ont pu manigancer ça. » L'ancien meneur poursuit : « Pour une partie de la police, j'étais l'horreur absolue. Les flics ont bloqué mon retour en France pendant dix ans. » Cohn-Bendit victime d'une vindicte policière ou politique ? Ce qu'ignorait celui qui pendant le joli mois de Mai s'était battu contre l'hypocrisie de la France de Tante Yvonne, c'est que les coups tordus autour des histoires sexuelles font partie du combat politique.

1. *Le Nouvel Observateur*, 30 mai 1968.
2. Entretien avec les auteurs, 8 décembre 2005.

SIXIÈME PARTIE

Montages et chantages

Tous les coups semblent permis dans la vie politique. Ces manipulations peuvent prendre la forme de dénonciations vraies ou fausses, de notes de police, de rumeurs. Dans ce contexte, le sexe n'est jamais très loin. Pour atteindre les adversaires ou les alliés du même camp, il suffit d'un peu d'imagination. Et de beaucoup de culot.

1

Scandale sexuel ou montage policier ?

Au XVIIIᵉ siècle, Jeanne Bécu, fille d'un moine et d'une couturière, s'était entichée d'un proxénète notoire, Jean du Barry, dont elle épousa le frère. Plus tard, sous ce nom de femme mariée, cette prostituée de luxe rencontra Louis XV. Il en fit une madame, comtesse du Barry, qu'il présenta à la Cour. Fort agacé, le secrétaire d'État aux Affaires étrangères, Choiseul, lointain prédécesseur de Villepin, suscita des libelles pornographiques contre elle, qui, par ricochet, atteignaient la personne du roi. Au XXIᵉ siècle, les mêmes méthodes perdurent, à ceci près que les libelles sont des procès-verbaux.

Trois siècles après Choiseul, le 20 avril 2004, à 3 h 55 du matin, une voiture s'arrête avenue des Ternes, dans le XVIIᵉ arrondissement de Paris. La porte s'ouvre. Une prostituée roumaine, qui tapine sur le trottoir, monte à bord. Le conducteur aperçoit dans son rétroviseur les gyrophares d'une voiture banalisée. Deux policiers s'approchent. L'homme au volant sort ses papiers. Il s'appelle Dominique Ambiel. Fondateur de la société de production Expand, ce professionnel de la télévision est à l'origine d'émissions aussi célèbres que *Fort Boyard*, *Le Maillon faible*, *Vivement dimanche*, *Vidéo Gag*, on en passe. Depuis deux ans, il travaille à Matignon. Proche de Jean-Pierre Raffarin, Ambiel est un conseiller important du Premier ministre. Cette interpellation nocturne l'agace. À l'égard des policiers, il devient vindicatif. Il leur glisse sous les yeux sa carte bleu-blanc-rouge de conseiller de Matignon. L'un des fonctionnaires croit entendre : « N'oubliez pas que vous êtes sous mes ordres et que vous dépendez de moi. » Ambiel conteste avoir tenu ces propos[1].

Pourquoi cette fille est-elle entrée dans sa voiture ? Les versions d'Ambiel et de la police divergent. Le conseiller raconte avoir quitté son bureau de Matignon en pleine nuit, pour rentrer chez lui après une journée harassante. Arrivé à Neuilly, où il réside, il se serait aperçu avoir oublié un dossier utile pour son premier rendez-vous, le lendemain matin, à 8 h 15, près de l'Étoile. Après avoir fait demi-tour, à un feu rouge avenue des Ternes, il aurait assisté à une bagarre entre deux prostituées sur le trottoir. L'une d'elles se serait précipitée dans sa BMW pour s'y réfugier. Les policiers de la patrouille présente ce soir-là jurent au contraire qu'Ambiel s'est arrêté pour la faire monter. En tout cas, après l'altercation, le *spin doctor* de Raffarin rentre tranquillement dormir chez lui. Il ne se doute pas de ce qui l'attend.

Hasard du calendrier, son agenda mentionne pour le lendemain un déjeuner avec le directeur de cabinet du ministre de l'Intérieur, Pierre Mongin. Un haut fonctionnaire que Sarkozy soupçonnera plus tard de l'avoir fait placer sur écoute pour espionner sa vie privée[2]. « Une assertion fausse et sans fondement », répliquera-t-il quelques jours plus tard. Le conseiller de Raffarin et le « dircab » de Villepin ne se connaissent pas, mais une relation commune – le sénateur socialiste Michel Charasse ! – a proposé de les présenter l'un à l'autre. De l'avis général, le déjeuner dans une salle à manger au palais du Luxembourg est convivial. Naturellement, Ambiel ne souffle mot des événements de la nuit. Ce ne

1. Entretien avec les auteurs, 5 octobre 2005.
2. *Le Monde*, 23 mars 2006.

sont pas choses dont on se vante. Mongin n'aborde pas non plus le sujet. Le directeur de cabinet de l'Intérieur est-il au courant par les rapports de police ? Non, selon Charasse : « Mongin ne l'apprendra qu'à 16 heures. S'il l'avait su avant, je le connais assez et je connais son honnêteté pour affirmer qu'il aurait annulé ce déjeuner. » Ambiel, qui n'en croit pas un mot, en concevra beaucoup de rancune.

À 15 h 10, le procureur de la République de Paris, Yves Bot, appelle le conseiller justice du cabinet pour préciser que la fille est mineure et qu'Ambiel serait l'un de ses clients habituels. Voilà le conseiller de Raffarin convoqué dans l'heure au commissariat du XIXe arrondissement dans les locaux de l'USIT (Unité de soutien aux investigations territoriales) pour être entendu comme témoin. Il est finalement placé en garde à vue à la demande du parquet et cité à comparaître devant le tribunal correctionnel. Dès le lendemain, *Le Monde* – qu'on a connu plus attaché au respect de la vie privée des hommes politiques – publie un article sur l'affaire. En une. La situation devient intenable : immédiatement, Ambiel démissionne pour « protéger » Raffarin. Le Premier ministre l'appelle pour le soutenir. Le 29 juin 2004, le conseiller est condamné à 1 500 euros d'amende. En appel, le 7 février 2005, sa condamnation pour « sollicitation de prostituée mineure » est confirmée et l'amende portée à 2 500 euros. Une décision que la Cour de cassation a également validée en mars 2006.

Pendant l'été 2004, Ambiel entreprend de rédiger un livre de souvenirs de son passage en politique, *Fort Matignon*[1]. Bien entendu, il évoque longuement l'affaire. Fin août, on lui communique une note blanche des RG sur son ouvrage à paraître. Dans ce rapport, il est écrit que le livre sera un brûlot qui « mettra gravement en cause le ministre de l'Intérieur et plusieurs membres de son cabinet ». Ce qui est exact. Selon les

---

1. Dominique Ambiel, *Fort Matignon*, Plon, 2005.

policiers, Ambiel aurait créé pour l'occasion avec deux éditeurs parisiens, Guy Birenbaum et Pierre-Louis Rozynès, une société baptisée Privé. En réalité, cette maison d'édition verra bien le jour, mais Ambiel n'a de relation avec elle ou avec ses créateurs ni de près ni de loin. La note est truffée d'autres erreurs, qu'il s'agisse de la date prévue pour le délibéré du procès ou du jour de parution du livre. Pour s'amuser, Ambiel décide de consacrer à cette note aberrante son dernier chapitre, intitulé « Des RG bien renseignés ». Lorsque Dominique de Villepin reçoit les épreuves, il s'étrangle et appelle Raffarin pour protester : « C'est un scandale, tu humilies mon directeur de cabinet ! » Car le manuscrit impute une sorte de trahison à Mongin. Le ministre de l'Intérieur joint également l'éditeur du livre, Olivier Orban, qui, par hasard, est aussi son éditeur et, mieux encore, l'un de ses amis. Le monde est petit. Le lendemain, Raffarin ne cache pas son embarras auprès de son ancien conseiller. Ambiel s'incline. Il accepte de retirer deux pages. Un sacrifice lourd : plusieurs milliers d'exemplaires déjà imprimés sont passés au pilon et la sortie du livre est retardée de huit jours. Mais Ambiel se ravise et fait part à Raffarin de ses conditions : « J'enlève ce chapitre, si je vois Villepin. »

Quelques jours plus tard, à 23 h 30, Raffarin appelle Ambiel pour lui confirmer qu'un rendez-vous est calé avec le ministre de l'Intérieur. L'entrevue aura lieu à Matignon. Le 8 mars, Ambiel entre par une porte discrète au fond du jardin, rue de Babylone. Raffarin traverse le parc à pied. Les trois hommes se retrouvent au pavillon de musique. Ironie de l'histoire, un parfum de soufre traîne dans ce lieu, qui fut autrefois la propriété de Talleyrand. L'on raconte que depuis les débuts du XIXᵉ siècle les conversations de salon n'y furent pas toujours très habillées. Michel Rocard confie en juin 2004 dans le cadre d'une commission consacrée au « débat national sur l'avenir de l'école » qu'il avait rebaptisé ce lieu « pavillon des complots » : « Je crois que le marquis de Matignon, ayant fait cadeau de ce pavillon à sa maîtresse, en avait fait un usage particulier et plus jovial que celui que j'en ai fait moi-même. » Raffarin, Villepin et Ambiel s'installent dans les canapés. Devant une cheminée en marbre, le Premier ministre et son ministre de l'Intérieur vont consacrer cinquante minutes à l'« affaire ». L'ancien conseiller interpelle le ministre : « On a décidé de ne pas imprimer ces deux pages, Orban par amitié pour toi, moi par amitié pour Raffarin. Mais je veux savoir la vérité. Imagine ma famille ! Donc, je veux que tu m'expliques. » Volontiers provocateur, Ambiel poursuit : « Si j'avais eu envie d'aller aux putes, j'aurais eu d'autres solutions. L'un de mes associés est très copain avec un photographe condamné dans une affaire de proxénétisme de luxe. » Le ton monte : « Pourquoi le lendemain tu ne me dis rien ? Pourquoi ton directeur de cabinet ne me dit rien ? » Raffarin se tasse dans son canapé. Ambiel ne s'arrête plus : « Et ne me dis pas que tu ne me connais pas bien, comme tu l'as dit à Jean-Pierre ! » Villepin, hautain comme il peut l'être : « Si je me mets à appeler tous les ministres dont la fille a piqué dans un Monoprix... » Le ministre de l'Intérieur ose même ajouter qu'il « ne mélange pas les choses de l'État et les affaires personnelles » ! Villepin toujours : « Au déjeuner, mon directeur de cabinet ne t'en parle pas, car à ce moment-là il n'y a pas d'affaire Ambiel. L'affaire commence au ministère de la Justice, quand le procureur Bot commence à s'en mêler. Et qui est Yves Bot ? Le vassal de Sarkozy ! L'ami de Sarkozy ! L'allié de Sarkozy, nommé il y a deux mois au parquet général contre mon avis ! »

Est-ce donc Sarkozy qui, pour nuire à Raffarin, aurait favorisé l'action publique contre Ambiel ? Aucun élément de l'histoire ne va dans ce sens. Yves Bot, de surcroît, n'est pas homme à mener une obscure cabale, qui plus est pour complaire à un ministre, même influent, dont il ne dépend pas. Le mari de Cécilia, enfin, est bien placé pour savoir que ces dossiers se transforment vite en nitroglycérine ! Reste celui qui est à l'époque ministre de l'Intérieur et son équipe.

L'ancien conseiller de Raffarin va néanmoins renoncer à publier ce dernier chapitre explosif de *Fort Matignon*, mais ceint tout de même l'ouvrage d'un bandeau : « Pouvoir, coulisses et manipulations. » Manipulations ? Le texte final vise Villepin : « Longtemps, je penserai que Dominique de Villepin n'est pas étranger à cette affaire. Au contraire de la plupart des ministres, il ne m'appellera pas, ne me fera pas un signe, ne m'enverra pas un témoignage d'amitié. Rien. » La preuve d'un montage n'est pas flagrante, mais le doute est semé. Une chose est sûre comme le confie Ambiel lui-même : « Chaque nuit, il se produit dans Paris une dizaine de situations délicates : personne n'en sait jamais rien[1]. » Des *beautiful* interpellés dans des postures scabreuses ou des tenues incompatibles avec la pudeur. Un jour, un ancien ministre de l'Intérieur a écrit à Ambiel : « Je n'ai jamais oublié certaines nuits où le silence se décidait sur des faits difficiles à étouffer. » Raffarin raconte d'ailleurs à qui veut l'entendre que généralement il réglait ça d'un coup de fil avec Sarkozy et que plus personne n'en entendait parler, quelle que soit l'appartenance des intéressés.

Le conseiller de Raffarin s'est fait piéger, et pourtant il aurait dû se méfier. Car il était déjà à Matignon quand un groupuscule a fait frémir la République. Le 6 novembre 2002, le « communiqué n° 1 » tombe sur le fax de l'Agence France Presse : une association de prostituées menace de dévoiler des noms d'hommes politiques férus d'amours tarifées. Une porte-parole de l'association précise : « Si la vie d'une fille est en danger, la réputation d'un homme politique ne pèsera pas lourd. » Un billet du *Monde* évoque la menace : « Quand les prostituées font chanter les politiques. » L'affaire fait grand bruit. Elle intervient dans un contexte poli-

_____

1. Entretien avec les auteurs, 5 octobre 2005.

tique particulier : le projet de loi Sarkozy prévoit de punir le délit de racolage de six mois de prison et 3 750 euros. Les prostituées craignent que ces dispositions, « sous prétexte de lutter contre les réseaux de proxénètes, visent à interdire en pratique l'exercice de la prostitution libre par des majeurs consentants ». Plus globalement, les militantes en furie clament « combattre le retour de l'ordre moral et de l'hypocrisie à l'égard du plus vieux métier du monde ».

Dans son « communiqué n° 2 », quelques jours plus tard, l'association fait monter la pression d'un cran : « Les filles de joie, les travestis, les transsexuels, les chiennes de rue, les cocottes, les courtisanes, les catins, les masseuses, les michetonneuses, les tapineuses, les putains et autres thérapeutes sexuels ont le plaisir de vous annoncer la création d'une nouvelle association, France Prostitution. » Cette assemblée bigarrée de « travailleurs du sexe » demande le « retrait immédiat de deux articles du projet Sarkozy ». Et assortit ses revendications d'une mise en garde sans équivoque : « L'association rappelle également que le président de la République, M. Jacques Chirac, a reconnu avoir "été déniaisé par une dame de petite vertu" au cours de son service militaire en Algérie. » Une information extraite du livre *L'Omerta française*[1], un best-seller paru en 1999. Mais l'association vise au-delà du chef de l'État : « Il n'est pas le seul dans son cas. L'association pourrait citer de nombreux hommes politiques, députés, sénateurs, ministres, magistrats et policiers qui sont allés voir les filles ou les garçons. Les parlementaires qui s'apprêtent à voter le projet Sarkozy feraient bien de s'en souvenir… » Dans les rangs de l'Assemblée, comme on l'imagine, les amateurs se tassent dans leur fauteuil.

Cette initiative est largement orchestrée par un avocat, Francis Caballero, jusqu'alors connu pour son

---

1. Sophie Coignard et Alexandre Wickham, *L'Omerta française*, Albin Michel, 1999.

combat anti-tabac et pour la dépénalisation du canna-
bis. Il confie : « Les filles, pour la plupart des prostituées françaises, travaillaient entre la porte Maillot et
la porte Dauphine. Elles sont arrivées chez nous par
l'intermédiaire d'une sociologue, avec une pétition de
trois cents signatures. » Les statuts sont déposés en préfecture en novembre 2002. Le siège est fixé au cabinet
de l'avocat. C'est de là que partent les premiers commu-
niqués. Le juriste approuve la démarche : « Je suis
d'accord. Un mec qui va aux putes n'a pas à vouloir les
réglementer. » L'opération « outing sauvage » est réglée
dans les moindres détails : « On avait déjà prévu de
faire paraître les noms dans une revue allemande pour
éviter des poursuites judiciaires. Une chaîne de télévision anglaise était également intéressée. » Ces amateurs
d'agit-prop voulaient-ils s'en prendre à des personnalités importantes ? « Nous avions plusieurs noms,
notamment quelqu'un de très haut placé dans l'état-
major de l'UMP. » Auraient pu être cités : un élu méri-
dional habitué à draguer des adolescents porte Dauphine, près du bois de Boulogne à Paris, un ancien
Premier ministre, un député du Sud-Ouest... Collaborateur de Caballero, l'avocat Bruno Illouz précise :
« Cela aurait fait un drôle d'effet pour ceux qui s'expo-
sent à la une de *Paris Match* avec leurs petits enfants. »
Cependant, l'initiative tourne court. Caballero : « On
voulait leur foutre la trouille. Mais les filles se sont
dégonflées et on n'a jamais eu assez de preuves, notamment de témoignages écrits, pour balancer les noms. »

L'initiative passe mal, il est vrai, même dans le milieu
des prostituées : la charte des « thérapeutes sexuels »,
rédigée par l'association elle-même, prévoit le strict respect du secret professionnel. Un autre membre de
l'association reconnaît l'ambiguïté du procédé :
« C'était une sorte de pirouette. On savait que l'on serait
vilipendés. Mais quand les riverains menacent de prendre des photos des plaques minéralogiques des clients,
personne ne dit rien. » Résultat de la pression ? Les
filles obtiennent finalement un rendez-vous avec

Christian Estrosi, proche de Nicolas Sarkozy : « Cela s'est passé fort civilement. Nous étions devenues des citoyennes démarginalisées. On nous a donné des garanties. » En effet, si la loi contre le racolage est votée le 18 mars 2003, la peine d'emprisonnement passe de six à deux mois. L'une des prostituées de l'association a eu pour client l'un des députés UMP qui a voté ce texte. Assise sur une chaise de camping, à côté de sa fourgonnette bleue, garée dans une allée du bois de Boulogne, la militante, plutôt élégante, raconte : « Nous en avons parlé ensemble. Il était très gêné, mais m'a expliqué qu'il ne pouvait voter contre cette loi en raison de la discipline de groupe[1]. » En privé, les députés sont beaucoup moins réservés. Un député UMP de la région parisienne : « Il y a autant d'hypocrisie à droite qu'à gauche sur le sujet. Dans l'hémicycle, on dénonce les travailleuses du sexe. À la buvette de l'Assemblée, on comprend. »

En France, le Parlement n'est pas le seul cénacle où certains ont besoin de s'épancher. Il y a six ans, en séance publique au Parlement européen de Strasbourg, deux parlementaires allemandes s'étaient offusquées à voix haute que les filles de petite vertu affluent dans la capitale alsacienne à l'occasion des sessions parlementaires. Il s'agissait d'une sorte d'emploi saisonnier, lié à une augmentation de la demande pour des périodes précises. Les protestations des deux députées d'outre-Rhin figurent dans le compte rendu officiel de la séance plénière. Quelque temps plus tard, Marie-France Garaud le découvre en lisant le procès-verbal. Surprise, elle interroge son chauffeur sur cette montée de la libido à Strasbourg quand les eurodéputés y siègent : « Il en avait entendu parler. Il a même ajouté qu'il attendait les élus en bas s'ils ne prenaient pas trop de temps[2]. » Interpellée sur la question, la présidente du

1. Entretien avec les auteurs, 14 septembre 2005.
2. Entretien avec les auteurs, 21 avril 2005.

Parlement européen de l'époque, Nicole Fontaine, ne saurait être indifférente, puisqu'elle est par ailleurs la présidente de la fondation Scelles, qui lutte contre les violences faites aux femmes. Elle demande à la mairie de Strasbourg d'intervenir. Mais un autre parlementaire relativise : « C'est la même chose à Bruxelles ! » Tout cela reste discret ; toutefois, quand des filles décident de « passer à table », quitte à raconter des inepties, les dégâts peuvent être terribles...

2

Piège à Toulouse

Dominique Baudis en sait quelque chose. Deux prostituées manipulatrices l'ont emporté dans une tornade médiatique qu'il n'avait pas vu venir, depuis son bureau au sommet de l'immeuble de verre qui surplombe la Seine et offre une vue imprenable sur la tour Eiffel. Le président du Conseil supérieur de l'audiovisuel (CSA) ne passe pas une journée sans repenser à l'affaire qui l'a plongé dans un cauchemar pendant plusieurs mois. Il continue à éplucher les courriers de soutien. Il entretient une correspondance avec certains des « accusés d'Outreau », injustement mis en cause. Le frère de l'un des mis en examen, l'abbé Wiel, lui avait écrit pour lui expliquer que son livre, *Face à la calomnie*, l'avait aidé à tenir pendant cette épreuve. L'esprit de Baudis ne parvient pas à oublier le piège dans lequel il est tombé. Et il rumine sa rancœur contre les élus de tous bords, qui se sont bien gardés de lui tendre la main alors qu'il était en train de se noyer.

L'affaire qui a passionné la France entière a commencé le dimanche 18 mai 2003. Le visage grave, l'ancien député-maire de Toulouse apparaît au journal de 20 heures de TF1. Veste bleu marine, cravate à pois blancs et chemise rayée, le président du CSA se livre à un exercice télévisuel jamais vu. À l'ouverture du journal télévisé, celui qui en avait été autrefois le présenta-

275

teur annonce devant Claire Chazal et dix millions de téléspectateurs que son nom a été cité dans une enquête judiciaire sur des « soirées masochistes, viols de mineurs, traitements barbares infligés à des prostituées, meurtre d'un travesti ». En fait, c'est dans le cadre du dossier du tueur en série Patrice Alègre que deux anciennes prostituées ont accusé des hommes politiques et des magistrats de leur avoir infligé des sévices sexuels. Baudis figure sur cette liste noire de la ville rose. L'ancien journaliste, qui a notamment couvert la guerre civile au Liban, devine le scandale que sa mise en cause, consignée sur procès-verbal, va déclencher. C'est pourquoi il préfère devancer l'hallali en révélant ce qui se murmure déjà depuis plusieurs semaines à Toulouse, et depuis quelques jours, sous forme d'allusions, dans des journaux nationaux. Tendu, la voix rentrée, le regard fixe, celui qui fut le maire de Toulouse pendant dix-huit ans jusqu'en 2001 promet de se battre : « La calomnie, je vais l'affronter face à face, les yeux dans les yeux, et je vais la prendre à la gorge. » La sueur se dessine sur son front. « Comme souvent lorsque je parle à la télévision ou en public, en situation de stress[1] », se défend Dominique Baudis. Certains y voient un quasi-aveu. Après sa prestation, des centristes, le président de l'UDF, François Bayrou, et Jacques Barrot, lui téléphonent pour lui dire leur soutien. D'autres « amis » vont se faire plus discrets.

L'« affaire Baudis » s'inscrit dans les annales de la République comme un cas d'école de manipulation médiatico-judiciaire. Le 25 mars 2005, à l'issue de deux ans d'enquête, le juge d'instruction de Toulouse, Thierry Perriquet, rendra une ordonnance de non-lieu, qui blanchit totalement l'ex-maire de Toulouse et anéantit le montage. Les séances sadomaso et la sodomie dans des hôtels glauques ? « Fantaisistes », comme le reste. Mais Baudis ne veut pas en rester là. Il souhaite

---

1. Dominique Baudis, *Face à la calomnie*, Fixot, 2005.

démonter la « pyramide des mensonges ». Un empile-
ment d'erreurs et de règlements de comptes à l'origine
d'une monstrueuse machination. Y avait-il dès le départ
une volonté calculée de lui nuire ? A-t-on d'abord visé
l'homme politique de droite, l'ex-maire de Toulouse ?
À moins que ce ne soit le président de l'instance de
régulation des médias ?

Le malheur, quand une telle affaire prend de
l'ampleur, c'est le sauve-qui-peut général qui l'accompagne. De ce point de vue, Baudis a été surpris. Il tient
ainsi toujours grief à l'actuel ministre des Affaires
étrangères, Philippe Douste-Blazy, de s'être rendu coupable d'une forme de complicité. Maire de Toulouse
après le départ de Baudis, aujourd'hui premier adjoint,
Douste-Blazy était l'un des premiers informés de
l'effroyable rumeur. Ministre de la Santé à l'époque, il
en a parlé début avril 2003 au directeur de cabinet de
Baudis. « Il y a de drôles de choses qui se passent à
Toulouse », se serait-il contenté de dire, en demandant
à son interlocuteur de garder cette information pour
lui. Douste-Blazy n'en a jamais reparlé et il ne s'est pas
vanté d'être lui-même cité dans le dossier. D'autre part,
il aurait donné pour consigne aux élus toulousains qui
voulaient soutenir Baudis de se taire. Le successeur
s'est-il désolidarisé pour que la foudre médiatique
s'abatte sur celui qu'il présentait comme son ami ? A-t-il
négocié les faveurs de la presse locale pour maintenir
à distance l'ancien locataire du Capitole, s'il lui revenait
la mauvaise idée de revenir en terre toulousaine ? En
son for intérieur, Baudis le croit, mais sans preuve.

Mais c'est à l'égard de certains journaux que le président du CSA ressent le plus de rancœur. Tous n'ont
pas fait preuve, il est vrai, de retenue. La pire erreur
des journalistes est de n'avoir pas montré l'ampleur
d'une manipulation certes troublante au début, mais
qui devenait visible au fur et à mesure que les noms
connus apparaissaient. La révélation d'un sordide *name
dropping* aurait pourtant rendu ridicules les témoignages contre lui. Jamais autant d'hommes politiques

n'avaient été cités dans une affaire de mœurs. Pour rien. Début 2003, « Patricia », l'une des deux prostituées à l'origine du scandale, allègue avoir apporté une fois par mois des valises de billets, fournies par le tueur, à Baudis, mais aussi au maire de Pau André Labarrère. Quelques jours plus tard, elle assure que les deux hommes participaient à des soirées sadomaso dans une grande propriété à la périphérie de Toulouse, en compagnie de Douste-Blazy. Très vite, ces accusations sont prises au sérieux par les gendarmes de la cellule « homicide 31 », surtout celles contre Baudis. Les journaux ne font état que de vagues suspicions contre lui. En mai 2003, l'affaire franchit encore un cran avec les déclarations de Djamel, un travesti proche des deux prostituées, qui tente d'impliquer dans les soirées sadomaso une brochette considérable et naturellement aberrante de politiques : Chirac, Raffarin, Sarkozy, Balladur, Jospin, Juppé et… Tony Blair. Une liste consignée par son concubin qui est jointe à la procédure judiciaire. À ce stade, les médias auraient pu réaliser l'absurdité de la situation. Ce ne fut pourtant pas le cas de tous, loin de là.

Il est un argument fallacieux qui, dans les rédactions, sera beaucoup avancé pour « prouver » les soi-disant mensonges de Baudis, même si l'argument en question n'a rien à voir avec les accusations d'avoir frayé avec un tueur en série. Le 18 mai 2003, au 20 heures de TF1, Baudis avait lancé pour se défendre : « Quand j'en avais terminé avec mes affaires, je rentrais immédiatement chez moi retrouver ma femme et mes enfants, et tous les soirs j'étais chez moi avec ma famille. » Las ! Les archives policières contiennent un relevé d'écoute téléphonique du 8 novembre 1996. À 21 h 14, l'une des filles d'un réseau raconte qu'elle voit « Dominique Baudis de temps en temps ». Au bout du fil, sa patronne, peu au fait de la politique française, interroge : « Qui ? » Et l'autre de préciser : « C'est un homme politique. » Elle ajoute : « Je le vois de temps en temps parce qu'il est de Toulouse. » À la fin 2003, *VSD* retrouve l'intéressée. Entendue par un juge, cette dernière affirme avoir vu Baudis quelquefois. « De manière naturelle », selon l'entourage du président du CSA. L'élu expliquera lui-même qu'il voyait cette « amie » en tout bien tout honneur. Fin du scandale ? Pas du tout.

Car un journal va suivre de près le cas Baudis. Et mettra le feu aux poudres. Ce journal, c'est *La Dépêche du Midi*, qui a joué un rôle déterminant dans la surenchère. Un lobbying avec quelques arrière-pensées politiques ? Le patron du quotidien local n'est autre que l'ancien secrétaire d'État Jean-Michel Baylet, président des radicaux de gauche, l'un des vieux ennemis de Baudis. Leur rivalité s'inscrit dans un contexte de guerre dynastique. Les pères respectifs des deux hommes dirigeaient déjà, pour l'un *La Dépêche*, et pour l'autre la mairie de Toulouse. En juin 2005, Baudis fils reçoit longuement une journaliste du *Monde*. À bout de nerfs, il dénonce l'acharnement de *La Dépêche*. Le lendemain, le quotidien titre : « Baudis accuse. L'ex-maire dénonce un complot politique. » Jean-Michel Baylet réagit vigoureusement : « Je suis sur le cul », dit-il sur France 3. L'affaire se double de dégâts collatéraux dans les rangs des enquêteurs : le gendarme Roussel, qui a mené l'essentiel des investigations visant Baudis, démissionne de la gendarmerie.

Que va-t-il se passer maintenant ? Le mandat de Baudis au CSA prend fin en janvier 2007. Selon les sondages, 74 % des Toulousains le créditent d'une bonne opinion. L'ancien maire ne fait guère mystère de son envie de revenir. Dans un endroit secret, il conserve des procès-verbaux qui un jour pourraient lui servir : notamment la déposition d'une assistante tabassée par un sénateur dans le Tarn-et-Garonne en 2002. Ce parlementaire fait partie des principaux ennemis de Baudis à Toulouse. Entendue par les gendarmes, la victime a accepté une transaction financière pour retirer sa plainte. Mais Baudis l'a rencontrée et il sait. Lui aussi, il a ses dossiers.

Au moment de l'« affaire Baudis », l'ancien ministre de la Justice de Michel Rocard, Pierre Arpaillange, songe à passer un coup de fil au président du CSA. « Sur le moment, j'ai même eu envie d'aller voir l'ancien maire de Toulouse, car, mieux que d'autres, je comprends ce qu'il a dû endurer[1] », explique Arpaillange. L'ancien garde des Sceaux ne décroche finalement pas son téléphone, mais se plonge dans la lecture du livre de Baudis, *Face à la calomnie*[2]. L'ancien magistrat a l'impression d'assister à une histoire scabreuse comme celle à laquelle son propre nom a été mêlé. C'était tout début octobre 1990, deux ans et demi après sa nomination au gouvernement. Le 2 octobre, exactement. Ce jour-là, deux événements en apparence distincts se produisent. À la faveur d'un remaniement, il est mis fin aux fonctions de Pierre Arpaillange. Et le quotidien *Libération* révèle le contenu d'une audition d'un certain Jean-Marc Dufourg, réalisée cinq jours plus tôt. Dans ce procès-verbal sulfureux, le nom d'Arpaillange apparaît.

À quoi a donc trait cette audition ? Inspecteur des Renseignements généraux parisiens, Jean-Marc Dufourg y livre à la brigade criminelle sa version de la disparition de Joseph Doucé, un pasteur flamand exclu de l'Église baptiste. Le 19 juillet 1990, deux hommes se présentant comme policiers ont enlevé ce militant associatif, responsable du Centre du Christ libérateur, une association sous surveillance des RG en raison de son action en direction des pédophiles. Depuis ce jour, Doucé n'a plus donné signe de vie. Les policiers de la brigade criminelle soupçonnent des collègues des RG – dont Dufourg – de s'être rendus coupables de la disparition du pasteur, dont le corps sera retrouvé le 17 octobre. Que prétend l'inspecteur en garde à vue ? Qu'il est innocent. Qu'il ne surveillait pas le pasteur quand il a été enlevé. Dufourg, surtout, lâche une bombe. Il certifie que la hiérarchie

---

1. Entretien avec les auteurs, 10 octobre 2005.
2. Dominique Baudis, *Face à la calomnie, op. cit.*

policière l'a chargé, au début de l'année, de recruter deux prostituées et un jeune homosexuel, afin de piéger des personnes connues. Selon l'inspecteur, il était prévu d'organiser une rencontre entre l'éphèbe et les personnalités, pour prendre des photos. Quelles auraient été les victimes du traquenard ? L'enquêteur cite le président d'Antenne 2 et FR3, Philippe Guilhaume, qui à l'époque ne plaît pas au pouvoir, et le ministre de la Justice, Pierre Arpaillange. Nom de code de l'opération, selon le témoin : « Junon et Jupiter. » Le 2 octobre, lorsque sort l'information, Dufourg, détenu depuis quelques jours dans le cadre d'une affaire connexe, est remis en liberté. Il ne sera jamais mis en examen, ni a fortiori incriminé, pour la mort de Doucé.

Après l'audition de Dufourg, Pierre Arpaillange est assez vite avisé de la mention de son nom dans les procès-verbaux. Il est encore ministre quand il en parle à François Mitterrand, avec qui il a toujours entretenu des liens privilégiés, même si, depuis quelque temps, le président de la République a décidé de lâcher ce ministre qui s'est mis à dos les autres membres du gouvernement et les magistrats sous sa tutelle. Mais Mitterrand néglige l'information. Le garde des Sceaux en est meurtri. Quand les procès-verbaux deviennent publics, Arpaillange rédige de sa propre initiative un communiqué virulent. Avec le recul, l'ancien ministre de la Justice comprend-il ce qu'il lui est arrivé ? Il hausse les épaules, d'un geste évasif. « J'avais énervé beaucoup de policiers au moment de l'affaire Ben Barka, lorsque j'étais directeur des affaires criminelles et des grâces, et que j'avais entrepris de rattacher la police judiciaire à la Justice. Et, en tant que ministre, j'avais pris beaucoup de décisions qui n'avaient pas plu. » Aujourd'hui encore, l'explication ne paraît guère satisfaisante. Si manipulation il y a eu, ce ne peut être pour des motifs aussi minces.

Dufourg a-t-il dit vrai ? Selon sa hiérarchie, l'inspecteur a brodé à partir de faits disparates. La direction des RG parisiens a reconnu avoir fait appel aux services d'une prostituée malgache, pour infiltrer une secte luciférienne, pas pour compromettre quiconque. De la même manière, un groupe de policiers avait bien enquêté sur Philippe Guilhaume au début de l'année, mais, selon la version officielle, juste pour vérifier au registre du commerce que le président de la télévision publique n'avait pas d'intérêts dans des sociétés commerciales. Dufourg va beaucoup plus loin. Il en rajoute d'ailleurs de plus en plus. Un jour, il évoque un curieux épisode : « Il y avait eu ce mystérieux cambriolage effectué à la librairie Autres Cultures[1] une semaine avant l'enlèvement du pasteur. Qu'avait-on dérobé ? De l'argent ? Non, un appareil photo. Or la presse avait dévoilé que Doucé possédait des fichiers précis sur tous les membres, même occasionnels, de son association. De là à imaginer qu'il aurait pu organiser des parties chaudes et exercer ensuite un chantage sur quelques personnalités, il n'y avait qu'un pas [...]. On alla même jusqu'à nommer un personnage proche de l'Élysée, aux mœurs particulières, et qui collectionnait des photos très spéciales[2]. »

C'est un classique, mais les propos de Dufourg ne sont pas paroles d'évangile. Passé les premières péripéties de l'enquête, l'inspecteur a, d'ailleurs, du mal à justifier ses dires. Au point qu'il finit par reconnaître que sa « révélation » sur le cambriolage était une « théorie ». Aujourd'hui, un ancien de la cellule de l'Élysée, le capitaine Barril, jure encore que l'un des proches du pouvoir socialiste a bel et bien été victime d'un chantage concernant des parties fines[3]. Entre affaires réelles et rumeurs, le pouvoir, chez nous, se délecte de tout. Les alcôves de la République contiendront longtemps encore de ces secrets d'autant plus difficiles à percer qu'ils sont mêlés à des contre-vérités.

---

1. Gérée par le pasteur Doucé.
2. Jean-Marc Dufourg, *Section manipulation*, Michel Lafon, 1991.
3. Entretien avec les auteurs, 8 septembre 2005.

3

Les « ballets roses »

Pierre Sorlut est un illustre inconnu. Le grand public
ignore son existence, mais quiconque cite son nom
dans certains cabinets ministériels ou services secrets
s'attire aussitôt des sourires. Car cet homme aux cheveux blancs a hanté les coulisses du régime. Cet octo-
génaire sait que la IVe République a vacillé à cause
d'une affaire qu'il connaît bien. À quatre-vingts ans,
Sorlut gère toujours un restaurant sur les contreforts
de la butte Montmartre. Aux murs sont affichées des
photographies d'hommes politiques : une affiche électorale de Mitterrand, la photo officielle de Chirac, des
clichés d'Alain Juppé, de Daniel Vaillant et d'autres élus
du quartier. Une coupure de la presse tabloïd derrière
le bar évoque les mésaventures dénudées d'une attachée
de presse de Giscard dans un train. Curieux établissement, dont les murs sont de bois, mais pas les clients.
Le guide de l'échangisme édité par le magazine *Interconnexion* vante les mérites de l'endroit : « Le must des
restaurants libertins pour couples. » La clientèle
compte beaucoup d'anciens responsables de la préfecture de police de Paris et du contre-espionnage. Et
même un ancien ministre de l'Intérieur, si l'on en croit
les voisins d'en face, rue des Martyrs.

C'est à la DST précisément que Sorlut a commencé
sa carrière. Juste après la Seconde Guerre mondiale,

pendant près d'un an, il a fait office de chauffeur du fondateur du service, Roger Wybot. Quelques années plus tard, à trente-quatre ans, Sorlut se retrouve au centre d'une affaire explosive, l'affaire Le Troquer. André Le Troquer fut l'un des hommes politiques les plus importants de la IVᵉ République. Cet ancien ministre de l'Intérieur et de la Défense avait été le dernier président de l'Assemblée nationale du régime finissant, et donc le second personnage de l'État en des heures cruciales. Mais le 1ᵉʳ février 1959, un juge d'instruction le mit en examen pour s'être compromis dans des « ballets licencieux », qu'un magistrat du parquet allait qualifier de « roses ». Une expression passée à la postérité recouvrant les infractions d'attentat aux mœurs et d'incitation de mineurs à la débauche. À soixante-treize ans, Le Troquer avait participé à des bacchanales avec sa maîtresse artiste peintre, mais surtout avec des adolescentes âgées de quatorze à vingt ans. Au programme des réjouissances collectives, façon soupers libertins de la Régence : séances de strip-tease, poses dénudées, plaisirs des sens agrémentés de coups de martinet, chorégraphies sensuelles. Des festivités se déroulaient dans l'atelier de la maîtresse, mais aussi au Palais-Bourbon, à l'Opéra ou encore au pavillon du Butard, la résidence secondaire du président de l'Assemblée. Dans ces soirées libertines, Le Troquer enjolivait ses vieux jours en présence d'une cohorte de jeunes femmes, donc cinq mineures. Sur ces cinq, quatre avaient été amenées par un jeune homme. Le Troquer disait de ce jeune homme qu'il était « un garçon qui avait bonne tenue, qui semblait être de bonne famille, qui était sympathique[1] ».

Ce garçon dans les petits papiers de l'ancien ministre, c'était Pierre Sorlut. Il écopera de cinq ans de prison ferme, ramenés à quatre en appel[2]. Aujourd'hui, il affirme que l'affaire a été montée pour « faire sauter Le

---

1. *Le Figaro*, 29 janvier 1959.
2. Arrêt de la 10ᵉ chambre de la cour d'appel de Paris, 3 mars 1961.

Troquer et en finir avec la IVᵉ République[1] ». Pour le prouver, le restaurateur avance que deux filles ont témoigné que Le Troquer leur chatouillait les parties intimes en même temps dans la loge présidentielle de l'Opéra : « C'était impossible, car Le Troquer n'avait qu'un bras. » À l'époque, les blagueurs persiflaient : « Le Troquer a un bras mort, mais l'autre est long. » Les contempteurs ironisaient en prêtant à l'ancien président de l'Assemblée d'avoir lancé : « Au-dessus de soixante ans, faites l'amour avec trois filles de vingt ; le compte y est. » Cette histoire grivoise inspire tout de même une sorte de tristesse. Élu de la Ville de Paris pendant plus de trente ans, ancien commissaire de l'air nommé par de Gaulle, Le Troquer eut droit à une sorte de commisération pathétique de la part des magistrats, qui invoquèrent son « brillant passé politique et professionnel » en expliquant que son âge ne suffisait pas à expliquer sa « dépravation sexuelle ».

Et Sorlut ? De lui, Le Troquer avait dit : « J'ai eu l'occasion de le soutenir à propos d'un petit drame sentimental qui l'avait bouleversé et le laissait désemparé. » À l'époque où le jeune homme organisait les « ballets roses », il y avait déjà quelques années qu'il avait été exclu de la DST. Mais, selon des témoins, il « était dans les meilleurs termes avec un ancien préfet de police » et il « avait gardé des liens étroits avec les services de police et de renseignements et rempli, jusqu'à l'étranger, de nombreuses missions secrètes, d'une haute importance[2] ». Le profane pourrait imaginer qu'après avoir purgé sa peine, Sorlut soit sorti de l'orbite du pouvoir et du renseignement. Il n'en est rien. S'il n'a jamais été réintégré, Sorlut se prévaut d'avoir fait une belle carrière. C'est peut-être excessif, mais il reste que, selon un préfet, ancien conseiller d'un Premier ministre, « Sorlut a rendu beaucoup de services,

1. Entretien avec les auteurs, 10 juin 2004.
2. Jugement de la 15ᵉ chambre du tribunal de la Seine, 9 juin 1960.

quand la DST avait besoin de sous-traitants sur des opérations limites ». Le président de l'Association nationale des collaborateurs de parlementaires et de ministres, dont Sorlut est membre, affirme avoir toujours pensé que ce dernier était un haut fonctionnaire du ministère de l'Intérieur. En 1995, la revue de l'association, *Chambre et Sénat*, relate même un curieux événement. Lors d'une cérémonie dans la cour du ministère, à l'occasion du cinquantième anniversaire de la DST, Sorlut est non seulement présent, mais c'est même lui qui remet les fleurs en l'honneur des morts du service. Il procède à ce geste « en présence de Charles Pasqua, ministre de l'Intérieur, et de Philippe Parant, directeur de la DST, et de nombreux préfets ». La revue indique même que « Pierre Sorlut et Charles Pasqua se sont longuement entretenus sur les réformes successives des services de police avant de se rendre au dîner de clôture de cet événement ». Charles Pasqua jure ne plus s'en souvenir : « Si j'ai reçu Sorlut, c'est que l'on a dû me le présenter comme quelqu'un de la DST... »

Avant de mourir à l'automne 2005, l'ancien patron de la brigade mondaine, Roger Le Taillanter, racontait qu'à une époque, « beaucoup de gens, et pas des moindres, fréquentaient le restaurant de Sorlut ». Pour un autre ancien chef de la Mondaine, le restaurateur de la butte Montmartre « est un personnage de roman », qui, depuis des décennies, a conservé son affabilité, sa convivialité et sa manie d'offrir des épinglettes aux visiteurs de son établissement. En 2003, la brigade de répression du proxénétisme, qui a succédé à la Mondaine, reçoit une dernière fois l'ordre de « faire un point » sur les activités de Sorlut. Lequel conserve son mystère. Un ancien directeur des RG le présente comme « un responsable du RPF, qui voulait détruire la IVᵉ République ». Dans son restaurant, le jeune homme devenu vieux clame au contraire qu'il n'appréciait pas de Gaulle, qui avait fondé le RPF dès 1947, et que Le

Troquer était « un grand homme ». Les coulisses de la République ressemblent parfois à un labyrinthe.

Ce qui est sûr, c'est que de drôles de plats mijotent parfois dans les cuisines du régime. À partir du moindre incident, d'une arrestation malencontreuse, d'une disparition, on monte une affaire. C'est surtout vrai en période électorale, par exemple à la veille d'une élection présidentielle. En 1968, Georges Pompidou, son ancien Premier ministre, se prépare à succéder au Général. Mais le chemin de l'Élysée est dangereux. Il se retrouve piégé dans les méandres d'un dossier où le faux est savamment entremêlé au vrai. L'affaire commence le 1er octobre 1968, un an avant le scrutin. Le corps de Stefan Markovic, un Yougoslave proche de l'acteur Alain Delon, est retrouvé dans une décharge publique à Élancourt dans les Yvelines. Un truand corse, François Marcantoni, est très vite suspecté d'avoir fomenté l'élimination de Markovic. Dès sa première audition, le 12 octobre, Marcantoni balance qu'il a « de nombreux amis politiques[1] ». Le juge Patard de Versailles, qui mène l'enquête, suppose que le Corse a pu agir pour le compte de vedettes du show-biz. Le mobile ? Des relations du défunt ont affirmé qu'il s'apprêtait à publier un livre indiscret sur la vie privée des personnalités. Aurait-on voulu le faire taire ? Alain Delon, Nathalie Delon, la chanteuse Nicoletta, les actrices Marie Laforêt et Mireille Darc défilent devant les enquêteurs. Indignée, cette dernière passe même un coup de fil à un certain Valéry Giscard d'Estaing pour demander à ne plus être inquiétée. Comme la ligne est sur écoute, la conversation est enregistrée.

Déjà sulfureux, le dossier se pimente encore. Dans le scandale qui mènera d'un petit garde du corps à un can-

---

1. Procès-verbal n° 639/61, procédure d'homicide volontaire sur Stefan Markovic, 12 octobre 1968, SRPJ de Versailles.

didat à l'Élysée, il n'existe pas d'éléments laissant penser à une affaire d'État. L'affaire Le Troquer était a priori plus grave. Mais le dossier est instruit dans un climat si tendu, le pouvoir se mêle tellement du moindre détail, que beaucoup finissent par le penser. Le magistrat René Patard lui-même se pose à l'époque des questions. Dans le salon de son domicile de Marseille, où il réside aujourd'hui, l'ancien juge d'instruction se souvient que, dix jours après le début de l'enquête, il découvre à la lecture d'un article non signé du *Figaro* que la femme d'un ancien ministre pourrait être citée dans l'affaire : « Je me dis, tiens, c'est bizarre, je n'en ai pas entendu parler. Le commissaire de police vient me voir ce jour-là. Je tombe de ma chaise lorsqu'il me dit qu'il s'agit de Mme Pompidou. Un membre du parquet m'appelle dix minutes plus tard et me demande de poser le couvercle sur la marmite[1]. » À ce moment-là, un Yougoslave, Boriboj Ackov, détenu à la prison de Fresnes, se prévaut auprès d'un officier de police judiciaire d'avoir participé avec Stefan Markovic à une partie fine à laquelle aurait été aussi présente Claude Pompidou. L'ancien juge Patard poursuit son récit : « Le parquet me demande d'entendre le type, en me disant que l'ordre vient de très haut. » Le 5 novembre 1968, dans le bureau du juge d'instruction, Ackov raconte la fête en petite tenue à laquelle il aurait assisté au cours de l'été 1966 « du côté de Montfort-l'Amaury ». À la sortie, Markovic aurait susurré à son camarade : « Il ne faut pas raconter les choses que tu as vues... Il faut faire attention à ne rien dire. Tu sais, c'est la femme du Premier ministre. » À la même époque, une informatrice des services secrets, une certaine Josette, baptisée « agent Karamel », fait de curieuses révélations à son officier traitant, Jean-Charles Marchiani. Celui qui deviendra l'homme de l'ombre de Charles Pasqua n'en est encore qu'à ses débuts. En relation avec

---

1. Entretien avec les auteurs, 16 novembre 2005.

des immigrés des pays de l'Est, son informatrice lui raconte que Markovic faisait chanter du beau linge grâce à des photographies compromettantes prises lors de partouzes. Marchiani doute, mais produit un rapport. Ce travail lui vaudra d'être éconduit des services secrets avec quelques autres.

Du rapport, René Patard jure n'avoir jamais entendu parler. « Mais nous avons identifié la propriété, protégée par deux Yougoslaves, où les fêtes avaient pu se passer. J'ai fait un tour en avion au-dessus de Montfort-l'Amaury et découvert une villa qui correspondait aux descriptions. C'est justement la maison qu'Ackov avait désignée quand je l'avais fait extraire. C'était la propriété d'un patron important, Ambroise Roux. J'ai convoqué ce dernier et je l'ai entendu. Il m'a dit n'avoir jamais organisé de fêtes galantes. Mais jamais je n'ai pu aller vérifier à l'intérieur. Ackov a fini par me dire qu'il y avait bien assisté à des parties fines, mais que jamais Markovic ne lui avait cité Claude Pompidou. »

L'un des collaborateurs du futur président, Jean-Luc Javal, avertit finalement l'intéressé au moment de la Toussaint 1968 : « Il faut que vous sachiez quelque chose que personne n'ose vous dire. La "femme d'un ancien ministre" dont tout le monde parle à propos de l'affaire Markovic, c'est votre femme et ce que je puis vous assurer, c'est que, dans les dîners en ville, dans les salles de rédaction, il n'est question que de cela[1]. » En proie à l'adversité, Pompidou trouve le soutien de quelques proches : Michel Jobert, Edouard Balladur, Marie-France Garaud. Trois ou quatre personnes qui, comme il le dira plus tard, le « défendirent, dans les conversations, dans les dîners ». Il en est un, selon Pompidou, « qui fut le plus fidèle, le plus ardent, qui m'aida vraiment », Jacques Chirac. « Mais cela n'alla pas au-delà. » Pompidou est estomaqué de la désinvolture du pouvoir en place, voire de sa malignité. En téléphonant au

1. Georges Pompidou, *Pour rétablir une vérité*, Flammarion, 1982.

ministre de l'Intérieur, Raymond Marcellin, pour le mettre au courant de l'affaire, le garde des Sceaux René Capitant se serait esclaffé. Quant au chef de l'État, le général de Gaulle, il aurait réuni le Premier ministre Couve de Murville, Marcellin et Capitant, en décidant de n'entraver en rien l'enquête de la justice. Les grands principes sont parfois bien utiles.

Pompidou à l'époque : « J'étais indigné. Ainsi, Couve n'avait même pas eu le courage de me prévenir ! Ainsi ces hommes, dont plusieurs connaissaient bien mon ménage, avaient plus ou moins cru à la véracité des faits puisqu'ils jugeaient que l'enquête pouvait se poursuivre dans cette voie ! Ainsi le Général lui-même, qui connaissait ma femme depuis si longtemps, n'avait pas tout balayé d'un revers de main ! » Celui-ci semble avoir, en effet, cru à la véracité des allégations. Début novembre 1968, le chef de l'État s'adresse à Jacques Foccart, à propos de Claude Pompidou : « Elle s'est entichée d'artistes qu'elle veut voir alors qu'elle ne connaît rien à la vie de Paris [...]. Alors, il est facile de se laisser entraîner dans des réceptions organisées par les artistes lorsque l'on veut se donner un genre. Et puis là, voyez-vous, il se passe des choses pas convenables, et puis il y a des gens qui font des photographies, et puis vous voyez[1]... »

Le juge d'instruction, justement, s'est engagé dans une recherche effrénée des clichés. Il n'en trouve pas. Un Yougoslave frappe un jour à la porte de son bureau : « Il me sort une photo avec deux femmes nues, une blonde et une brune, revêtues de manteaux de fourrure. Je le mentionne dans un procès-verbal. La chancellerie m'envoie aussitôt un motard pour en récupérer un exemplaire. En fait, il s'agit de deux prostituées de Nice, qui n'ont rien à voir avec l'affaire. » Le patron du *Parisien libéré*, Émilien Amaury, confie à Jacques Foccart que, dans les rédactions, « quelques photos ont circulé,

---

1. Jacques Foccart, *Journal de l'Élysée*, t. II, *Le Général en Mai, op. cit.*

qui étaient anciennes et remontaient à Saint-Tropez où, paraît-il, on pouvait voir Mme Pompidou changeant de maillot sur la plage de Pampelonne ; les photos avaient été prises avec des téléobjectifs très puissants et, par conséquent, elle pouvait y apparaître dans le plus simple appareil ». Mais point de clichés de partouzes. Pompidou : « Je m'étonne, après coup, qu'on ne les ait pas fabriqués ! Je sais que plus tard, au moment de la campagne présidentielle, on a tenté de faire circuler une photo, mais qui n'était qu'un grossier montage. » De fait, après la déclaration de candidature de Pompidou, annoncée depuis Rome en janvier 1969, un photomontage représentant Claude Pompidou dans une posture digne des films porno les plus hard commence à circuler, sous le titre « Les mœurs de ceux qui nous gouvernent ». Une ancienne barbouze, Gilbert Lecavelier, certifie en avoir trouvé un exemplaire dans une chambre occupée par de jeunes gauchistes[1]. Malgré les coups portés, Pompidou sera élu président de la République le 15 juin 1969. La calomnie ne l'emporte pas à tous les coups.

---

1. Serge Ferrand et Gilbert Lecavelier, *Aux ordres du SAC*, Albin Michel, 1982.

4

Chantages et tracts

Les procédés de basse police ne sont évidemment pas l'apanage des seuls gaullistes, mais ils en sont tout de même très friands. Au moment de l'élection présidentielle de 1965, Antoine Pinay, père du « nouveau franc », ex-ministre des Finances de de Gaulle, est sollicité par une partie de la droite pro-européenne pour se présenter contre le Général. Il finira par renoncer. Pour quel motif ? Sylvie Guillaume, biographe du « sage de Saint-Chamond », a recueilli les confidences de l'un des collaborateurs de Pinay : « Il m'a expliqué que les gaullistes avaient menacé de sortir des dossiers impliquant Pinay dans des ballets roses. » L'ancien président du Conseil était, effectivement, réputé aimer les très jeunes femmes. En fait de ballets roses, sa décision de ne pas se présenter aurait été liée au dépôt d'une « main courante » ayant trait à un attouchement sur mineur. À l'époque la majorité était, il est vrai, fixée à vingt et un ans. Mais le scandale aurait pu être fatal. Une histoire que François Mitterrand, jamais avare sur le sujet, aimait également raconter à l'un de ses biographes, qui passait le voir à l'Élysée. De fait, Antoine Pinay, qui a vécu jusqu'à cent trois ans, n'avait pas la seule obsession du redressement de l'économie française. « Un jour, il a disparu au moment de la signature d'un contrat important en Autriche, raconte un de ses conseillers. Il n'a pas pu être conclu. » Un journaliste, qui déjeunait avec lui à l'Automobile-Club, se souvient avoir vu son regard briller sur les formes avantageuses d'une serveuse venue proposer des cigares en fin de repas. Jusqu'à un âge très avancé, l'argentier de l'État, qui avait une santé de fer, ne s'interdisait pas d'avoir la main baladeuse avec ses secrétaires.

L'élection présidentielle de 1974 a été l'occasion de sortir les couteaux à une autre échelle. Dans ces moments-là, le « respect de la vie privée » auquel en appellent tous les candidats passe au second plan. Trois postulants sérieux sont alors en lice. Mitterrand, Giscard d'Estaing et Chaban-Delmas. Avant le premier tour, ce dernier subit des articles du *Canard enchaîné* sur son dossier fiscal, mais aussi une campagne de rumeurs lui imputant des mœurs légères. « C'est d'autant plus injuste que, de nous trois, Chaban est le seul à retrouver sa femme tous les soirs[1] », commente, sarcastique, Mitterrand sur le moment. Mais Chaban a le tort de s'être marié trois fois, une erreur que ni Mitterrand ni Giscard n'ont jamais commise. Et le voilà qui fait l'objet d'une cruelle campagne de diffamation par tracts. Qui avait organisé la diffusion de telles insanités ? Selon le vieux gaulliste Jacques Foccart, « des amis de Giscard, derrière lesquels on n'a pas de peine à imaginer son lieutenant, Michel Poniatowski[2] ». D'autres sources accusent plutôt les gaullistes derrière Chirac. Par stratégie – ou opportunisme selon le point de vue –, Chirac avait fait défection au résistant Chaban pour rallier Giscard. Ce ne fut en tout cas que la veille du scrutin qu'Alexandre Sanguinetti, alors secrétaire général de l'UDR, finit par dénoncer cette « campagne nationale de calomnies ». Avec quel résultat ? Ce qui est avéré,

---

1. Philippe Reinhard, *Le Revenant*, Albin Michel, 1990.
2. *Foccart parle*, entretiens avec Philippe Gaillard, Fayard-Jeune Afrique, 1997.

c'est qu'au premier tour de l'élection présidentielle, Chaban n'engrangea guère plus de 15 % des suffrages. Il était du même coup éliminé de la course.

Qu'imputaient donc ces tracts à Chaban ? Certains évoquaient son divorce avec sa première femme, Odile, d'autres la mort de la seconde, Marie-Antoinette, dans un accident de voiture. Banal en apparence. Mais la réputation de coureur de jupons du candidat allait lui jouer des tours. Toute sa vie, celui qui disait : « Je n'ai jamais fait de mal à personne, sauf à quelques maris[1] », avait fait du sport, sur les terrains de tennis ou en chambre. Le problème, c'est qu'à force de briller par son sourire et sa légèreté, il s'exposait. Les Cassandre faisaient de lui le portrait d'un politique léger. Pour comprendre, il faut revenir à la jeunesse de Jacques Delmas, avant que la guerre ne complète son nom. En 1935, l'apprenti journaliste de vingt ans évite les boîtes de nuit et les dancings à la mode, mais s'essaie déjà à la séduction permanente. La vie de ce « Don Juan forcené[2] », selon ses biographes : « tennis, amour et fantaisie ». Il rencontre Odile, une danseuse, admiratrice d'Isadora Duncan. Un jour, il l'épousera. Mais avant, il enterre sa vie de garçon. Pendant l'été 1938, Jacques Delmas vit une passion sensuelle sur les rives de la mer Noire, en Bulgarie, avec une belle Turque, mère d'un enfant de dix ans. Lui-même évoquera l'épisode, bien plus tard, dans un ouvrage qui porte bien son nom, *L'Ardeur* : « Successivement, une amie bulgare et une amie turque me firent découvrir d'autres frontières[3]. » Puis vient la Seconde Guerre mondiale, qui fait éclater le mariage avec Odile. À partir de 1943, Chaban-Delmas la trompe avec l'une de ses secrétaires, une femme mariée, mère d'une petite fille, prénommée Marie-Antoinette[4]. Quand sa femme a vent de l'infidélité, le

---

1. Éric Zemmour, *L'homme qui ne s'aimait pas, op. cit.*
2. Patrick et Philippe Chastenet, *Chaban*, Le Seuil, 1991.
3. Jacques Chaban-Delmas, *L'Ardeur*, Stock, 1975.
4. Patrick et Philippe Chastenet, *Chaban, op. cit.*

héros de la Libération quitte le domicile conjugal. Il revient vite, mais pas pour longtemps. Car des « amis » anonymes s'amusent à souffler sur les braises en envoyant des lettres dénonciatrices. Finalement, Chaban divorce et épouse sa maîtresse, Marie-Antoinette, dont le sens politique lui sera d'une aide précieuse.

Mais les ennuis continuent. Devenu député de la Gironde en 1946, puis maire de Bordeaux l'année suivante, il a affaire aux attaques des partisans de l'ancien premier magistrat de la ville, Adrien Marquet. En 1954, ceux-ci font imprimer à des centaines d'exemplaires un courrier soi-disant rédigé par un jeune homme : « J'ai pris un wagon-lit dans le train Paris-Bordeaux en compagnie de M. Chaban-Delmas, et nous nous sommes mutuellement[1]... » L'affaire remontera jusqu'au Général en personne. À l'époque, Jean-Marie Le Pen est député poujadiste. Le président du Front national se souvient d'un Chaban obligé de hurler d'un faux air indigné, dans les couloirs de l'Assemblée, pour faire taire les jacasseries : « Messieurs, et alors, et alors, et alors ! »

En 1969, Chaban entre à Matignon. Son épouse reste à Bordeaux, et à Paris, comme s'en souvient son collaborateur Jacques Delors, « il vit avec Micheline, ce que personne n'ignore[2] ». Micheline, sa dernière conquête. Un drame frappe alors le Premier ministre. Le 12 août 1970, la voiture de Marie-Antoinette, une DS noire, emboutit un platane sur la route d'Urrugne. L'épouse décède deux heures plus tard du « coup du lapin ». Tandis que le chef du gouvernement met sa femme en terre, le parquet de Bayonne diligente une enquête sur les causes de sa mort. Les deux autres passagers de la voiture, le chauffeur et une infirmière, ne délivrent pas les mêmes versions. De ces ambiguïtés, les adversaires de

1. *Ibid.*
2. Entretien avec les auteurs, 19 janvier 2006.

Chaban font leur miel. D'autant que le 24 septembre de l'année suivante, soit treize mois plus tard, le Premier ministre épouse en troisièmes noces Micheline Chavelet. Le mariage est une surprise. Avant la présidentielle de 1974, les rédacteurs des tracts sauront se servir de l'événement, en laissant entendre que le candidat avait éliminé sa femme pour pouvoir convoler avec sa maîtresse. Des feuilles volantes se retrouveront dans les rues de Paris, ainsi titrées : « Chaban, assassin[1]. » La vérité, c'est qu'en politique, tout est permis.

Parmi les coups tordus qui surgissent pour abattre tel ou tel candidat, il en est beaucoup qui instrumentalisent le sexe. Car l'homme politique, chez nous, se sentant protégé par la loi et la pudeur de la presse, se croit intouchable. Il commet des imprudences dont ses adversaires tentent de se servir. Sur ce plan, même s'il prétend à la vertu, le régime gaulliste s'est révélé féroce. Si les présidents se ménagent plutôt – ce fut le cas entre Mitterrand et Chirac –, si les hommes d'État en général rechignent à ce genre de sales opérations, les entourages cognent fort, eux ! Les proches n'ont pas toujours les scrupules du chef. Un préfet chiraquien raconte : « Quand un député vous ennuie ou quand un élu exerce un chantage pour être nommé à une fonction quelconque, par exemple, il faut bien trouver un moyen de l'empêcher de nuire. Une opération peut s'avérer nécessaire. Vous attendez le moment où le gars dîne dans un restaurant avec sa maîtresse et vous faites voler sa voiture. Il est obligé d'appeler un taxi ? Vous faites en sorte de prévenir sa femme pour qu'elle puisse l'accueillir en connaissant déjà tous les détails. » Il n'est pas un adversaire qui soit à l'abri des attaques sur sa vie privée. Avant sa mort en 1999, Chantal Pacary, l'épouse de l'un des principaux faux facturiers du RPR, racontait à qui

1. Patrick et Philippe Chastenet, *Chaban, op. cit.*

voulait l'entendre, notamment à des journalistes, que son mari, Michel Pacary, avait l'habitude de filmer des remises de valises de billets derrière une glace sans tain. Elle assurait que la caméra de son époux lui avait aussi servi pour immortaliser des parties légères qu'il organisait, et ainsi « tenir » des personnalités.

Est-ce une manie érigée en système ? Un des ténors de l'opposition, membre du PS, a, lui aussi, fait l'objet en 2003 d'un chantage « odieux » et « douloureux » sur le plan privé. Un procédé – considère-t-il – qui aurait été destiné à le faire taire. Un jeune assistant parlementaire de droite, collaborateur de l'un des responsables de l'UMP, envoie à l'épouse de cet homme politique de gauche des messages plutôt déplaisants. Cet expéditeur est jaloux. Il reproche au député de se montrer trop avenant avec sa compagne et, pour ennuyer l'ambitieux, prévient sa femme. Pour se sortir de ce guêpier, le parlementaire recrute des détectives privés. Difficile en effet de mettre le dossier entre les mains de la police, auquel cas l'Élysée risquerait d'en être averti aussitôt. D'autant que le parlementaire soupçonne justement le « cabinet noir » de Chirac de lui faire un mauvais coup en manipulant le maître chanteur. Des rumeurs sur des « difficultés personnelles » de ce ténor de l'opposition ne circulent-elles pas dans les couloirs de l'Élysée ? Les détectives engagés mettent un nom sur l'impétrant. Ils sonnent à la porte de son domicile, rive gauche à Paris, et lui expliquent, sans mentir, avoir été mandatés par le député. Surpris, le jeune assistant parlementaire demande à vérifier leurs cartes professionnelles. Ils les lui tendent et lui parlent des messages indélicats. Les preuves sous les yeux, le jeune homme ne dément pas être à l'origine de ces harcèlements, mais jure qu'ils n'ont qu'un caractère privé. Après cette intervention, le jeune homme cesse de nuire. Qu'il ait été ou non l'agent d'une tentative de déstabilisation, cette affaire secrète prouve si besoin est que les politiques vivent dans l'obsession du complot sur leur vie privée, qu'ils rendent indissociable de leurs activités publiques.

5

Scènes de ménage en public

Chez nous, au pays de la politique et du libertinage toléré, la fin semble donc justifier les moyens. Dans les milieux de tout bord, on sait user de méthodes peu orthodoxes. En août 1987, Jean-Marie Le Pen effectue une tournée des plages pour battre la campagne avant l'élection présidentielle de 1988. Une journaliste québécoise, envoyée spéciale d'un quotidien de Montréal, Denyse Beaulieu, paie de sa personne pour entrer quelques jours dans son intimité, entre La Trinité-sur-Mer et Dinard. Le Pen donne sa version : « Cette femme, qui avait une fausse carte de presse, nous avait suivis pendant la tournée des plages. C'était une fausse Canadienne, une femme dodue, appétissante. Elle m'avait dit qu'elle ne pouvait pas rejoindre son photographe. Je lui ai dit : "Montez avec nous en voiture." On l'avait invitée à dîner. » Quelques jours plus tard, la journaliste publie dans le mensuel français *Globe* le contenu des confidences qu'elle a recueillies au contact étroit de Le Pen. On comprend que si ce n'est pas sur l'oreiller, ça n'en est pas loin. Le magazine, réputé pour son soutien inconditionnel à Mitterrand, ne rate pas l'occasion d'égratigner sérieusement le chef de l'extrême droite. Entre autres gracieusetés sur les étrangers, Le Pen lui aurait même fredonné l'hymne SS à l'oreille. Le Pen : « Elle avait dit que j'avais plus ou moins tenté quelque chose. Mais si j'avais tenté, j'aurais réussi. Le photographe avait fait des photos de moi dans sa chambre d'hôtel à elle. C'était un coup d'espionnage. »

Trois ans auparavant, c'était de sa propre épouse qu'était venu le coup. En octobre 1984, Pierrette Le Pen quitte la maison que le président du Front national possède dans le parc de Montretout, à Saint-Cloud. Le divorce va donner lieu à un déballage de linge sale comme rarement la République en a connu. La jeune Landaise avait rencontré celui qui était alors un député récent en 1958, à une soirée de gala. En 1972, après quatorze ans de vie commune, elle avait une première fois demandé le divorce, mais était revenue au foyer. Quelques jours avant la présidentielle de 1974, l'épouse du candidat semblait à nouveau énamourée, puisqu'elle clamait dans *Le Figaro* : « J'aime voguer dangereusement avec mon corsaire breton[1]. » En mars 1984, elle veut à nouveau partir, mais, à la veille des élections européennes, s'abstient. Et voilà qu'en octobre, elle plaque pour de bon celui qui lui « promettait l'Élysée comme pied-à-terre parisien[2] ».

C'est la spirale infernale. Pour se venger, Pierrette Le Pen accuse celui qui est encore son mari de la diffamer dans tout Paris, en la faisant passer pour une droguée et une voleuse. Elle se confie en décembre 1985 au magazine *Lui* : « Je n'allais pas, de législatives en cantonales, de présidentielles en municipales, me condamner au bagne jusqu'à mon dernier jour. » Virulente, elle le traite de tous les noms. Jean-Marie serait « invivable, violent ». Elle ajoute : « Le Pen n'est pas un homme de droite. C'est un misogyne marxiste. Il n'aime pas les femmes... » Pierrette observe même que, dans sa fameuse phrase sur les cercles concentriques de l'affection, Le Pen n'a jamais dit « je préfère ma femme aux autres femmes », mais « je préfère mes filles à mes niè-

---

1. *Le Figaro*, 22 avril 1974.
2. *Lui*, décembre 1985.

ces, mes nièces à mes cousines, mes cousines à mes voisines ». Où est l'épouse ? Le psychanalyste Ali Magoudi lui aussi remarquera cette curieuse omission.

Le 26 avril 1987, de sa maison de La Trinité-sur-Mer, l'éternel candidat se déclare. Selon ses propres mots, il prononce « une déclaration d'amour à la France et aux Français ». En fait de désamour, le déballage entre les époux Le Pen va bientôt mal tourner. En avril 1987 justement, Le Pen accorde une interview au magazine *Playboy*. Interrogé sur les difficultés financières de son épouse, il persifle : « Elle n'a qu'à faire ce que font les gens qui ont acquis l'indépendance de leur vie : soit se faire entretenir par son amant, soit travailler. Y compris en faisant des ménages, ce qui n'est pas déshonorant. » Monsieur va être servi. Madame le prend au mot. En juillet 1987, elle s'offre en spectacle dans les pages de *Playboy*, en posant nue en costume de soubrette. « La femme de ménage est une obsession chez lui. Aussi je suis sûre que ce reportage va lui plaire et qu'il m'appréciera enfin à ma juste valeur... » Sur six pages, Pierrette Le Pen étale tout sourire ses formes girondes sous toutes les coutures. Les jambes, les fesses, les seins, elle dévoile son intimité. Le magazine vend en moyenne 170 000 exemplaires à l'époque, mais pour l'occasion, 800 000 en sont imprimés. Les trois filles du couple Le Pen sont révulsées. Yann : « J'étais très fière de ma mère. Maintenant, c'est une playmate[1]. » Marine : « Une mère, ça fait partie d'un jardin secret, pas d'une décharge publique... » Marie-Caroline : « Ces photos sont parues quinze jours avant mon mariage, vous parlez d'un cadeau ! »

À l'époque, le président du FN ne manque pas d'auto-dérision : « Si tous les cocus de France se mettent à voter pour moi, je serai un jour président[2]. » Un soir de l'automne 2005, dans un salon au premier étage de sa

---

1. *Paris Match*, 3 juillet 1987.
2. Lorrain de Saint-Affrique et Jean-Gabriel Fredet, *Dans l'ombre de Le Pen*, Hachette Littératures, 1998.

maison de Saint-Cloud, il revient sur l'affaire : « C'est sûr que quand on implique sa famille dans sa vie publique, on prend des risques. Pour ce qui me concerne, les médias n'ont pas eu la même pudeur que pour Sarkozy. Ils se sont servis de cet épisode contre moi sans vergogne. » Sur le moment, en Grande-Bretagne, le *Sunday Times* s'étonne pourtant que les médias français évoquent si peu cet « événement ». L'hebdomadaire conservateur conclut : « Mais la France, c'est comme ça. » Le Pen s'en souvient : « Les politiques n'ont rien dit, car très peu sont capables de faire les importants ou les triomphants en la matière ; il était choquant que Pierrette fasse cela pour me nuire politiquement. » On doit d'ailleurs à la vérité de dire que le divorce fut prononcé aux torts exclusifs de sa femme.

Dans son numéro du 17 juin 1987, *Le Canard enchaîné* publie des « rebondissements dans l'affaire Le Pen » sous le titre : « Le fesse à fesse du couple infernal. » Deux photos montrent, pour l'une la croupe de Pierrette, un aspirateur à la main, l'autre le postérieur dénudé de monsieur, en train d'enlever sa culotte. Ce cliché a été pris deux ans plus tôt à l'île des Pins, en Nouvelle-Calédonie. *Le Canard enchaîné*, qui se targue de ne jamais évoquer la vie privée, fait là une exception notable. Chaque lecteur, sous la chemise à fleurs de Le Pen, distingue en effet très clairement son appareil génital. Argumentation du journal satirique : « Il n'est pas dans nos habitudes d'intervenir dans les scènes de ménage, mais celle-ci étant d'essence politique et de notoriété publique, nous ne pouvions garder par-devers nous un document comme celui-ci, et nous avons décidé de verser cette pièce au débat[1]. » Argument un peu tiré par les cheveux... C'est là, très clairement, un coup porté contre Le Pen en raison d'une hostilité politique. En référé, l'avocat de Jean-Marie Le Pen, qui plaide « l'exploitation politique d'une scène de

_____
1. *Le Canard enchaîné*, 17 juin 1987.

ménage », ne parvient pas à faire saisir le journal. *Le Canard* sera tout de même condamné au fond, à verser 100 000 francs de dommages et intérêts. Aujourd'hui, Le Pen s'en amuse : « Avec cet argent, je me suis offert un voyage à Acapulco. De là-bas, j'ai envoyé au *Canard* une belle carte d'Acapulco : "Merci pour ces bonnes vacances[1]." »

Le Pen : « Quand on a une ambition, une vie sociale digne est la moindre des choses. Moi, j'ai été un mari fidèle. En tout cas, j'aurais été choqué de la révélation d'incartades. » Cela a-t-il failli arriver ? L'intéressé répond à la question : « Un jour, j'étais jeune député, un rat de couloir de l'Assemblée nationale me dit : "Jean-Marie, le PC va sortir un dossier sur toi." À la tribune, je clame : "Je ne chante jamais, même au son des balalaïkas." » Pour éviter d'autres désagréments, Jean-Marie joue les tourtereaux énamourés avec sa seconde femme, qui porte le même prénom que lui. Jeanne-Marie Paschos préfère qu'on l'appelle Jenny, ou Jany. Dans un album à la gloire de Le Pen, publié en septembre 2001, elle raconte leur rencontre : « Nous sommes au printemps 1985. Un ami me téléphone et me dit : "Toi qui es si douée pour organiser des fêtes, tu ne pourrais pas inviter un de mes amis ? Il est divorcé et même s'il vit avec ses trois filles, il se sent un peu seul…" » Un an plus tard, il la rappelle. « Je décroche, j'entends sa voix, je sens mes joues qui rosissent, mes jambes qui flageolent. Ça y est : il m'a appelée ! Youpi ! C'est magnifique ! C'est l'amour ! » Tout cela est d'un romantisme à l'eau de rose tout de même caricatural. Pendant cinq ans, les tourtereaux vivront « un peu en cachette, à la dérobée ». À croire Jany, qui épousera Jean-Marie en 1991, il est « un immense sentimental ». Celui qui est l'un des hommes les plus détestés de France « a besoin d'être aimé aussi fort qu'il aime les autres ».

---

1. Entretien avec les auteurs, 21 octobre 2005.

Cela dit, Le Pen n'a pas l'habitude de prononcer que des mots doux, comme il l'a prouvé si souvent au cours de sa carrière. Et même à l'égard de sa femme il peut se montrer quelque peu vulgaire. Le 8 octobre 2005, à la fête « bleu blanc rouge » au Bourget, Jean-Marie visite le stand de l'association de sa femme Jany. On lui propose de fumer le narguilé. Le président du Front national lance à la cantonade : « Chérie, tu ne m'avais pas préparé ma pipe[1]. » Manifestement, le narguilé fonctionne mal. Le Pen poursuit : « Je reviendrai quand tu seras en mesure de me faire une bonne pipe. » Quelques jours plus tard, le président du FN proteste de sa vertu : « Le journaliste qui a relaté ces propos ignore qu'un narguilé est une pipe à eau. Il a pris ça pour les mille et une nuits[2] ! » Protestations d'enfant de chœur... Le Pen aime à jouer avec l'ambiguïté et crier ensuite au complot. Cela lui a si bien réussi. La vulgarité et les écarts de comportement n'ont pas toujours d'effet repoussoir pour les électeurs, qui ne plébiscitent pas que des modèles de vertu.

1. *Libération*, 10 octobre 2005.
2. Entretien avec les auteurs, 21 octobre 2005.

6

Vendettas à Clochemerle

En 1996, Patrick Balkany est sur le point de devenir un loser absolu. Il vient de perdre la mairie de Levallois après avoir écopé d'une peine de quinze mois de prison avec sursis et deux ans d'inéligibilité dans un dossier d'emplois fictifs. Sans mandat électif, lâché par ses amis politiques, celui qui est déjà proche de Sarkozy entame à l'époque une longue traversée du désert. Sur le plan personnel, il est séparé de son épouse, Isabelle. Le couple a engagé une procédure de divorce. Le maire déchu vit depuis un an avec une nouvelle compagne, une architecte, Sibylle de Margerie. Mais voilà que cette dernière dépose plainte contre lui. Elle raconte avoir voulu le quitter et qu'il ne l'aurait pas supporté. Pour l'en empêcher, Balkany l'aurait menacée avec une arme de poing dans son appartement boulevard de Courcelles à Paris. Mieux, un 357 Magnum à la main, il lui aurait imposé une fellation. Une enquête pour menaces avec arme et violences sexuelles est ouverte et Balkany est entendu en juillet à la 1re division de police judiciaire. Il concède qu'il possède bien une arme, mais jure qu'elle se trouve à la campagne. Selon lui, il n'a exercé aucune menace : « Je lui ai dit que je ne me remettrais jamais de son départ. Elle m'a consolé, fait un câlin et l'on s'est endormis[1] », résume-t-il. Isabelle Balkany

_____
1. *Le Parisien*, 2 juillet 1996.

vient au secours de son mari, avec cette phrase désormais célèbre dans les arcanes de la politique : « Mon mari n'a jamais eu besoin d'un revolver pour se faire tailler une pipe[1]. » De fait, aucune suite judiciaire ne sera donnée à l'affaire. En mars 2001, Balkany est réélu à la tête de la mairie. Comme quoi les habitants de Levallois ne lui tiennent rigueur ni de ses turpitudes financières, ni de ses faits d'armes sexuels.

En province, de tels dossiers peuvent aussi défrayer la chronique. Au nord de Paris, Hanvoile est une localité tranquille, où l'on cultive les betteraves, mais pas particulièrement le goût du scandale. Cependant, le maire de cette petite commune de l'Oise, réputée pour son joli clocher, a été au centre d'une affaire sulfureuse mêlant sexe, mensonge et politique. L'un de ces feuilletons qui alimentent les brèves de comptoir. L'histoire a aussi ébranlé les états-majors départementaux de l'UMP et du PS. En 2003, Thierry Maugez est membre de la section départementale de l'UMP, présidée par Jean-François Mancel. Le jeune maire brigue l'investiture aux élections cantonales de mars 2004. Plusieurs élus locaux jouent des coudes pour être sur les rangs. Candidat dans le canton de Songeons, Thierry Maugez comprend assez rapidement qu'il ne sera pas retenu. Il décide alors d'offrir ses services au camp d'en face, en l'occurrence au Parti radical de gauche (PRG), qui ne dispose pas de candidat. Le transfuge obtient l'investiture et se lance dans la campagne. Les critiques se focalisent sur la fragilité de ses convictions : « Il est candidat de gauche alors qu'il était au RPR quelques mois avant », grincent ses adversaires. Thierry Maugez dément mollement, mais un journal local publie son ancienne carte d'adhérent au RPR. Contre toute attente, le jeune élu gagne les élections dans son canton.

Cette victoire n'est pas qu'une satisfaction personnelle. En effet, le conseil général de l'Oise passe alors à

---

1. *Libération*, 23 mars 2001.

gauche... grâce à un siège, celui de Thierry Maugez !
Exit Mancel, patron du département. Le recalé de
droite devient un héros de gauche. Cependant, quelques
semaines plus tard, le transfuge offre un visage moins
glorieux. L'élu est jugé, en effet, devant le tribunal correctionnel de Paris. L'objet ? Une affaire de mœurs
embarrassante. Maugez est soupçonné d'avoir proposé
une fellation à un sans-abri à la gare de l'Est à Paris,
où il travaille, et de lui avoir effleuré le sexe. Le SDF a
porté plainte contre le conseiller général. Le 6 mai
2004, le tribunal condamne ce dernier à 1 000 euros
d'amende. Maugez ne parvient pas à éviter que son procès ne s'ébruite. Sur le plan local, l'affaire fait le tour
du conseil général. Dans son coin de l'Oise, les choses
s'enveniment : « Plus aucun maire ne voulait lui serrer
la main », se souvient un élu. Vingt-quatre des vingt-six
maires de son canton signent une lettre de défiance
pour des « questions de moralité » et l'envoient au préfet. En plein désarroi, Thierry Maugez annonce à ses
proches qu'il va démissionner. Pour la gauche, cela
signifie la perte de la majorité au conseil général. Dramatique ! Il faut réagir. D'où une contre-offensive.

Le président du conseil général fait appel à une
société privée, Serenus Conseil, présidée par un ancien
de la DGSE. Cette société suggère de mettre le
conseiller général en question au vert, le temps qu'il
retrouve sa sérénité. Les bureaux du président du
conseil général et de son directeur de cabinet sont
même passés au détecteur de micros, car l'équipe dirigeante soupçonne l'entourage de Mancel d'avoir piégé
les murs avec des systèmes d'écoute. En avril 2004,
juste avant l'élection du président du conseil général,
où sa voix peut faire basculer la majorité, Thierry
Maugez subit une pression incroyable : « J'ai été placé
sous protection. Des gars en costume bleu marine et
lunettes noires tournaient autour de ma voiture. C'était
comme dans un film ! J'ai été destinataire de plusieurs
enveloppes pleines de photos d'hommes nus à mon
domicile parisien. Des membres de mon conseil muni-

cipal ont reçu des appels téléphoniques d'intimidation :
"Si Maugez vote à droite, on laisse tomber." Il a fallu
tenir les conseils municipaux sous la garde des gendarmes. C'était une vraie cabale politique. Cependant, j'ai
gardé le soutien de mes électeurs. » En même temps, la
gauche brandit la menace de supprimer les subventions
à certains maires. Ceux-ci sont ainsi incités à signer une
lettre affirmant que, tout bien réfléchi, ils ne réclament
pas la démission du pécheur. Mais voilà que le parquet
général fait appel de la condamnation de première instance. Officiellement, le procureur général veut un nouveau procès parce qu'il entend requérir une injonction
de soins. La gauche craint une peine d'inéligibilité, dont
la portée politique serait immédiate. Finalement, le
conseiller général est condamné en appel à la même
sanction qu'en première instance.

Ce genre de péripétie autour d'incidents sexuels
arrive plus souvent qu'on ne le pense. Une nuit de 1991,
une scène curieuse se produit au Chesnay. Le premier
adjoint de cette commune des Yvelines, Christian Le
Meignen, fait distribuer dans les boîtes aux lettres un
tract qu'il a imprimé à cinq mille exemplaires avec sa
photocopieuse. L'édile y dénonce la gestion municipale
du maire du Chesnay, qui a pour principal défaut, à ses
yeux, de lui avoir ravi sa femme avec qui il vivait depuis
dix-huit ans. Le Chesnay prend des allures de Dallas
banlieusard. « Un élu ne peut séparer sa vie privée,
qui doit être la plus irréprochable possible, de sa vie
publique », écrit en substance l'adjoint délaissé, qui a
pour modèle « Charles et Yvonne de Gaulle ». De plus,
l'épouse du premier adjoint a eu le mauvais goût de
s'afficher avec le maire lors de manifestations publiques. Le malheureux démissionne du conseil municipal
et affiche son infortune pour mieux dénoncer son
adversaire. Le premier magistrat du Chesnay dépose
alors plainte pour diffamation. Cependant, les magistrats du tribunal correctionnel de Versailles relaxent le

premier adjoint. La justice ne l'a pas humilié une seconde fois. Si les juges relèvent le « caractère injurieux » du tract, ils ne le jugent pas diffamatoire. Une mince satisfaction pour un homme malmené par le sort jusque-là.

7

Les archives du Coral

Le problème avec les montages, même s'ils sont bien enfouis, c'est qu'ils finissent toujours par remonter à la surface. En l'occurrence, c'est dans la pénombre d'un garage de Plaisir, dans les Yvelines, que le 19 février 1997 les policiers de la Direction de la surveillance du territoire (DST) exhument de curieux dossiers. Un informateur les a avertis que Christian Prouteau, chef de la cellule antiterroriste à l'Élysée sous Mitterrand, y avait entreposé des documents secret défense, qu'il n'aurait pas dû conserver. Dans cette cachette, les fonctionnaires du contre-espionnage tombent sur des valises, ou plutôt des cantines, remplies de dossiers sensibles : études classifiées sur des cellules terroristes, rapports de missions dans des pays étrangers, relevés d'écoutes téléphoniques, cassettes, photos. Le matin du 14 mars 1997, après que les services secrets ont expurgé l'essentiel des notes secrètes, il faut pas moins de trois magistrats en parallèle pour établir l'inventaire du reste. Juges d'instruction au tribunal de grande instance de Paris, Jean-Paul Valat, Michel Meurant et Étienne Apaire s'attellent à la tâche au même moment, à onze heures moins le quart.

Dans les boîtes qu'il ouvre une à une, l'un d'eux découvre d'étonnantes liasses. Ainsi, d'une cantine métallique de couleur verte, il extrait une chemise rouge intitulée « Lutbert empreinte 1987-1988 », qui se rapporte à une étonnante affaire de chantage au Conseil supérieur de la magistrature (CSM). Un huissier, Lutbert, avait trouvé des courriers compromettants de la présidente du CSM à Mitterrand. À l'intérieur de la même chemise rouge se trouve aussi une enveloppe à en-tête de la présidence de la République, contenant une bande « dynamo » sur laquelle il est écrit : « président au 11 quai Branly chez amante Jaivule 141287 ». De curieuses allusions à la maîtresse cachée de Mitterrand, Anne Pingeot, domiciliée à l'époque dans le fameux appartement du quai Branly à Paris. D'une autre boîte d'archives, issue de la cantine verte, le juge sort une chemise bleue portant la mention « Coral ballets bleus ». La chemise contient « un grand nombre de coupures de presse ainsi que différents documents évoquant cette affaire[1] ». Une affaire explosive, du genre explosion en chaîne. Un quart de siècle plus tard, on ne sait toujours pas très bien qui a allumé la mèche.

Ce dossier des « ballets bleus du Coral », Prouteau le tenait du capitaine Paul Barril, son adjoint à la tête du GIGN, le groupe d'élite de la gendarmerie. Barril se souvient : « Dans cette histoire, je me fichais de la vérité, et le chef de l'État se fichait que ce soit vrai ou pas. Mais il fallait arrêter la manipulation et le chantage. Des fonctionnaires du Groupe d'action mixte, membres de la cellule, se sont rendus en province pour éteindre l'incendie. » Mais qui donc a allumé le feu, et quel feu ? Tout commence en octobre 1982 avec l'enquête d'un juge d'instruction, Michel Salzmann, sur une affaire de pédophilie au Coral, un centre pour enfants inadaptés situé à Aimargues, dans le Gard. Des familles ont porté plainte. Le directeur du centre, Claude Sigala, le médecin psychiatre et des éducateurs sont soupçonnés de s'être adonnés à des scènes coupables avec des adoles-

---

1. Procès-verbal d'ouverture de scellés provisoires et de constitution de scellés définitifs, 14 mars 1997, n° CR : 32/93.

cents. Ils le contestent, malgré les témoignages et en dépit de leur propre doctrine, qui prescrit que « tout est possible entre deux individus, quel que soit l'âge ou le sexe ». Partant de ce dossier, deux frères sèment une folle zizanie à coups de « révélations » plus ou moins bidonnées. La fratrie par qui le scandale arrive est composée de Jean-Claude et Michel Krief, dont on ne sait trop si en eux la mythomanie l'emporte sur la manipulation ou l'inverse. Ils font preuve, en tout cas, d'un art consommé de l'agit-prop judiciaire.

Ancien animateur d'un club de photographie à Nanterre, Jean-Claude Krief se présente au commissariat de police de La Villette, à Paris, où il témoigne que, ayant pris attache avec des pédophiles, il est remonté de fil en aiguille à un réseau autour du Coral. En délicatesse avec la justice pour une affaire de chèques falsifiés, dans laquelle au surplus il a manqué à ses obligations de contrôle judiciaire, Jean-Claude Krief est interpellé quelques jours plus tard. Interrogé par la brigade des stupéfiants et du proxénétisme dans le cadre du dossier du Coral, le jeune homme transmet aux policiers une liste de personnages prétendument liés à l'affaire de pédophilie, parmi lesquels figurent un journaliste, un écrivain et un philosophe, mais aussi deux personnalités du gouvernement en place : le ministre de la Culture, Jack Lang, et Jean-Pierre Rosenzweig, chef de cabinet de la secrétaire d'État à la Famille. Comme le dira plus tard Jean-Claude Krief : « Mon frère Michel avait eu l'idée du chantage au ministre. Pour se faire un peu de fric. » Un soir, Michel Krief se fait arrêter par la police alors qu'il se rend à un rendez-vous avec Gilbert Estève, le chef de cabinet de Jack Lang. La tentative ne reposait que sur le fait que l'un des futurs inculpés du dossier connaît Lang.

Fondateur du groupe d'activistes Les Apaches marginalisés, Michel Krief informait les RG depuis cinq ans sur les mouvances d'extrême gauche. Un matin, à sa sortie du commissariat de police du Ve arrondissement, il boit un verre dans un café du quartier Maubert-

Mutualité avec son officier traitant aux RG. Ce dernier, Bernard Stanek, *alias* « Pascal », se souvient de la conversation : « Ce jour-là, Michel Krief me dit qu'il est en mesure de fournir la liste de soixante-trois personnalités politiques et intellectuelles en relation avec le Coral. » Un autre jour, ajoute Stanek, « Michel révèle avoir caché à cinq endroits différents des exemplaires de photos compromettantes ». Le policier des RG avertit sa hiérarchie. Qui lui dit de laisser faire la police judiciaire, chargée du dossier. Stanek, lui, jure qu'il veut protéger sa source. Son chef de service à la 9e section, Jean-Claude Bouchoux, finira par le muter, en lançant : « Bernard, tu déconnes, je n'arrive pas à savoir ce que tu fais. » Mais avant cela, l'affaire enfle encore.

Car Jean-Claude Krief fait le tour des rédactions avec un procès-verbal à en-tête de la direction de la police judiciaire parisienne, dans lequel il raconte une partouze pédophile à laquelle aurait participé Lang. Le procès-verbal est un faux grossier, pour lequel Jean-Claude Krief sera plus tard condamné. À l'hebdomadaire d'extrême droite *Minute*, auquel la pièce de police trafiquée est proposée, les journalistes s'aperçoivent qu'on leur a tendu un piège. « Il s'agissait d'une machination policière pour nous nuire », accuse Jean Roberto, à l'époque rédacteur en chef de *Minute*. Sauf qu'on imagine mal un gouvernement se mettre lui-même en cause pour nuire à un organe de presse ! Circulent aussi des photos d'un homme enlaçant un enfant dans une posture que la morale et la loi réprouvent. Certains croient y reconnaître le chef de cabinet de Georgina Dufoix. À l'époque, le trucage des photos n'est pas encore un jeu d'enfant, mais déjà à la portée d'un amateur averti. Bernard Stanek remet un jeu de clichés au capitaine Barril. À vrai dire, il s'agit de reproductions, puisque Stanek lui-même n'a pas vu d'originaux. « J'en ai fait à mon tour une photocopie », confie Barril. Après quoi le secrétaire général de l'Élysée, Jean-Louis Bianco, convoque un jour Georgina Dufoix. Elle raconte : « Bianco m'a mis deux ou trois photos sous les yeux en me demandant si je reconnaissais mon chef de cabinet. Je n'ai pas hésité une seconde. Ce n'était pas du tout lui. » Des années plus tard, le cliché se retrouvera sur un CD-Rom pédophile saisi par la justice belge. Le règlement de comptes à « OK Coral » aura dépassé les frontières.

8

Vilenies de campagne

De mémoire d'homme politique, la campagne de 1995 fut l'une des plus viles. Entre les anciens « amis de trente ans », Edouard Balladur et Jacques Chirac, c'était la guerre. Contre le maire de Paris, il y avait les affaires financières à lancer tels des missiles. Mais contre le Premier ministre ? Soudain, une rumeur aberrante et venimeuse se répand dans les milieux « informés », comme on disait autrefois. En substance : « Balladur apprécie un peu trop son directeur de cabinet, Nicolas Bazire. » Pour ses qualités professionnelles, mais pas seulement. Plus clairement, les deux hommes entretiendraient une liaison pour tout dire « intime et homosexuelle ». Cette nouvelle hallucinante n'est évidemment pas innocente. On cherche à saper la respectabilité du chef du gouvernement. Pour étayer la rumeur, des adversaires de Balladur font même l'inventaire de ses anciens cabinets pour y recenser les hommes jeunes[1]. Ils évoquent une histoire de gants offerts par le Premier ministre à son plus proche collaborateur.

L'écrivain Denis Tillinac se souvient qu'au quartier général de la campagne de Chirac, Balladur était dépeint comme un petit marquis. « Inutile d'avoir fait l'école freudienne pour savoir qu'un petit marquis, ça fait homo-

---

1. Claude Angeli et Stéphanie Mesnier, *Le Nid de serpents*, Grasset, 2006.

sexuel », s'amuse Tillinac. À l'époque, même le petit personnel de Matignon commence à colporter les ragots les plus absurdes. Le plus incroyable, c'est qu'un habitant de Chamonix, qui a sa maison juste à côté de la résidence secondaire de Balladur dans la capitale de l'alpinisme, réussit à scanner les conversations téléphoniques passées sur le téléphone mobile d'intérieur du Premier ministre. Ce montagnard très curieux, non seulement scanne, mais il enregistre et confie les cassettes à un policier de l'antenne locale des RG, qui lui-même transmet à sa hiérarchie, et cela remonte jusqu'au ministre de l'Intérieur, Charles Pasqua. Sur les bandes, il y a des conversations de proches de Balladur qui évoquent la rumeur. Les RG rédigent une note sur le sujet. Pasqua la fait aussitôt porter par motard au directeur de cabinet du Premier ministre. La DGSE se fend également d'un rapport en expliquant les risques de voir éclater une nouvelle affaire Markovic[1]. En douce, les balladuriens accusent les chiraquiens de manipulations sulfureuses.

Rédacteur en chef du *Canard enchaîné*, Claude Angeli se souvient : « Les conseillers de Chirac balançaient à tout-va. Il était fascinant de voir à quel point la haine allait loin[2]. » Le directeur de cabinet de Balladur, Nicolas Bazire, ne sait quoi faire. Démentir par communiqué ? Impossible. Proche de Nicolas Sarkozy, Brice Hortefeux était à l'époque membre de l'équipe de campagne : « Bazire était choqué. » Puis, c'est au tour de Sarkozy de l'être. Début 1995, Claude Angeli et Stéphanie Mesnier publient *Le Nid de serpents*, qui évoque clairement la rumeur. Les proches de Balladur sont fous furieux. Inquiets ou un peu paranoïaques, ils ont l'impression que le livre entretient ce qu'il prétend dénoncer. À la même époque, l'humoriste Patrick Sébastien présente à la télévision un sketch façon *Cage aux folles* mettant en scène Sarkozy, à l'époque ministre du Budget, et fervent soutien

---

1. *Ibid.*
2. Entretien avec les auteurs, 19 octobre 2005.

de Balladur. C'est Bernard Montiel qui interprète le personnage de Sarko, qui chante les paroles de Nicole Croisille : « Je ne suis que de l'amour. » Le sang du ministre ne fait qu'un tour. Pour lui, c'est clair, Patrick Sébastien, dont les amitiés chiraquiennes sont connues, participe à cette campagne. Le ministre, furieux, appelle l'humoriste. Sébastien plaide sa bonne foi : « Comme je suis ami avec Chirac, Sarkozy a cru que je l'avais fait à dessein. Au téléphone, il hurlait : "Tu me fais passer pour un pédé, mes gosses ont vu ça. C'est inacceptable !" » Brice Hortefeux confirme la colère de l'époque : « Nicolas l'avait très mal pris. Il a été choqué, pas tant sur le plan de l'expression publique que sur celui de sa vie personnelle et familiale. »

La campagne présidentielle dérape. Mais les coups bas visent tout le monde. Et pas seulement les rivaux politiques. Depuis des mois, un magistrat s'intéresse aux finances du RPR. Le juge d'instruction de Créteil, Éric Halphen, enquête sur l'affaire des HLM de la Ville de Paris et dispose d'éléments pouvant mettre en cause le candidat Chirac. À la même époque, Halphen rencontre une jeune et jolie journaliste qui suit l'affaire – travaillant elle aussi au *Figaro*, journal décidément tendance. Ensemble, le juge et la journaliste, qui ne se cachent pas, partent en vacances en Guadeloupe. Payés par une officine, des photographes en planque immortalisent l'idylle au soleil. À quelle fin ? Éric Halphen : « L'intention était de les faire publier dans un tabloïd anglais pour qu'un journal français les reproduise en feignant de s'offusquer[1]. » But de la manœuvre : décrédibiliser le juge à travers sa relation avec une journaliste, soupçonnée de recueillir des confidences sur l'oreiller. Aucun journal n'est tombé dans le piège, toutefois le magistrat en a tout de même été un peu blessé. Mais l'heure n'est plus à Marivaux. Machiavel est entré en scène.

---

1. Entretien avec les auteurs, 14 juillet 2005.

9

Jospin, l'homme à abattre

Pendant l'été 2005, sur l'île de Ré, un vent mauvais souffle sur la petite maison à la façade blanche occupée par Lionel Jospin et son épouse, Sylviane Agacinski. Les anciens locataires de l'hôtel Matignon passent traditionnellement les beaux jours dans le village d'Ars-en-Ré. Depuis Paris, une rumeur a traversé l'Atlantique pour s'inviter dans l'intimité estivale du couple. L'ancien Premier ministre entretiendrait une liaison avec une actrice. Selon une version, il s'agit d'Isabelle Huppert, et selon l'autre de Nathalie Baye. C'est l'une de ces histoires que se racontent journalistes et hommes politiques dans les salons parisiens, et qui, sans fondement au départ, finissent par devenir des semi-vérités à force d'être répétées. Qui est à l'origine ? Un proche de Jospin croit savoir que les fabiusiens, qui ne tiennent pas l'ex-Premier ministre dans leur cœur, en seraient les initiateurs. La rumeur, qui reviendra de manière récurrente dans les mois suivants, contrarie vivement Jospin, qui ne badine avec ces choses-là. S'il n'est pas insensible au charme des jolies femmes, il n'est pas de la race des coureurs. Il adore raconter à qui veut l'entendre les circonstances de la rencontre avec son épouse, philosophe et féministe, et est l'un des rares à ne pas avoir de double vie dans le milieu politique.

Dans sa maison Lionel Jospin cherche des explications. Selon une proche du couple, il est peiné. Surtout pour sa femme. Pourquoi cette rumeur, et à ce moment-là ? Le candidat malheureux de la présidentielle 2002 consacre alors une bonne partie de ses journées à l'écriture de son livre, *Le Monde comme je le vois*[1], qui sera publié en octobre 2005. Le couple sort très peu. Ceci explique-t-il cela ? Les sondages créditent Jospin de scores flatteurs. Lui qui n'est officiellement candidat à rien paraît l'homme providentiel au moment où la gauche se déchire. Un retour en grâce ne serait pas du goût de tout le monde, et encore moins un retour tout court. L'ancien chef du gouvernement est tellement affecté qu'en mai 2006, à l'occasion du Festival de Cannes, une relation commune organise un « dîner conjugal » entre Nathalie Baye et le couple Jospin pour mettre un terme à la rumeur.

L'ancien Premier ministre n'en est pourtant pas à la première tentative de déstabilisation. En novembre 2002, quelques mois après la réélection de Chirac à l'Élysée, un commissaire des Renseignements généraux envoie au nouveau ministre de l'Intérieur, Nicolas Sarkozy, une sorte de lettre de confession, dans laquelle il narre quelques-uns des moyens qui ont été mis en œuvre pour nuire au candidat socialiste. Ce commissaire un rien fantasque, Hubert Marty-Vrayance, a noué des contacts étroits avec Yves Bertrand, le directeur des RG, et Didier Rouch, son chef de cabinet, chargé des affaires réservées. Une sorte de « cabinet noir ».

Le commissaire engage une série d'enquêtes parallèles à la demande de ses patrons (ce que ceux-ci contestent). Il s'intéresse notamment à la traque d'Yvan Colonna, alors en fuite, mais aussi au suicide de Pierre Bérégovoy le 1er mai 1993. À partir de 2001, les liens du commissaire avec Bertrand et son équipe sont plus étroits que jamais. Marty-Vrayance détaille les

---

1. Lionel Jospin, *Le Monde comme je le vois*, Gallimard, 2005.

commandes passées, toujours selon lui, par le directeur central des RG. Le programme vire au mauvais polar. « À titre d'exemple, il me demanda si je pouvais recueillir des éléments sur les tendances pédophiles de certains membres du cabinet Jospin », accuse Marty-Vrayance. Le commissaire assure avoir décliné l'offre, car le sujet était « trop prétexte à dérives ». Un soupçon d'éthique, peut-être ? En avril 2003, Bertrand jure en tout cas dans une interview à *L'Express* ne jamais avoir enquêté sur la vie privée des politiques, « à moins de quelque chose de très grave, comme un soupçon de pédophilie, ce qui est arrivé dans le passé[1] ». Le patron des RG aurait également demandé au commissaire d'assurer la promotion d'un livre sur l'« itinéraire politique secret de la famille Jospin, destiné à déstabiliser l'ancien Premier ministre en pleine campagne présidentielle ». Il s'agissait, en fait, d'un pamphlet sur le passé trotskiste de Jospin, où l'on apprenait qu'un jour, l'un de ses mentors en politique, Boris Fraenkel, l'aurait accompagné « acheter un joli pantalon rose aux Galeries Lafayette ». Le directeur des RG dément avoir joué le moindre rôle dans cette histoire.

Lorsque Jospin n'est pas visé, c'est son entourage proche qui est parfois la cible de campagnes de dénigrement. L'une d'entre elles a pris la forme d'un tract diffusé par une association non déclarée, l'Association des femmes battues (AFB). La cible ? Daniel Vaillant, un intime de Jospin qui a été son ministre de l'Intérieur pendant deux ans. Le calendrier ? Comme d'habitude, l'élection suprême qui approche excite les états-majors. Or atteindre un lieutenant, c'est indirectement toucher le chef. Le texte est en tout cas terrible : « Cela fait maintenant cinq ans que nous nous battons pour vous, afin de ne plus avoir à subir comme beaucoup d'entre nous les coups violents d'un mari ou d'un concubin. Aussi, nous nous élevons aujourd'hui pour que des élus

---

1. *L'Express*, 30 avril 2001.

comme Daniel Vaillant, député-maire du XVIIIᵉ, qui s'octroie le droit de tabasser sa femme, ne soient plus au-dessus des lois. » Le but de la feuille diffamatoire est évident : « C'est pourquoi nous vous demandons en tant que femmes et mères de famille de ne pas apporter votre voix le 25 mai et le 1ᵉʳ juin prochain à un homme qui ne respecte en rien les valeurs de la famille et qui veut nous faire croire que la sécurité et le social sont ses priorités alors que les coups et l'alcool sont sa seule vérité. » S'ensuit la photocopie d'une main courante enregistrée au commissariat de police du XVIIIᵉ arrondissement en date du 7 janvier 1996. Elle aurait été rédigée à la demande de l'épouse de Daniel Vaillant, qui prétend avoir quitté le domicile conjugal « suite à des harcèlements et des tortures mentales de la part de son mari ». Ces accusations graves sont reproduites dans un tract envoyé à des milliers d'exemplaires par la poste à toutes les femmes inscrites sur les listes électorales du quartier. Le coup est rude, même si chacun sait qu'il ne faut pas prendre pour argent comptant les accusations portées lors des crises d'un couple.

Aujourd'hui, Daniel Vaillant parle de l'affaire sans aucun problème : « À un moment, j'ai eu des ennuis dans mon couple. Un soir, en janvier 1996, alors que mes enfants et moi regardions un match de foot, ma femme est partie. Elle a fait une main courante. Sur cette base, il y a eu une campagne politique à l'occasion des législatives de 1997[1]. » Aussitôt, Vaillant dépose plainte, et sa femme avec lui. Les époux se séparent, mais l'un et l'autre estiment que c'est leur affaire. Qui a communiqué la main courante aux organisateurs de cette campagne ? Comment ce mailing massif et ciblé a-t-il pu être organisé ? Pour Vaillant, c'est clair. Les listes d'adresses des électeurs et électrices sont détenues à la mairie de Paris : « J'en passe commande quand je veux faire un mailing pour annoncer une réunion de

---

1. Entretien avec les auteurs, 13 juillet 2005.

compte rendu de mandat. J'appelle la mairie, je paie le Trésor public, et on me l'envoie sous forme d'étiquettes nominatives. Le fichier de la 18ᵉ et de la 19ᵉ circonscription avait été acheté par moi et deux autres candidats de droite. Je ne suis pas maso, ce n'est pas moi qui l'ai utilisé ! »

Depuis cette affaire, Vaillant ne serre plus la main de son ancien rival, Patrick Stefanini, un proche d'Alain Juppé, Premier ministre à l'époque où les faits sont sortis la première fois. Ce que Vaillant ignore, d'ailleurs, c'est que la main courante avait été transmise à Matignon par la hiérarchie policière le jour même où elle avait été rédigée. Pour contrecarrer l'opération, Vaillant organise une conférence de presse et dédramatise avec humour : « La seule femme que j'aie battue une fois, c'était Mme Pierre-Bloch aux élections. » C'était en 1994, et cette dernière avait fait l'objet d'une campagne de tracts la représentant sur un trottoir en femme de petite vertu : « J'avais expliqué à l'époque que je trouvais ça dégueulasse », note Vaillant. En 1997, la basse manœuvre contre Vaillant n'empêche pas Jospin de nommer son ami au ministère des Relations avec le Parlement. Mais cette sale histoire poursuit le ministre. Un ancien conseiller de Jean-Pierre Chevènement, ministre de l'Intérieur à l'époque, confie : « Les flics ne parlaient que de ça. Vaillant avait la trouille que ça sorte. » En 2000, Vaillant devient à son tour le « premier flic de France ». L'histoire fait à nouveau le tour des rédactions parisiennes. Il s'agit à travers son ministre de ruiner l'image du Premier ministre socialiste. Six ans plus tard, un conseiller de Nicolas Sarkozy se plaît à évoquer encore avec un sourire entendu la main courante visant Vaillant, dont il dit avoir une copie. Les dossiers noirs sont décidément bien rangés au ministère.

10

Opération « Mazarin » au Japon

Après avoir participé à bon nombre d'opérations vicieuses, les plus habiles deviennent, pourtant, à l'occasion les victimes. Justice immanente ? Juste les effets incontrôlés des coups portés autrefois ? Le samedi 26 mars 2005, Jacques Chirac débarque à Osaka. Le chef de l'État entame sa quarante-cinquième visite au pays du Soleil levant. Il ne fait pas mystère de son inclination pour la culture locale, ce président qui pousse son amour du Japon jusqu'à se faire livrer par la chaîne de télévision Eurosport les cassettes des matchs de sumo et qui, dans un petit coffre de son bureau à l'Élysée, détient les liasses de résultats des compétitions nippones. À Osaka, accompagné de plusieurs ministres, Chirac vient plaider pour la multiplication des partenariats industriels franco-japonais. Il doit également inaugurer le pavillon français de l'Exposition universelle Aichi 2005 à Nagoya. Ce passionné ne résistera pas non plus au plaisir d'assister avec sa délégation à un combat de sumotoris. Au grand désespoir de certains de ses invités – son épouse en tête –, moins férus de ces joutes ésotériques, et qui peut-être, comme Nicolas Sarkozy, jugent que « ce n'est pas un sport d'intellectuels ».

Sans que les journalistes soient avertis, la visite a débuté sous des auspices étonnants. En effet, Bernadette est arrivée en terre japonaise un jour avant son président de mari. La République avait mis à disposition un avion rien que pour elle. La première dame de France a passé la nuit dans un établissement du centre d'Osaka. Officiellement retenu par une réunion à Bruxelles, le président de la République a atterri en pleine nuit. Il s'est relaxé quelques heures dans un autre hôtel, situé à proximité de l'aéroport. Simple commodité ou raison privée ? Les autorités de Tokyo sont quelque peu étonnées. L'hébergement séparé du couple présidentiel français alourdit les dispositifs de sécurité. Alors que le convoi se met en place, un diplomate japonais avance une explication avec le plus grand sérieux : « Chirac en a profité pour voir son fils. » L'étonnante confidence surprend à peine dans les rangs de la délégation française. L'hypothèse d'un enfant illégitime de Chirac au Japon, sorte de Mazarin asiatique, circule depuis longtemps. À Paris comme à Tokyo. En 2002, un tabloïd japonais s'est fait l'écho de cette rumeur, qui est devenue, à dix mille kilomètres de l'Élysée, un sujet de plaisanterie. Un journaliste du *Asahi Shimbun*, le premier quotidien japonais, témoigne : « Une blague consiste même à dire que son fils est un champion de sumo très célèbre au Japon, car il a suivi tous ses combats. »

Au Japon, cette suspicion de paternité asiatique fait sourire. En France, elle donne lieu à une affaire d'État peu avant l'élection présidentielle. Quatre ans avant l'échéance, en 1998, un magistrat financier détaché à la DGSE, Gilbert Flam, prépare un rapport sur les *yakusas*, ces terribles mafieux japonais. Ce fonctionnaire en charge de la contre-criminalité s'intéresse à un banquier nippon, Shoichi Osada. Ce financier, patron de la Tokyo Sogo Bank, a une réputation sulfureuse, voire mafieuse. Les services français, bien renseignés, savent qu'Osada est sur le point de se faire arrêter par la police pour abus de biens sociaux et banqueroute frauduleuse. Gros problème : Chirac l'a rencontré en 1994 dans un luxueux hôtel dont Osada est propriétaire sur l'île d'Awashima, non loin du mont Fuji. Au Japon, la proximité du chef de l'État français avec Osada surprend. Une journaliste nippone raconte : « En 1996, l'ambassade de France avait organisé un déjeuner avec des personnalités. Tout le monde a été étonné de la présence de cet homme, alors qu'il n'était même pas sur la liste officielle. Il avait été rajouté à la demande de l'Élysée. » La presse locale évoque l'hypothèse d'un soutien financier d'Osada à Chirac. En 1998, le problème est crucial car Chirac s'apprête à nouveau à rencontrer ce sulfureux personnage. Un ancien responsable de la DGSE : « Chirac devait aller au Japon, où il s'apprêtait à décorer ce banquier, qui voulait devenir consul honoraire de France. Nous avons adressé une note pour mettre en garde l'Élysée. » Un incident qui va déclencher une tornade.

Cette note très sensible est envoyée aux conseillers du président de la République. L'Élysée n'en tient pas compte. Chirac n'en fait qu'à sa tête et décore son nouvel ami. En 1999, comme les services secrets français l'avaient prévu, ce dernier est arrêté. Un tribunal le condamne à dix ans de prison. Au Japon, les journaux s'empressent de publier les photos du financier véreux avec son prestigieux parrain. Puis les mois passent. Soudain, en juillet 2001, un conseiller de l'Élysée appelle la DGSE et enrage : « Alors, vous enquêtez sur Chirac ? » La présidence de la République prétend que le service se serait intéressé à Osada, mais aurait aussi cherché si Chirac n'avait pas au Japon un fils naturel. Le magistrat Gilbert Flam est placé sur le banc des accusés. Orienté à gauche, il aurait transmis un rapport sur le sujet au directeur général de la DGSE, Jean-Claude Cousseran. Celui-ci, considéré comme proche de la gauche, en aurait avisé Matignon. Ce qui ne semble pas absurde vu ses fonctions. L'entourage de Jospin aurait-il voulu s'en servir contre Chirac ? Selon cette version, le directeur du renseignement de la DGSE, Jean-Pierre Pochon, étiqueté à droite, aurait été court-circuité. À l'Élysée, la signature du complot tient dans ce détail. La situation se tend. Voilà l'État pris en otage pour une histoire sentimentale burlesque ! Pour dénouer l'affaire, et peut-être allumer un contre-feu, l'Élysée propose la création d'une commission d'enquête. Matignon, qui voit dans ces soupçons une manifestation de paranoïa, refuse. L'embrouille se transforme en coups de billard à trois bandes : la présidence voudrait la peau de Gilbert Flam, dont l'épouse, conseillère à la Cour des comptes, a été embauchée par Delanoë pour éplucher la situation financière... de la mairie de Paris ! L'équipe de Matignon voudrait, elle, déstabiliser Chirac à l'approche de l'élection présidentielle... Un ancien responsable de la DGSE : « Il n'y a jamais eu de notes sur la vie intime de Chirac. Ce genre de papier laisse des traces. Or, on n'a rien trouvé. » De fait, le patron de la DGSE, Jean-Claude Cousseran, a diligenté une enquête interne, sous la houlette du numéro 2, le général Champtiaux. Le rapport de ce dernier n'a ni confirmé ni exclu que Flam se soit adonné à des travaux parallèles. L'affaire paraissait close.

Mais en juin 2002, alors que Chirac vient d'être réélu, l'information sur cet imbroglio mêlant espionnage et politique est révélée dans *Le Monde*. Des fonctionnaires de la DGSE ont indiqué le dessous des cartes à un député socialiste, particulièrement hostile au chef de l'État, qui n'a visiblement pas gardé l'information pour lui... L'histoire est soldée par un grand ménage dans les eaux troubles de la Piscine : Jean-Claude Cousseran est brutalement remplacé par le chiraquien Pierre Brochand. Gilbert Flam rejoint le Palais de justice de Paris, où il ne veut plus entendre parler de cette « affaire liée à un contexte électoral particulier ». Jean-Pierre Pochon, longtemps payé à rester chez lui pour ne pas avoir senti le coup venir, cède aussi sa place. En novembre 2002, une lettre confidentielle spécialisée dans le monde du renseignement, *Intelligence on line*, assure qu'une note rédigée par le service de la contre-criminalité de la DGSE portait bien sur des « dépenses afférentes à l'éducation dans ce pays d'un jeune garçon, présenté comme l'enfant naturel du chef de l'État ». L'affaire va rebondir en mai 2006 dans le cadre de l'affaire Clearstream : le général Philippe Rondot, officier des services secrets, confirme devant les juges chargés d'une enquête pour « dénonciation calomnieuse » qu'il avait été chargé de « vérifier si des fonctionnaires de la DGSE n'avaient pas essayé, hors de leur hiérarchie, de monter un dossier contre le président de la République ». L'Élysée dément, de son côté, toute possession de compte bancaire au Japon.

Les rapports étroits entre Chirac et le Japon vont continuer à alimenter de multiples rumeurs. On lui prête ainsi des relations étroites avec la vice-présidente d'une galerie d'art japonaise, dont les bureaux se situent rue du Faubourg-Saint-Honoré, à deux pas de l'Élysée. Un fin connaisseur du Japon : « C'est une femme très belle et ambitieuse. C'est surtout une redoutable businesswoman, qui se sert de ses relations avec Chirac pour se faire de la publicité. » La patronne de la galerie avait, en fait, déjà ses entrées à l'Élysée, du temps de Mitterrand. La directrice associée d'un grand groupe de presse nippon est également réputée proche de Chirac. Installée à Paris, elle accompagne le PDG de cette société, reçu de temps à autre à l'Élysée. Cette femme qui fait office d'interprète de luxe participe également aux nombreux voyages du chef de l'État au Japon. En mars 2005, lors de son déplacement, Chirac a accordé une interview exclusive à la chaîne de télévision dont elle est l'une des dirigeantes, au grand dam des concurrents... Des photos de ces deux femmes embrassant Chirac ont été publiées au Japon. Choc culturel. « Au Japon, on ne s'embrasse pas, on se serre la main », souligne une journaliste nippone. Cette subtilité suffit pour alimenter la chronique des aventures de Chirac au pays du Soleil levant.

SEPTIÈME PARTIE

Derniers obstacles avant le sommet

Où l'on assiste aux basses œuvres du « gang des pau- pières lourdes ». Où l'on plonge au cœur de la campagne secrète pour le scrutin de 2007. Les sabotages, les chan- tages et les traquenards sont déjà lancés.

1

L'explosion d'un couple

L'homme qui rêvait de l'Élysée en se rasant le matin était fier d'avoir conquis autrefois cette grande brune élégante au regard azur. C'était bien avant la spirale infernale. Née en 1957, petite-fille du compositeur espagnol Isaac Albeniz, Cécilia a fait des études de droit, avant d'être mannequin chez Schiaparelli, puis attachée parlementaire du sénateur de l'Indre René Touzet. Sarkozy reçoit sur lui la foudre de l'amour le jour de 1984 où, en tant que maire de Neuilly, il unit Cécilia à Jacques Martin par les liens du mariage. L'élu et l'animateur ne sont plus amis pour très longtemps. Jacques Martin vivra très mal cette histoire d'amour. Mais il sera le dernier à s'en rendre compte ! En 1988, il est encore dupe. Incité par l'innocente Cécilia, le présentateur de *Dimanche Martin* rend un service à son ami maire de Neuilly. Pour lui faire plaisir, il participe au meeting de Chirac à la Concorde à l'avant-veille du second tour de l'élection présidentielle. C'est Nicolas qui lui tend le micro à la tribune.

Pourtant, dans l'ombre, c'est un vaudeville qui se joue. Cécilia est mariée et Nicolas aussi. En juin 2005, l'actrice Danièle Évenou, qui avait été la femme de Jacques Martin avant Cécilia, s'épanche lors de l'émission de Laurent Ruquier sur Europe 1. Elle narre des scènes auxquelles elle a assisté au milieu des années quatre-vingt, lorsqu'elle habitait encore à Neuilly. Sa gardienne lui avait glissé à l'oreille : « Vous devriez regarder les buissons en bas, vous verrez, le maire attend que les petites filles soient parties à l'école pour retrouver sa belle ! » Lorsqu'il réalise son infortune lors de vacances hivernales en montagne, Jacques Martin est défait. Une fausse rumeur court à ce sujet depuis des années. Un jour, le présentateur dépité aurait infligé un soufflet à celui qui l'avait trahi, sur le perron de l'hôtel de ville de Neuilly. Selon d'autres versions, l'admonestation se serait déroulée en pleine séance du conseil municipal. En vérité, l'ancien présentateur du *Petit rapporteur* et de *L'École des fans* n'a jamais commis pareil geste. Seulement un jour, lors d'un déjeuner avec une bande de copains au Fouquet's, sur les Champs-Élysées, Martin a lancé : « Je vais aller le gifler, celui-là. » À quoi le réalisateur Georges Lautner répondit sur-le-champ par une boutade : « Jacques, tu ne vas pas gifler le maire de tes enfants... »

En octobre 1996, Sarkozy épouse enfin Cécilia. Depuis l'échec de Balladur à l'élection présidentielle l'année suivante, il effectue une traversée du désert, mais il n'est pas seul sur le sable. Mme Sarkozy est là. Le couple file le parfait amour. En 1999, le maire de Neuilly se relance dans la bataille des élections européennes. Un journaliste politique : « Sarkozy avait besoin de mettre Cécilia en avant pour adoucir son image. Lorsqu'il allait dans des meetings, il se faisait insulter par les militants. Il se disait qu'avec sa femme, ce ne serait plus le cas... » Mais à l'été 1999, elle en a assez. Sarkozy le remarque : « Je la sentais s'éloigner d'un monde où, à ses yeux, les qualités humaines se font rares. Elle acceptait de moins en moins le couple destructeur mais inséparable que forment la dérision et la suspicion, qui sont devenues les compagnes obligées des hommes politiques. Cécilia souhaitait me voir réfléchir à une nouvelle orientation de ma vie professionnelle[1]. » Elle conseille à Nicolas de reprendre

---

1. Nicolas Sarkozy, *Libre, op. cit.*

son métier d'avocat. L'ancien ministre du Budget rechigne. Il devine pour lui un autre destin sous les ors de la République.

En 2002, après la réélection de Chirac face à Le Pen, Nicolas Sarkozy est nommé ministre de l'Intérieur. Cécilia prend de plus en plus de place. Si elle n'a pas de légitimité dans l'appareil politique, elle en trouve une à côté de son mari. Place Beauvau, son bureau jouxte le sien. Elle est de tous les rendez-vous et de presque toutes les confidences, au point d'agacer une partie des proches de Sarkozy. Question communication, Cécilia impose son look moderne : ni tailleurs chic ni hauts talons, mais des jeans décontractés et des santiags. L'épouse apporte à chaque instant une dose de féminité, qui arrondit les angles. Dans la panoplie du présidentiable, l'image glamour du couple surgit. On frôle même l'overdose ! Sur le thème de « l'amour toujours », Sarko et Cécilia ne se laissent pas oublier une minute. En 2003, l'émission *Envoyé spécial* consacre un reportage de trente-huit minutes à madame. De l'eau de rose en pichet. Les deux tourtereaux poussent le bouchon très loin. Pour *Paris Match*, ils posent en famille au bureau de monsieur. Le chien, Indy, paresse sur la moquette. Le cliché fait à l'évidence référence à une célèbre photo des Kennedy dans le bureau ovale de la Maison Blanche. Sarkozy ignore l'hypocrisie consommée du cliché. Car le ministre n'est pas sans savoir que Kennedy n'avait rien d'un mari exemplaire. L'appétit sexuel du président américain avait choqué jusqu'aux agents des services secrets !

À force de s'exhiber, le couple s'expose aux manœuvres. Au début de 2005, avant leur séparation, un dirigeant du *Canard enchaîné* avertit le cabinet du ministre de l'Intérieur qu'une photo censée compromettre Cécilia circule dans certaines rédactions. Il s'agit d'un cliché d'une femme seins nus sur une plage. La pin-up est entourée de l'humoriste Stéphane Collaro et de son équipe. Or à l'époque, une rumeur sans fondement certifie que l'épouse du ministre a fait partie des Cocogirls, ces « bunnies » en décolleté pigeonnant qui égayaient les programmes de TF1 présentés par Collaro au milieu des années quatre-vingt. En soi, l'information, même si elle est vraie, ne présente guère d'intérêt. Sauf dans le microcosme où l'on tente de tout instrumentaliser. Sarkozy est mis au courant de l'existence des photos alors qu'il s'apprête à partir pour une réunion du G7. Gênée, Cécilia assure qu'elle ne s'est jamais dénudée sur les plages, et qu'elle n'a jamais joué à la Cocogirl. Malgré tout, place Beauvau, l'inquiétude règne. Un ancien responsable policier : « Cécilia a toujours eu un côté show-business, qui ne colle pas avec le milieu politique. »

Conseiller et ami de Nicolas Sarkozy, Pierre Charon est le spécialiste des missions sensibles. Ce professionnel de la communication est chargé d'élucider le mystère. Ancien conseiller de Chirac, passé du côté de Balladur en 1995, Charon n'a pas beaucoup de pages blanches dans son carnet d'adresses. Il appelle des amis photographes. Ont-ils entendu parler du cliché ? Le conseiller identifie sans mal l'hebdomadaire people qui s'apprête à diffuser la photo. Charon obtient qu'on la lui montre. Penché sur une table lumineuse, il scrute l'image agrandie. Aussitôt, le conseiller est convaincu qu'il ne s'agit pas de Cécilia. En pleine nuit, le *missi dominici* revient place Beauvau avec son « trophée ». Il présente le tirage au couple Sarkozy, rasséréné.

Charon finit même par avoir le fin mot de l'histoire. La confusion est née à la rédaction du *Monde 2*. Pour sa rubrique « Que sont-ils devenus ? », le supplément hebdomadaire du *Monde* préparait un article sur Stéphane Collaro. En recherchant des photos de l'époque, les archivistes sont tombés sur cette photo. Pendant quelque temps, les journalistes de la rédaction se sont creusé la tête pour savoir si la femme était Cécilia. « S'il s'était avéré que c'était elle, nous l'aurions publiée », assure l'un d'eux. Faute d'intime conviction et de preuves, ils se sont abstenus. « Il n'y avait pas de complot organisé, mais celui qui a mis cette photo de côté avait une volonté de nuire », affirme aujourd'hui Pierre Charon. Rassuré par l'enquête de son ami, Sarkozy glisse le cliché dans un tiroir de son bureau et, pendant plusieurs semaines, le montrera, hilare, à la plupart de ses visiteurs : « Vous voulez voir ma femme ? »

Bientôt on va la voir, mais pas comme Sarkozy l'aurait souhaité. Le vendredi 20 mai 2005, il ne reste plus que neuf jours aux partisans du « oui » à la Constitution européenne pour faire entendre leurs arguments. En cas de vote négatif au référendum de la fin du mois, une crise risque de se produire à Bruxelles. Dans les cafés, autour des tables familiales, sur les plateaux de télévision, le débat fait rage. Au même moment, dans le secret d'un appartement de Neuilly, un couple est en crise. De cela, bientôt, il sera question dans les réunions politiques, dans les salles de rédaction, et un petit peu dans les journaux. Cécilia Sarkozy fait ses valises. L'épouse du président de l'UMP en a assez. Avoir habité, avec son mari, le ministère de l'Intérieur, puis celui de l'Économie, ne lui suffit plus. Elle veut vivre, voler de ses propres ailes. Ce soir, la jeune femme prend un avion d'Air France qu'elle a réservé à son nom. Cécilia vient juste d'en avertir Nicolas. Dans la chambre, celui-ci est d'abord groggy. Puis il vocifère. Il tempête. Mais il ne peut la faire changer d'avis[1].

Cécilia n'a cure des protestations de son époux. Elle s'envole vers la Jordanie, pour rejoindre un homme qu'elle a rencontré quelques semaines auparavant. À quarante-six ans, Richard Attias est le président de Publicis Event Worldwide. À ce titre, cet homme d'affaires organise dans la capitale jordanienne, Amman, le forum économique mondial de la mer Morte. En même temps, plus au sud, dans la cité nabatéenne de Pétra, il s'occupe d'une rencontre de quarante prix Nobel, à l'initiative de l'un d'entre eux, Elie Wiesel. Les personnalités françaises se bousculent à ce sommet : le ministre de l'Éducation nationale François Fillon, le

---

1. Malgré leurs demandes réitérées, Nicolas Sarkozy n'a pas souhaité rencontrer les auteurs. Un entretien a eu lieu avec son conseiller en communication, Franck Louvrier, le 28 juin 2005.

ministre délégué à la Coopération Xavier Darcos... Dans le site majestueux de Pétra, où les temples sont creusés dans la pierre, l'épouse du ministre, Laure Darcos, est stupéfaite. Là, devant ses yeux, n'est-ce pas Cécilia ? Cécilia avec qui justement elle devait déjeuner la semaine précédente à Paris. Un rendez-vous que la femme du ministre avait dû annuler à la dernière minute en raison de ce déplacement : « Moi aussi, ça s'est décidé à la dernière minute », lui confie Cécilia dans le hall d'un hôtel. Proches du Premier ministre Jean-Pierre Raffarin, les Darcos seront soupçonnés d'avoir informé aussitôt Matignon de cette curieuse apparition. Ce qu'ils contestent formellement. « Lorsque je l'ai vue, elle ne se cachait absolument pas, se souvient Laure Darcos. Je pensais qu'elle était là pour représenter son mari. » « Embrasse Nicolas ! » lui glisse-t-elle d'ailleurs en la quittant. Ce n'est que le lendemain, en poursuivant son déplacement en Iran, que le couple Darcos aurait appris la nouvelle.

Au même moment, à des milliers de kilomètres de là, à Neuilly, Nicolas Sarkozy vacille. Lui dont l'énergie fait merveille est soudain tétanisé. On le serait à moins. La mère de son enfant au bras d'un publicitaire dans les sables de Jordanie ! Voilà qui met fin à l'intimité de dix-huit ans de vie commune et à l'image d'un couple uni envers et contre toutes les violences de la politique. Le samedi 21 mai, Sarkozy décide d'annuler l'interview qu'il a prévu d'accorder le lendemain au journal de 20 heures de TF1. Le lendemain, à la sortie du stade d'Édimbourg, où il vient d'assister à la victoire du Stade toulousain en finale de la coupe d'Europe de rugby, Philippe Douste-Blazy reçoit un coup de fil dans sa voiture, qui l'avise de la nouvelle. Dans l'avion du retour, le ministre débouche une bouteille de vin. Officiellement, il boit à la victoire de Toulouse. L'un des invités se souvient : « Douste dissimulait mal sa satisfaction de voir les ennuis de Sarkozy. Tout cela le faisait doucement rire, car cela foutait en l'air toute la stratégie du président de l'UMP ! » À l'Élysée, même excitation. Thème des appels : « Sarko est cocu. » Dans les milieux politiques, où Stendhal est une référence à la mode, on remâche cette phrase extraite de *De l'amour* : « La langue manque de termes pour dire combien est impossible pour un Français le rôle d'amant quitté et au désespoir, au vu et au su de toute une ville. »

Lundi matin, la radio publique France Inter est la première à évoquer les « problèmes familiaux » de Sarkozy. Le jeudi 26 mai 2005, sur France 3, Sarkozy, visage blême et voix rentrée, décide de jouer la transparence : « Comme des millions de familles, la mienne a connu des difficultés. Ces difficultés, nous sommes en train de les surmonter. » D'ores et déjà, il se positionne sur le terrain du complot : « Nous vivons dans un monde où tout le monde n'a pas les mêmes scrupules, où tous les coups peuvent être donnés et où, pour abattre quelqu'un, on utilise tous les procédés. » À qui fait-il référence ? Pense-t-il à l'Élysée ou à des réseaux ? Il ajoute en tout cas comme un message : « Rien ne me détournera de la route que j'ai choisie. » Le dimanche 29 mai, jour du référendum, l'actualité politique vire au désastre : le non à la Constitution européenne l'emporte avec 54 % des voix. Le lendemain, cette défaite cuisante oblige Raffarin à démissionner. Le Premier ministre cède sa place à Dominique de Villepin. De son côté, Sarkozy revient au ministère de l'Intérieur, qu'il avait quitté quatorze mois auparavant. Pourquoi revient-il place Beauvau ? Sa réponse publique est étrange : « Je veux museler les manipulateurs. Il y en a qui doivent mal dormir depuis qu'ils savent que je reviens. » Début juin, lors d'un bureau exécutif de son parti, Sarkozy confirme : « Depuis six mois, des officines ont pris ma famille pour cible. » Le président de l'UMP veut mettre fin « à ce type d'opérations ». Quelques semaines auparavant, son nom et celui de son père ont été cités à tort dans un dossier financier, Clearstream, qui reviendra comme un boomerang dans la figure de Dominique de Villepin.

La chasse aux « manipulateurs » est ouverte. Matignon est ouvertement soupçonné d'avoir alimenté la presse. L'Internet est un autre canal de diffusion. Les conseillers de Sarkozy découvrent que l'un des principaux émetteurs de mails ricanants se trouve à la mairie de Meaux, en Seine-et-Marne. Or Meaux est justement le fief du porte-parole du gouvernement, Jean-François Copé. Est-ce un hasard ? Sarkozy n'a pas l'habitude de se laisser marcher sur les pieds sans réagir. Ses proches montrent les preuves à Copé : « On lui a fourni tous les éléments nécessaires », raconte un de ses conseillers. Le ministère de l'Intérieur pense avoir identifié le coupable de ces envois massifs : Bastien Millot, ancien directeur de cabinet de Copé à la mairie de Meaux, puis chargé de la campagne des élections régionales 2004, aujourd'hui directeur délégué auprès du président de France Télévisions. Ce dernier dément : « Depuis 2002, je n'étais d'ailleurs plus à la mairie de Meaux, mais au ministère des Finances. Je préparais mon arrivée dans l'audiovisuel[1]. » Contre-enquête de Copé. Ces échanges de mails auraient, en fait, eu lieu entre un autre de ses collaborateurs à la mairie de Meaux et certains conseillers de Christian Estrosi et Roger Karoutchi, deux fidèles lieutenants... de Sarkozy : « C'était plus des blagues de potaches entre copains dans la vie qu'un vaste complot », sourit un proche de Copé.

« Sarkozy a fait savoir à Chirac que des officines proches de l'Élysée travaillaient sur lui et qu'il n'appréciait pas », soutient un proche. Le ministre vise ce qu'il appelle le « club des paupières lourdes », c'est-à-dire une partie de l'État chiraquien : l'ancien préfet de police Philippe Massoni, désormais conseiller de Chirac, et Yves Bertrand, l'ancien directeur des Renseignements généraux. Le premier est réputé pour recevoir ses visiteurs avec des petites fiches en main : « J'ai préparé notre rencontre... » Les yeux mi-clos du second lui donnent un air de perpétuel conspirateur. Étaient-ils coupables ? On ne prête qu'aux riches. Il est vrai que le « club des paupières lourdes » n'en était pas à ses premières manœuvres.

---

1. Entretien avec les auteurs, 23 mars 2006.

2

Les RG contre Lang

Qui est Yves Bertrand ? Un ancien patron des RG de la vieille école ? Un serviteur de l'État ou un manipulateur hors pair ? Le sourcil est broussailleux, les paupières ombrageuses et l'œil vif. Il argue : « Contrairement à une légende, je ne suis pas un Edgar Hoover à la française. L'Américain est resté cinquante ans à la tête du FBI, moi douze à celle des Renseignements généraux[1]. » Chargé de mission à l'Inspection générale de l'administration, depuis qu'en 2004 il a dû laisser à autrui la direction de son service, Bertrand occupe aujourd'hui un bureau au dernier étage du ministère de l'Intérieur. Vieux matou affable, l'ancien directeur central des Renseignements généraux est une sorte de légende. La *vox populi* du ministère de l'Intérieur lui prête d'avoir été un professionnel des missions et manipulations occultes, parfois pour son propre compte. La rumeur veut en outre que pendant des années il se soit intéressé aux talons d'Achille des politiques et qu'il ait conservé des dossiers. Devant ses visiteurs, le policier n'a plus qu'un petit carnet noir avec à l'intérieur les numéros de ses anciens collaborateurs et de ses contacts. Les sarkozystes ne manquent d'ailleurs jamais une occasion de susurrer que Bertrand cornaque une sorte

---

1. Entretien avec les auteurs, 26 mai 2005 et 16 janvier 2006.

de « cabinet noir » pour le compte de l'Élysée. « Je revendique ce que j'ai fait, mais pas ce qu'on me prête abusivement », se défend l'intéressé, dans une sorte de tautologie. « Pour dénoncer des complots, il faut trouver des comploteurs. Moi, j'avais la tête du comploteur. » Le costume est en effet sans doute un peu grand.

Une chose est sûre : jusqu'à ces dernières années, il lui est arrivé d'entreprendre des démarches clandestines contre un homme politique qu'il n'apprécie guère : Jack Lang. Pour tenter de mettre l'ancien ministre de la Culture en difficulté, candidat permanent quoique non déclaré à la candidature socialiste pour la présidentielle, Yves Bertrand s'est d'abord servi d'un curieux dossier judiciaire : l'affaire de l'école de danse de Cannes, dirigée par Rosela Hightower. En 1988, cinq ans après l'affaire du Coral, le nom de Lang est cité en marge de ce dossier. Les faits ? Dans ce centre international de danse, – « Classique, contemporain, jazz, du débutant au professionnel » –, un pensionnaire espagnol âgé de quinze ans s'est suicidé. Avant son passage à l'acte, ses parents ont recueilli ses confidences. L'adolescent leur a expliqué avoir fait l'objet de brimades, pour avoir refusé des faveurs sexuelles à des professeurs. Le juge d'instruction de Grasse, Jean-Paul Renard, délivre une commission rogatoire à la section de recherches de la gendarmerie d'Aix-en-Provence. Auditions, écoutes... Un professeur de danse est mis en examen pour « attentat à la pudeur sur des mineurs ». Aucune autre personne ne sera mise en cause. Lors de son procès en 1990, le pédagogue sera relaxé, faute de témoignages probants. En bref, il était seulement prouvé qu'il avait la main un peu leste sur les fesses des adolescents.

Il n'est pour l'instant aucunement question d'une personnalité dans cette affaire. Un autre juge d'instruction de Grasse, Jean-Pierre Murciano, évoque le dossier avec l'adjudant de gendarmerie qui a mené l'enquête. Aux yeux du militaire, le dossier a été sabordé. Selon lui, les écoutes ont fait apparaître des personnalités politiques, mais le parquet de Grasse a empêché d'enquêter. À la fin de l'été 1996, le juge Murciano déjeune avec Yves Bertrand. Originaire de Grasse, le directeur des RG a conservé des attaches dans l'arrière-pays niçois. Le juge raconte au policier ce que le gendarme lui a révélé. Le magistrat ajoute qu'un journaliste de TF1 a entrepris d'enquêter sur le dossier. Le 2 septembre 1996, de retour à Paris, Yves Bertrand rédige de sa propre main une « note blanche », qui résume l'affaire Rosella Hightower de manière plus qu'équivoque. Le rapport indique que l'enquête a établi que l'un des professeurs « mettait des adolescents, élèves du Centre, à la disposition d'adultes pédophiles ». Les procès-verbaux ne disent pourtant rien de cela. Le rapport évoque aussi un « artiste peintre pédophile », proche de la directrice Rosela Hightower, mais ce personnage n'a pas été mis en examen. D'une rigueur contestable, la note rédigée par Yves Bertrand est intitulée : « Prochaine relance médiatique d'une affaire de pédophilie dans laquelle seraient cités Jack et Monique Lang. » L'un des paragraphes explique le titre : « L'adjudant chargé de l'enquête aurait confié en privé à l'époque des faits que les écoutes judiciaires faisaient ressortir les noms de Jack et Monique Lang. »

Les accusations sont graves. Yves Bertrand explique aujourd'hui : « Mon devoir était de faire une note suite à mon entretien avec les deux magistrats, car ils étaient très crédibles. » Ce « blanc » est d'autant plus mystérieux que, normalement, il aurait dû être destiné au seul ministre de l'Intérieur, Jean-Louis Debré. Le ministre est bien destinataire de la note, mais elle va être photocopiée avant de passer de mains en mains, d'abord dans un petit cercle de policiers et de journalistes, puis dans la plupart des rédactions. À quelques semaines des élections législatives de 1997, qui voient le retour de la gauche à Matignon, ce n'est pas pour arranger Jack Lang. Qui devra d'ailleurs attendre mars 2000 pour trouver un poste dans le gouvernement de Lionel Jospin, en l'occurrence à l'Éducation nationale. Selon

Alain Christnacht, conseiller de Jospin pour les questions de sécurité intérieure, l'information n'est jamais remontée jusqu'à Matignon : « À ma connaissance, aucun élément ne permet de mettre Lang en cause sur ces sujets. »

Cela n'empêche pas Yves Bertrand de poursuivre sa croisade. En mai 2002, la droite revient. Après la nomination de Raffarin à Matignon, le directeur central des RG déjeune au Negresco avec le procureur de Nice, Éric de Montgolfier. Depuis des années, ce magistrat dénonce l'enterrement de dossiers sur la Côte d'Azur. L'une de ses bêtes noires n'est autre que le juge Renard, qui avait justement été chargé de l'enquête sur le centre Rosela Hightower. Une alliance de circonstance peut-elle se nouer ? Les deux hommes se demandent si, de concert, ils ne peuvent pas déterrer le dossier. Des avocats se lancent à la recherche des victimes supposées afin de recueillir de nouveaux témoignages. Pour des raisons de prescription, l'unique manière de relancer les investigations est d'entamer une procédure pour « dénonciation calomnieuse ». Le plan élaboré est simple : un expéditeur « anonyme » envoie la note incriminée au parquet de Nice ; le parquet diligente une enquête pour en vérifier la teneur. C'est aussi la seule manière pour contourner une autre difficulté procédurale : le procureur de Nice n'est pas compétent, puisque les faits supposés se sont déroulés à Cannes. S'il est destinataire du courrier compromettant, en revanche...

Dernière condition : authentifier le fameux « blanc ». Yves Bertrand est d'accord pour reconnaître qu'il en est bien l'auteur[1]. Mais il lui faut l'autorisation de Nicolas Sarkozy. En novembre 2002, quelques mois avant son départ, Bertrand sollicite le cabinet du ministre de l'Intérieur. Échec ! Depuis longtemps le ministre dénonce ses méthodes, et il ne veut certainement pas cautionner la manœuvre. Le directeur des RG rappelle

---

1. Entretien avec les auteurs, 26 mai 2005 et 16 janvier 2006.

le procureur de Nice pour lui indiquer qu'il n'a pas eu le feu vert de son « supérieur hiérarchique ». Au même moment, en décembre 2002, Nicolas Sarkozy annonce la fermeture controversée du centre de la Croix-Rouge de Sangatte, dans le Pas-de-Calais, où affluent des milliers de clandestins. Le député local, c'est Jack Lang. Il approuve haut et fort cette décision : « Je ne suis pas toujours en accord avec la politique de Nicolas Sarkozy, explique-t-il sur France 2 fin 2002, mais sur ce dossier très précis que les habitants ici ont vécu douloureusement, je dis chapeau, chapeau à Nicolas Sarkozy. » Est-ce une manière de le remercier de ne pas s'être prêté à l'opération contre lui ?

Jack Lang est comme un aimant. Il n'en finit pas d'attirer la limaille de la rumeur. En 2001, on ironise dans les dîners en ville sur le fait qu'il se serait fait interpeller à La Mamounia, le palace de Marrakech, en compagnie d'un jeune homme ; l'ancien ministre n'aurait dû son salut qu'à la bienveillance des autorités marocaines et à un rapatriement discret organisé par les services français. Décidément obstiné, Yves Bertrand se renseigne sur la rumeur auprès d'amis journalistes. Si les plumitifs n'étaient pas au courant, comme cela, ils le seront ! Bertrand explique aujourd'hui : « Un jour, j'ai reçu des correspondants marocains assez haut placés dans les services. Je leur ai demandé si la rumeur selon laquelle des personnalités françaises s'adonnaient à un tourisme un peu particulier à Marrakech était exacte ou non. Je n'ai jamais reçu de réponse, ni officielle ni officieuse. »

La nouvelle circule si bien que nombre de journalistes d'investigation croient tenir un scoop. Délivré par des gens soi-disant bien informés, le même tuyau percé sera resservi à différentes rédactions, à plusieurs reprises, et en général avant des scrutins. En avril 2004, un magazine édité au Luxembourg, *L'Investigateur*, évoque l'affaire supposée. Sous le titre « Que s'est-il passé à Marrakech en octobre 2001 ? », le magazine affirme que les journalistes français, après avoir recoupé leurs informations, ont décidé de ne pas publier. Rien n'est moins vrai. Des diplomates ou des policiers en fonction à l'ambassade de France à Rabat certifient qu'ils en auraient entendu parler. *L'Investigateur* est un étrange magazine. Avant de paraître en kiosque, cette publication dirigée par le journaliste luxembourgeois Jean Nicolas était d'abord un site Internet, manifestement abreuvé par des responsables policiers français. Au début, pendant des mois, une « Bertrand story », inspirée par un ennemi juré d'Yves Bertrand, racontait les petits travers du directeur des RG. Puis il semble que ce dernier ait réussi à retourner Jean Nicolas pour mettre fin à la vindicte du magazine.

Aucun organe de presse français ne reprend à son compte les « révélations » de la feuille de chou luxembourgeoise. Toujours est-il que la prétendue information sur les mœurs de Jack Lang se disperse comme une traînée de poudre. L'ancien ministre le sait si bien qu'il lui arrive de prendre le problème à bras-le-corps. En 2005, un long portrait de lui dans *L'Express* évoque le fait qu'à part Dominique Baudis aucun homme politique n'a subi autant de calomnies que lui sur ses mœurs[1]. Déjà en 2004, dans une biographie, l'actuel député du Pas-de-Calais exprimait son dégoût : « Ce qui m'a terriblement écœuré, c'est que ces rumeurs viennent de mon propre camp, que ce soit mes amis qui véhiculent ces saloperies sur la pédophilie. Je me souviens en particulier de l'année 1994. Cette année-là, toute la bande s'y est mise, à commencer par Daniel Vaillant et Pierre Schapira, le vieux pote de Jospin, le dentiste du IIe arrondissement de Paris[2]. » C'était donc un an avant la présidentielle de 1995. À cette époque, Lang traite Jospin de « loser ». Les couteaux sont tirés. Les accusations de Lang contre ses « camarades » sont-elles fondées ? Daniel Vaillant jure que non. Il certifie

---

1. *L'Express*, 22 septembre 2005.
2. Nicolas Charbonneau et Laurent Guimier, *Docteur Jack et Mister Lang*, Le Cherche Midi, 2004.

n'avoir jamais attaqué Lang sur sa « personne » ou sa « vie privée ». En janvier 2004, l'ancien ministre de l'Intérieur de Jospin envoie un courrier à Lang, dans lequel il assure avoir été « choqué » à la lecture de ces propos. Vaillant s'insurge : « Il n'a jamais été dans mon éthique, dans mon militantisme et dans ma pratique politique de procéder ainsi. » L'ancien patron des policiers précise qu'il n'aurait eu aucune raison de colporter de tels propos : « D'abord parce que je n'ai jamais disposé de quelque élément que ce soit pour t'accuser de pédophilie [...]. De surcroît, pourquoi mener campagne contre toi sur ce terrain nauséabond, alors que le terrain politique suffisait amplement pour que je soutienne Lionel plutôt que toi ou Henri ? » À cause de ces ragots, Lang assure qu'il ne parle plus à Schapira.

Il faut remonter très loin pour comprendre pourquoi Lang attire les suspicions. En janvier 1977, il n'a que trente-huit ans. Il dirige le Festival international de Nancy. Le futur ministre signe une pétition étrange, qui paraît dans *Le Monde*. Le texte prend la défense de trois hommes placés en détention provisoire dans le cadre d'une procédure pour attentat à la pudeur sur des mineurs de moins de quinze ans. La pétition allègue qu'il s'agit d'une « simple affaire de mœurs, où les enfants n'ont pas été victimes de la moindre violence, mais, au contraire, ont précisé aux juges qu'ils étaient consentants ». Les signataires s'étonnent de ce traitement judiciaire pour de simples « baisers et caresses » dans une « société qui tend à reconnaître chez les enfants et adolescents l'existence d'une vie sexuelle ». Une justification ambiguë de faits relevant aujourd'hui de la pédophilie, mais qui s'inscrit dans un esprit du temps vingt ans avant l'affaire Dutroux. D'ailleurs, la liste des pétitionnaires comprenait les noms de Bernard Kouchner, mais aussi Jean-Paul Sartre, Simone de Beauvoir ou Philippe Sollers. Lorsque cette pétition sera exhumée des archives, Jack Lang s'expliquera : « Il faut se remettre dans le contexte de l'époque. Il y avait une chape de plomb qui pesait sur la société des années soixante-dix, une société officielle qui niait la sexualité des enfants [...]. J'appartenais à une génération "libertaire" qui combattait l'ordre moral particulièrement pesant. » Le 31 janvier 1991, Lang accorde une interview à *Gay Pied Hebdo*, dont le contenu prête à nouveau à controverse : « La sexualité puérile est encore un continent interdit, aux découvreurs du XXIe siècle d'en aborder les rivages. »

De manière générale, Lang est un inlassable défenseur des libertés sexuelles. Le 11 octobre 1999 sur Europe 1 dans l'émission *Mon œil*, il dénonce la frilosité du CSA, qui s'oppose à la diffusion de films pornographiques sur d'autres chaînes que Canal + : « C'est bizarre, ces personnes-là ne s'intéressent jamais à de vrais sujets [...]. Moi, j'aimerais un érotisme un peu plus vif, un peu plus ardent [...]. Nous sommes au pays de Rabelais, il faut que toutes les formes de vie soient présentes à certaines heures. » Et il poursuit : « Généralement, il y a d'assez bons films pornos. C'est un genre qu'on a tort de décrier et de mépriser. » Lang ne déteste pas entretenir cette image du libertin décalé, qui revendique une liberté de ton sur le sexe. Quitte à prendre le risque que des adversaires malintentionnés s'en servent contre lui. Il n'est d'ailleurs pas le seul à être attaqué sur ce terrain.

3

L'affaire DSK

L'ambition politique ! Elle réclame une énergie presque illimitée. Elle a un prix. Et elle mérite bien quelques précautions. Le 2 novembre 2005, les auteurs reçoivent un coup de fil de Ramzi Khiroune, le conseiller en communication de Dominique Strauss-Kahn. L'homme est inquiet. Il a entendu parler de *Sexus politicus*. Le jeune homme exige de savoir ce que les journalistes savent sur son « patron (*sic*) », s'ils détiennent ou non des documents de police, comme il l'a entendu dire. Étrange attitude consistant à devancer toute demande pour bien signifier que l'enquête est sous surveillance. Le « démineur » est pressé. Rendez-vous est pris au bar de l'hôtel Lutetia deux jours plus tard. Ramzi Khiroune fait montre d'un aimable sourire, mais il est manifeste que le dossier lui cause des soucis. Malgré leurs demandes réitérées, malgré les preuves de leur absence d'animosité, jamais les auteurs ne pourront en parler avec l'intéressé lui-même. Ce scénario ne s'est produit qu'avec l'ancien ministre de l'Économie. Qu'est-ce qui perturbe autant DSK ?

Le député de Sarcelles présente le profil type de *Sexus politicus*. Son art de la séduction, qui confine chez lui à l'obsession, n'a d'égal que son habileté intellectuelle. Ce qui en fait une cible de choix pour ses adversaires. En 2003, tout juste nommé au ministère de l'Intérieur, Nicolas Sarkozy reçoit de curieux « blancs » relevant du sordide et comportant des éléments de vie privée indécents. Il est en fait particulièrement ému par une note qui vise Dominique Strauss-Kahn[1], l'un de ses concurrents, prétendant de gauche en vue à l'époque pour la course à l'Élysée. « La note sur DSK a rendu Sarko furieux », confie un des proches du président de l'UMP. L'ancien ministre de l'Économie et des Finances de Lionel Jospin aurait en effet de quoi se plaindre. Car les RG ne sont pas les seuls à écrire sur lui. À peu près à la même époque, d'autres policiers s'intéressent à ses allées et venues ; en l'occurrence, des fonctionnaires du « groupe cabarets » de la brigade de répression du proxénétisme. Des informateurs leur susurrent depuis quelque temps que DSK va parfois boire un verre aux Chandelles, une boîte libertine située dans le Ier arrondissement de Paris. Le *Guide de l'échangisme* publié par le magazine spécialisé *Interconnexion* affirme que « ce Relais et Châteaux du libertinage reste la référence nationale et internationale » et que « sa décoration ultra-sophistiquée en fait le plus chic des clubs ». Un détail : « Le restaurant est un bijou. » Un endroit où l'on ne renie ni la lettre ni l'esprit du sulfureux marquis de Sade : « Rien n'est affreux en libertinage, parce que tout ce que le libertinage inspire, l'est également par la nature », écrivait-il dans *La Philosophie dans le boudoir*. C'est donc là que le candidat à la présidentielle vient parfois dîner. Un jour, un fonctionnaire du « groupe cabarets » décide d'aller vérifier de ses propres yeux. Ce soir-là, Strauss-Kahn dîne en effet à la table d'à côté. Rentré au bureau, le policier rédigera un rapport, qu'il transmettra à sa hiérarchie de la préfecture de police. Sarkozy n'aime guère ces notes sans en-tête – on les appelle des « blancs » –, même s'il s'en est servi. Pense-t-il à son cas personnel ? Depuis, pro-

---

1. Celui-ci n'a pas donné suite aux demandes de rendez-vous des auteurs qui se sont finalement entretenus le 4 novembre 2005 avec Ramzi Khiroune.

grès notable, le ministre de l'Intérieur a supprimé ces notes anonymes qui doivent désormais être parfaitement identifiables avec le logo du service.

En février 2005, Strauss-Kahn pose pour *VSD* avec son épouse. Une photo les montre dans leur cuisine à l'heure du petit déjeuner, avec cette légende : « DSK sait qu'il peut compter sur sa femme, Anne Sinclair. La journaliste surveille son hygiène de vie, joue le rôle de vigie, en particulier sur les sujets de société[1]. » Quelques mois plus tard, le couple manifeste son union dans *Paris Match*. Au printemps 2006, alors que les candidats à la candidature du PS se lancent à l'assaut de l'investiture, les époux semblent faire campagne commune. Désormais, sur les plateaux de télévision et dans les magazines, l'ancienne présentatrice ne lâche plus son mari d'une semelle. Comme si les militants socialistes allaient voter pour les beaux yeux de « madame DSK. » Et voilà que dans *L'Express*[2], on leur pose des drôles de questions. À lui : « Vous avez la réputation d'être un séducteur, craignez-vous le pouvoir de la rumeur dans la vie publique ? » Il rétorque : « Ce n'est pas une arme que j'utiliserai. » Bref, ce n'est pas une réponse à la question. À elle : « Souffrez-vous de la réputation de séducteur de votre mari ? » Elle : « Non, j'en suis plutôt fière ! C'est important, de séduire, pour un homme politique. Tant que je le séduis et qu'il me séduit, cela me suffit. Je sais bien que, dans une campagne, les attaques ne se situent pas toutes à des niveaux stratosphériques, mais je suis un peu blindée sur le pouvoir de la rumeur. » Et quand il ne s'agit pas de rumeurs ? À la télévision, le 30 juin 2006, le candidat réclamait lui-même la « transparence »[3]. Anne Sinclair ne se trompe guère. Pendant des mois, on a cessé de cancaner dans le microcosme, dans les couloirs, sur un article paru en juillet 2003 dans *Le Nouvel Observateur*. À vrai dire, il ne s'agit pas d'un arti-

---

1. *VSD*, 17-23 février 2005.
2. *L'Express*, 1er juin 2006.
3. Campus, France 2, 30 juin 2006.

cle, mais d'un simple encadré, intitulé « Le ministre est là », inséré dans le cadre d'un dossier sur l'échangisme, qui a longtemps traîné dans la rédaction avant de faire finalement la couverture de l'hebdomadaire. Le journaliste Hubert Prolongeau y raconte la visite d'un ministre, « un vrai ministre », à une soirée privée libertine. Avant son arrivée, les convives sont impatients. À chaque coup de sonnette, les convives espèrent le voir, fébriles. L'hôte se précipite. Il tarde. Et finalement, le voilà. « C'est bien lui. Un léger frémissement parcourt les troupes. Deux femmes l'accompagnent, jeunes, grandes et minces. "Il fait plus gros qu'à la télé, tu trouves pas ?" Son sourire est presque électoral. Il entre dans le salon, serre quelques mains, l'habitude sans doute. » Le ministre ne s'attarde guère en civilités avant de passer à l'action. « Aussitôt, c'est la ruée. Les énergies trop longtemps prisonnières se libèrent, et ces dames se précipitent. La République va-t-elle être en deuil par étouffement ? Mais non. Le malheureux, un temps débordé, maîtrise vite la situation. Sent-il le poids des regards qui convergent vers lui ? Il le cache bien en tout cas. "Tu crois qu'il peut vraiment devenir président ?", murmure une des spectatrices à sa voisine… » À sa publication, l'encadré du *Nouvel Observateur* fait jaser le Tout-Paris. Quel membre du gouvernement de Jean-Pierre Raffarin s'est donc rendu dans une telle soirée ? Comme le ministre dont on parle le plus à l'époque est – de loin – Nicolas Sarkozy, certains lecteurs se demandent si « il fait plus gros qu'à la télé » ne s'applique pas à lui. En fait, la scène a eu lieu près de deux ans auparavant. Sarkozy n'était pas encore ministre, et Strauss-Kahn ne l'était plus, puisqu'il avait dû démissionner en février 1999, en raison du scandale de la Mnef. Il n'empêche, DSK est furieux, car il sait que son nom est souvent cité en ville, où l'on veut faire croire que c'est de lui qu'il s'agit. Que l'article ait été publié dans un hebdomadaire de gauche l'horripile encore plus. D'ailleurs, les collègues de l'auteur du papier, notamment ceux du service politique, reçoivent des coups de fil de gens qui viennent s'informer. Parmi lesquels, d'ailleurs, des conseillers de Nicolas Sarkozy… Quant à DSK, il a eu une conversation musclée avec l'un des patrons de la rédaction.

Il est comme le Monsieur Teste de Paul Valéry, le héros qui incarne l'avènement du pur intellect dans son œuvre littéraire : la bêtise n'est pas son fort. Comme il a du charisme, comme il a des dons d'orateur, comme, en un mot, il est sans doute le plus doué des postulants socialistes à la présidentielle, nombreux sont ceux à lui chercher un talon d'Achille. En clair son obsession à séduire qui l'approche. Plusieurs femmes journalistes politiques se sont ainsi agacées de ses gestes souvent déplacés. Une haut fonctionnaire de Bercy se rappelle également de son invitation, pendant un cocktail à « venir le rejoindre dans son bureau pour se détendre » ! Certains croient avoir trouvé la faille, notamment, en 2003, l'année même où est paru l'article du *Nouvel Observateur*. Dans les premières semaines de l'année, une journaliste d'à peine vingt-quatre ans prépare un livre sur les échecs professionnels des personnalités. Elle demande et obtient un rendez-vous avec DSK. L'entretien tourne court. Selon la journaliste, l'ancien ministre de l'Économie se serait montré très entreprenant, voire inconvenant. Au point qu'elle a songé à porter plainte. L'affaire, à l'époque, fait grand bruit dans les arcanes du pouvoir, mais la presse l'ignore. La mère de la jeune femme, membre du Parti socialiste, est une amie de Laurent Fabius, alors candidat déclaré, lui aussi. Le premier secrétaire, François Hollande, qui la connaît également, préfère soutenir la jeune femme sans l'influencer. Il passe des coups de fil de réconfort. Finalement, l'affaire se règle à l'amiable. Sa mère aura l'occasion de s'expliquer avec DSK à un meeting pour le « oui » à la Constitution européenne organisé à Sotteville-lès-Rouen le 13 mai 2005. Elle lui fera remarquer son manque de délicatesse. Il invoquera une « banale tentative de séduction ».

4

Paris Match humilie Sarkozy

Impossible d'accéder à la plus haute marche sans maîtriser les médias. Mais parfois il y a des ratés. Le 25 août 2005, à la une de *Paris Match*, le choc de la photo se passe du poids des mots : Richard (Attias) frôle l'épaule de Cécilia (Sarkozy). Le cliché a été pris fin juillet 2005 à New York. Un coup dur pour le ministre de l'Intérieur, qui voit l'infidélité de son épouse exposée sur la place publique. Avertis très tardivement de la publication du reportage, les conseillers de Sarkozy ont toutes les peines du monde à récupérer un exemplaire en avant-première. Habituellement, les médias et les ministères reçoivent l'hebdomadaire la veille de sa sortie, c'est-à-dire le mercredi soir. Ce mercredi-là, fait exceptionnel, il y a un embargo sur le magazine, que personne ne peut découvrir avant le lendemain. Un scénario impensable pour les proches du ministre. Un conseiller : « Nous nous sommes débrouillés comme on a pu. Nous sommes allés le voler à l'imprimerie. » La méthode est pour le moins cavalière. De retour des funérailles d'un sapeur-pompier, Sarkozy plonge dans sa Velsatis officielle. Sur le siège, il trouve une enveloppe cachetée à son nom avec le fameux exemplaire. Le visage du ministre est blême, ses traits tirés. « Il n'y a pas touché jusqu'à son arrivée place Beauvau », assure son entourage. Trop humiliant, trop douloureux, trop blessant. Une fois au ministère, il jette un œil. Sous le coup de la colère, Sarkozy rédige un communiqué annonçant son divorce, qu'il s'apprête à diffuser aux agences de presse. Mais avant de sauter le pas, il montre le communiqué à la journaliste du *Figaro* qui partage alors sa vie. Et c'est elle, avec une parfaite élégance, qui lui déconseille de faire sur un coup de tête ce geste irrémédiable que ni Giscard ni Chirac n'ont osé.

À partir de là, le favori des médias subit de plein fouet l'effet boomerang de la stratégie d'exposition choisie jusque-là avec un succès reconnu par tous. Un autre journal, dont le siège surplombe le lac Léman, se passionne pour ses déboires conjugaux. En mai 2005, le quotidien suisse romand *Le Matin* commence à publier des articles relâchés sur un sujet que la presse française aborde depuis toujours avec des pincettes. Les titres de ce « journal de boulevard » sont sans fioritures : « Sarko largué par Cécilia », « Richard, le nouvel amour de Cécilia »... Les papiers vont bien au-delà de ce que la presse française écrit de manière cryptée. Le ton frôle la littérature des libelles qui moquaient crûment la cour au XVIIIe siècle. Des écrits satiriques qui détaillaient – parfois avec une imagination très fertile – les libertinages des courtisans qui s'agitaient autour de Louis XVI et, surtout, de Marie-Antoinette. Les journalistes du *Matin* franchissent la ligne jaune. Le 26 mai, le quotidien annonce de manière anticipée que les Sarkozy divorcent. Le journal avance également le nom d'une maîtresse supposée du ministre de l'Intérieur. Il s'agirait de l'épouse de Christian Estrosi, l'un des plus fidèles, par ailleurs ministre, par la grâce de Sarkozy, du gouvernement Villepin ! Une rumeur fausse mais qui se propage vite.

Diffusé à soixante-seize mille exemplaires au total, *Le Matin* ne vend en moyenne que cinq cents exemplaires chaque jour en France. Mais il est lisible sur Internet. Les Français curieux de l'affaire n'ont qu'à cliquer pour lire ce dont l'essentiel de la presse hexagonale refuse de parler, sinon à mots très couverts. Résultat : des milliers de connexions supplémentaires pour le quotidien de Lausanne ! Parmi les curieux, de nombreux journalistes et hommes politiques. D'où l'énervement du ministre de l'Intérieur, qui dépose plainte pour « atteinte à la vie privée ». Pour les proches du patron de l'UMP, ces articles procèdent d'une manipulation et participent d'une opération de « blanchiment » de l'information. Un concept qui consisterait à faire publier en Suisse des informations pour que les journaux français en fassent état après coup.

L'entourage de Sarkozy y voit la main des « ennemis » du ministre. Qui cela peut-il bien être ? Le journal s'appuie sur les informations d'un « correspondant parisien », qui signe sous différents pseudonymes : Julien Roche, Serge Bresson… Sa véritable identité ? « Pour le protéger, nous préférons ne pas le dire », répond Peter Rothenbühler, rédacteur en chef du journal. Selon ce dernier, le ministère de l'Intérieur a tenté d'identifier le journaliste afin de remonter jusqu'à ses sources. En fait, le service de presse de l'ambassade de Suisse ne recense aucun correspondant du *Matin* dans ses listings : « C'est probablement un journaliste parisien qui a trouvé une oreille complaisante auprès de ce journal, alors que les médias français lui refusaient ses sujets », avance un journaliste suisse à Paris. Le nom d'un journaliste français, réputé proche de l'Élysée, circule. Participe-t-il à une cabale organisée par la présidence de la République ? Rothenbühler s'énerve : « C'est absurde. Il n'y a eu aucune négociation ou transaction. Notre correspondant n'a fait que relater ce que tout le monde savait à Paris. Il a juste trouvé un journal pour l'écrire. »

Il faudra attendre début 2006 pour que la presse, en France cette fois, évoque à nouveau la vie conjugale du candidat à l'Élysée. Ce sera une nouvelle tentative de recomposition du couple. En janvier, au milieu des berlines sombres garées dans la cour pavée de la place Beauvau, une mini-Cooper noire aux vitres opaques détonne dans le décor officiel. Cette présence signe le retour d'une femme désormais célèbre après sept mois de séparation. Cependant, lors des vœux du ministre de l'Intérieur à la presse le 12 janvier, Cécilia n'est pas présente. À la grande déception des quatre cents reporters français et étrangers présents salle Gaveau. Interrogé par un journaliste de *Libération* sur le retour de son épouse, le ministre de l'Intérieur répond d'une voix sèche : « Il m'est arrivé de lire des articles où on indiquait que ce qui m'arrivait, c'était bien fait parce que j'en avais trop parlé. Vous m'appeliez alors à la discrétion. » Sarkozy conclut : « Ne m'en veuillez pas de vous écouter. Désormais, vous aurez cette discrétion et je suis sûr que vous la respecterez. » Fermez le ban.

La discrétion, les journalistes s'y résolvent en général d'eux-mêmes. Mais quand il le faut, le ministre est prêt à les aider. En témoignent les malheurs de Valérie Domain, chef des informations à *Gala*. Elle avait écrit un livre de deux cent quarante pages, *Cécilia, entre le cœur et la raison*. Cécilia y détaille son enfance, sa rencontre avec Jacques (Martin), puis avec Nicolas (Sarkozy). Quelques lignes sont consacrées à sa séparation, puis à sa nouvelle vie. Le livre devait sortir en librairie le 24 novembre 2005. Mais la maison d'édition, First, a préféré jeter l'éponge. Décision rarissime. Que s'est-il donc passé ? Le 9 novembre après-midi, en pleine crise des banlieues, le patron de First, Vincent Barbare, est « invité » place Beauvau. « Convoqué » serait plus approprié. Pendant vingt minutes, le ministre de l'Intérieur lui fait comprendre que la parution de l'ouvrage pourrait coûter cher à la maison d'édition : le premier flic de France va engager des poursuites. Vincent Barbare appelle Valérie Domain et lui assène, sans autre forme de dialogue : « Je surseois à la parution. » Il donne l'ordre à l'imprimeur de stopper la production. Vingt-cinq mille exemplaires sont mis au pilon.

Pourquoi le ministre de l'Intérieur est-il intervenu directement auprès de First ? L'initiative ressemble à une mesure d'intimidation. Un très proche de Sarkozy, le ministre aux Collectivités territoriales Brice Hortefeux, répond : « Pas du tout. Nicolas est différent. N'importe qui aurait confié cette tâche à quelqu'un d'autre. Lui, il décroche le téléphone et il appelle directement. » Finalement, une version romancée de cette biographie contestée est publiée en février 2006 aux Éditions Fayard. Simple hasard ? Le ministre de l'Intérieur a « invité » également fin 2005 le patron de Prisma Presse à venir le rencontrer dans son bureau. Ce groupe édite notamment *Gala*, où travaille Valérie Domain. Mais aussi *VSD*, qui est également dans le collimateur du ministre de l'Intérieur. Car, quelques semaines plus tôt, *VSD* avait failli publier les photos de Nicolas avec sa compagne journaliste au *Figaro*. Ces clichés avaient été mis à prix 90 000 euros par l'agence Sphinx. Le patron de *VSD* avait signé le bon de commande. Mais l'un des conseillers de Sarkozy, Pierre Charon, avait appelé l'un des responsables de *VSD*. Il prévient : « On ne joue plus avec ça ! » La menace fonctionne. Le bon de commande est déchiré. Le photographe crie à la censure, en vain. Une ambition présidentielle mérite bien quelques entorses aux bonnes manières.

Quelques mois plus tard, la donne a changé. Le 8 juin 2006, Nicolas Sarkozy convoque la presse pour commenter les chiffres de la délinquance. Depuis plusieurs jours, la rumeur court que Cécilia est revenue. Pendant l'intervention de son époux, elle passe une tête rapide, l'air de rien, entre deux portes. À l'issue de la conférence de presse, le couple se prélasse sur la terrasse du ministère. Le ministre saura-t-il rester discret, lui qui avait enjoint les journaux de ne pas évoquer ses déboires conjugaux et promis de ne plus jamais mettre en scène sa vie privée ? Las, comme le disait Pasqua, les promesses n'engagent que ceux qui y croient. Dès la mi-juin, un photographe immortalise les retrouvailles du couple lors d'une escapade à Londres. Les clichés d'une tendresse retrouvée n'ont pas été volés, si l'on en juge par la pose des tourtereaux. Ils sont publiés dans *Paris Match*. Ironie de l'actualité, au même moment, le directeur de la rédaction de l'hebdomadaire, Alain Genestar, est obligé de prendre la porte. La rédaction fera une journée de grève et verra dans cette éviction des raisons politiques. Un an plus tôt, Genestar avait commis un crime de lèse-majesté en publiant la photo de Cécilia et son amant. La vengeance est un plat qui se mange froid.

5

Attaques en justice

Un candidat à l'Élysée peut-il se présenter sans femme à ses côtés ? C'est une question que bien entendu Sarkozy et son entourage se sont posée. Au plus fort de la crise conjugale, des sondages avaient été effectués pour savoir si un candidat pouvait se présenter seul à l'Élysée. Selon des proches du patron de l'UMP, les résultats montraient que les Français étaient très ouverts sur la question. Une certitude en contradiction avec la volonté de mettre en scène les retrouvailles du couple. Cette question doit tarauder aujourd'hui Laurent Fabius, candidat à l'investiture du PS, dont le divorce a été prononcé en 2003. Depuis sa séparation, l'ancien Premier ministre de François Mitterrand ne se morfond pas dans la solitude. Quand il présidait l'Assemblée nationale, entre 1997 et 2000, les huissiers observaient déjà le petit manège d'une jolie femme, un mannequin devenu chanteuse, laquelle venait souvent lui rendre visite. Cependant Fabius n'éprouve pas le besoin de mettre sur la place publique ses conquêtes. C'est son droit le plus strict. Son problème, c'est qu'il n'a pas les moyens d'un Sarkozy pour faire pression sur les rédactions. Il a beau être un ancien Premier ministre de François Mitterrand, cela n'est rien à côté de la peur qu'inspire un ministre de l'Intérieur. Il ne lui reste que la justice pour défendre ses intérêts.

En juillet 2004, l'élu de Normandie est agacé justement. *Paris Match* vient de publier une photo de lui avec une nouvelle amie, qui se trouve être l'épouse d'un élu important du Sud-Ouest. L'image a été volée et la légende n'est pas ambiguë : « Eux aussi vivent un bonheur tout neuf… Pour Laurent Fabius et sa compagne, Paris et ses quais de Seine sont la balade romantique par excellence. » Cette brève est d'ailleurs insérée dans un article intitulé : « En amour, à tout moment, il se passe quelque chose et de nouveaux couples se forment. » Dans ce dossier, l'ancien Premier ministre et sa compagne se retrouvent au milieu d'une cohorte hétéroclite de footballeurs, d'acteurs et de chanteurs.

Informé par avance de l'imminence de la publication, le socialiste avait adressé une mise en garde « circonstanciée » à *Paris Match*. Le magazine avait passé outre. Ennuyé, Fabius dénonce une atteinte à sa vie privée et dépose plainte contre l'hebdomadaire. Les avocats de *Paris Match* défendent le droit d'informer. « Les promeneurs du dimanche ont croisé » l'ancien Premier ministre en cette charmante compagnie, pourquoi les Français ne le sauraient-ils pas ? Peut-être parce que l'amie, qui est une femme mariée, n'a pas engagé de procédure de divorce de son côté. En mai 2005, le tribunal de Nanterre condamne le magazine à 5 000 euros d'amende. Dans leur jugement, les magistrats relèvent que le magazine a diffusé une image « révélatrice d'une relation et de sentiments, accompagnée d'un commentaire de circonstance, qui ne rapporte pas la preuve intrinsèque du caractère informatif du cliché publié ». Le tout « s'inscrit dans une banale rubrique du cœur qu'on ne saurait ériger au rang de l'information politique puisque le plaignant se retrouve exposé à la curiosité d'un public avide de la vie des gens ». En bref, « la société éditrice a outrepassé le droit à l'information ».

Longtemps, Fabius n'a pourtant pas dédaigné la mise en scène de sa « vie privée ». Dès décembre 1981, ministre du Budget, il ouvre les portes de son appartement aux journalistes. Pour leur parler politique ? Non : c'est la naissance de son premier fils, Thomas. On aperçoit le jeune ministre penché sur le berceau de l'enfant en compagnie de son épouse, Françoise Castro. En 1984, nommé à trente-sept ans « plus jeune Premier ministre de France », l'énarque souffre d'une image de dandy distant, ambitieux, technocrate. Il s'efforce de séduire l'opinion en apparaissant plus simple et décontracté. Son épouse est à la manœuvre pour le relooker. Pour les photographes, il traverse la place du Panthéon, où il habite, en charentaises pour aller acheter des croissants à la boulangerie du coin. La stratégie porte ses fruits. Comme il le dira en 1990 à une journaliste du *Nouvel Observateur* : « Lorsque j'étais à Matignon, un sondage avait été réalisé sur le thème : Avec quel homme aimeriez-vous passer la nuit ? Je suis heureux de vous dire que j'étais en tête, très en tête. Avec un score de 30 à 40 % des voix[1]. » En août 1984, *L'Écho des savanes* affiche à sa une un photomontage du chef du gouvernement avec des traces de rouge à lèvres sur le front. Titre : « 22 % des Françaises veulent se le taper. » En juin 2006 au plus bas dans les sondages, le candidat à l'investiture du PS rappellera ce bon temps : « Inévitablement, au cours de mon parcours, ma popularité a varié. Imaginez qu'on a même dit que j'étais l'homme le plus sexy de France.[2] »

En 1986, c'est bien entendu sans l'approbation du couple que *Minute* publie des photos gênantes. L'hebdomadaire d'extrême droite imprime à sa une une photo de Françoise Castro, l'épouse du Premier ministre, seins nus sur une plage. En référé, ce dernier obtient la saisie immédiate du numéro. L'action est purement symbolique, car le journal est déjà en vente dans les kiosques. L'hebdomadaire justifie la publicité donnée à ces clichés impudiques sous le titre : « Les photos qui expliquent pourquoi Fabius étouffe l'affaire

---

1. *Le Nouvel Observateur*, 24-30 mai 1990.
2. *VSD*, 21-27 juin 2006.

Boutboul. » En clair, *Minute* s'efforce de démontrer les liens entre le Premier ministre et Jacques Perrot, époux de la célèbre jockey Darie Boutboul. Cet avocat a été assassiné le 27 février 1986 à la demande de sa belle-mère, mais les journalistes tentent de faire de ce fait divers privé une affaire d'État. Fabius n'a jamais fait mystère de son amitié pour la victime. Les photos montrent simplement les deux couples ensemble en vacances. En fait, *Minute* a saisi ce prétexte pour publier une photo indiscrète. Dans *Le Matin*, Max Gallo dénonce un procédé « abject ». Finalement, l'affaire se solde par un accord transactionnel : le couple obtient 80 000 francs et des excuses publiques.

En 1986, Fabius quitte Matignon après que la gauche a perdu les élections. Nommé président de l'Assemblée nationale, il reçoit la journaliste Isabelle Ellsen, du *Journal du dimanche*, pour un entretien. Dans les jardins de l'hôtel de Lassay, sa résidence officielle, où a lieu l'interview, l'homme politique se détend. Il reconnaît avoir eu durant sa jeunesse « une période agitée » question séduction : « Je me suis beaucoup amusé. Mais maintenant, je suis vieux et ennuyeux. » Isabelle Ellsen décrit un homme « charmant », qui doit se reprendre lorsqu'elle l'interroge sur la séduction : « Quand je veux séduire, enfin quand je voulais... » Fabius a la réputation d'avoir eu un certain succès auprès des filles de l'Ena. Son ancienne compagne, Élisabeth Huppert, sœur de l'actrice, en aurait même conçu un certain agacement.

En 2000, de retour au ministère des Finances, Fabius pose dans *Paris Match* avec son épouse dans les champs de la bastide qu'ils occupent à côté d'Auch, dans le Gers. Le bonheur est dans le pré. L'ancien Premier ministre n'apprécie l'intrusion des médias que s'il y consent.

Un autre candidat à l'élection présidentielle, qui a régulièrement droit à des attaques sous la ceinture, a également pris l'habitude d'en référer aux magistrats. Il s'agit de Philippe de Villiers. Il faut dire que les procédés utilisés à l'encontre du dirigeant du Mouvement pour la France (MPF) ont été pour le moins excessifs, et depuis longtemps. Avant même la présidentielle de 1995, des mains hostiles distribuent dans les casiers des députés de l'Assemblée nationale un mini-journal de quatre pages format A 4 à son propos. Il s'agit d'un montage reprenant certains passages photocopiés d'un livre, *La Femme qui marchait devant*[1], publié par l'une des anciennes collaboratrices de Villiers. Cette dernière explique aujourd'hui : « J'avais écrit une histoire personnelle, comme une romancière. Beaucoup de gens y ont vu des clés que je n'y avais pas mises[2]. » Selon les conseillers du député vendéen, l'agression ne venait pas de gauche, mais bien de frères ennemis. En 2005, pour des raisons de procédure, Villiers échoue cependant à faire condamner l'auteur et l'éditeur d'un livre à thèse, *Nos délits d'initiés*[3], qui entendait relever des contradictions supposées entre les valeurs affichées par l'élu de Vendée et sa vie privée. Mais le patron du M.P.F. ne lâche pas. Il a assigné l'auteur pour l'édition de poche. Le seul moyen, croit-il, d'en finir avec des dénonciations qui n'ont rien d'innocent.

---

1. Françoise Barquin, *La Femme qui marchait devant*, Stock, 1990.
2. Entretien avec les auteurs, 5 octobre 2005.
3. Guy Birenbaum, *Nos délits d'initiés, op. cit.*

6

Le charme de Ségolène

On croirait, vingt ans plus tard, entendre le vieux vinyle de Sardou avec la chanson *Femmes des années quatre-vingt* : ces femmes « ayant réussi l'amalgame de l'autorité et du charme ». Au printemps 2006, la nouvelle star des sondages sait jouer de son autorité et de sa séduction, doublées d'une image de mère de famille soigneusement entretenue. Le fruit d'années d'expérience d'une communication mêlant le politique et l'intime. Mais la dimension sulfureuse de la rupture propre aux affaires de mœurs l'a épargnée. Séduisante tout en préservant son image de mère exemplaire, Ségolène Royal a jusqu'à présent très bien joué. Elle a pourtant pris des risques.

En 1992, la ministre de l'Environnement fait étalage de sa grossesse dans *Paris Match*. Quelques mois plus tard, au lendemain de la naissance de son quatrième bébé, Ségolène récidive : elle convoque les caméras de TF1 et de France 2 et, de nouveau, le photographe de *Paris Match* à la maternité. Elle pose avec sa benjamine dans les bras. Quitte à froisser François Hollande, son compagnon de l'époque, qui est « réticent », selon sa propre formule. Sur la photo, à côté d'elle, il y a aussi ses dossiers, pour prouver qu'on peut être à la fois femme, mère... et ministre. Pendant la décennie qui suit, ministre ou pas, Ségolène a les jambes souvent court vêtues sur les clichés.

La faute aux photographes ? Que l'on sache, ce ne sont pas eux qui choisissent les jupes dans les armoires. Elle prête un grand soin à ses tenues vestimentaires, achetées dans une boutique parisienne chic et chère : « Elle est l'une des premières femmes politiques qui met autant en valeur sa silhouette, souligne une journaliste au *Figaro*. Elle ose des tenues que personne n'a jamais osées. » Même soin pour la gestion de son image. L'un de ses photographes attitrés est Emanuele Scorcelletti, de l'agence Gamma, qui est aussi celui qui a fait poser… Sharon Stone. En décembre 2005, la socialiste fait la une du magazine du *Corriere della sera* en Italie. Le titre : « Je danse seule (en politique). » La photo de couverture, prise par le célèbre Helmut Newton, montre Ségolène dans une position « glamour », la main dans les cheveux. L'auteur de l'article évoque une « belle femme française, délicate et de gauche ». Elle a été élue l'année précédente présidente du conseil général de Poitou-Charentes.

Invitée surprise de la course à la présidentielle de 2007, Ségolène Royal se retrouve tout à coup au centre de l'échiquier politique. La situation est d'autant plus stupéfiante qu'elle est alors la compagne de François Hollande, le premier secrétaire du PS, qui a postulé lui-même à la candidature ! Laurent Fabius ironise en lançant : « Qui va garder les enfants ? » Début 2006, Dominique Strauss-Kahn accuse à demi-mots le patron du PS de favoriser sa compagne. Hollande est obligé de rétorquer qu'il se décidera sur des « critères objectifs », pas sur des « critères familiaux ». Mais, Ségolène le sent bien, il est très difficile de faire comme si. Comme s'il était possible de distinguer sa vie privée de ses choix politiques. Alors celle qui, en septembre 2005, affirme dans *Le Monde* qu'être candidate « n'est pas une question de couple » jure au même moment dans *Le Nouvel Observateur* : « Cela n'est possible que si François me soutient[1]. » Et début 2006, elle déclare au *Financial*

---

1. *Paris Match*, 22 septembre 2005.

Times : « François et moi, nous déciderons ensemble, en couple. » Le problème, c'est que tous leurs désaccords politiques sont interprétés comme des scènes de ménage. Ainsi quand elle dit tout le bien qu'elle pense de la bête noire du PS, Tony Blair. À la mi-février 2006, *Le Monde* publie à sa une un dessin de Plantu intitulé « Saint-Valentin au PS », où l'on voit un Hollande, en pyjama et pantoufles, ouvrant la porte à sa « chérie », de retour de meeting. La Ségolène dessinée lance : « Si je tenais le crétin qui dirige ce parti d'enfoirés[1]. »

Au même moment, la rumeur enfle dans les dîners en ville : le couple serait au bord de la rupture. N'a-t-elle pas passé seule le réveillon de Noël dans un hôtel des Antilles ? Quand le couple a déménagé de Paris à Boulogne, Ségolène n'a-t-elle pas intégré le nouveau domicile familial avec retard ? Un grand classique. En ville, on attribue bien entendu à Ségolène un amant régulier. Ce n'est pas pour la surprendre. En 2004, elle a raconté à des journalistes un épisode désagréable. On l'avait gentiment avisée que son compagnon entretenait de bonnes relations avec une journaliste de *Paris Match*. C'est une consœur de l'intéressée qui avait fait état de ses soupçons. Ségolène ne badine pas sur le sujet. Ni une ni deux, sans attendre, elle a pris les devants. Au téléphone, la ministre a mis la journaliste de l'hebdomadaire en garde : « Lâchez François ! » La journaliste crut d'abord avoir affaire à une plaisanterie. Mais l'interlocutrice n'était pas d'humeur à blaguer. La journaliste se retrouva dans l'étonnante situation de devoir démentir une aventure supposée. La rumeur, en tout cas, parvient aux oreilles de Sarkozy. À son entourage, le ministre de l'Intérieur raconte que Ségolène avait appelé le propriétaire de *Paris Match*, Arnaud Lagardère, pour se plaindre de l'idylle. En matière de pièges, Sarkozy ne connaît pas seulement ceux qu'on lui tend. Comme sa compagne de l'époque travaille au *Figaro*, est

---

1. *Le Monde*, 12-13 février 2006.

une amie de la journaliste de *Match*, il a l'idée d'arranger un dîner à trois. Pour soutirer des informations ? Malgré les demandes réitérées du ministre, la grand reporter du *Figaro* sent venir le coup et refuse.

En 2002, la rumeur a déjà couru aussi d'une liaison entre François Hollande et Anne Hidalgo, adjointe à la mairie de Paris. Flora, la benjamine de Ségolène et François, reçut un coup sur la tête quand des petits camarades de l'école lui lancèrent : « Tu es la fille d'Anne Hidalgo ! » Les deux aînés de cette dernière ont également eu vent de ce bruit. Pour rasséréner les enfants, il faudra un dîner entre les deux couples[1] ! Pour le reste, Ségolène opta pour la technique de la protection rapprochée. Le député de Corrèze dont elle partage la vie est sous surveillance. Elle l'appelle dix fois par jour. En janvier 2006, le couple décide de tenir bon. Est-ce pour combattre ces bruits incessants ? À la fin de juin, lors d'un déplacement en Bretagne, Ségolène Royal confie à des journalistes qu'elle pourrait convoler en justes noces avec François Hollande dès l'été. Trois jours après l'évocation de ce soudain désir nuptial, le couple éteint les feux de l'amour médiatiques. « Ce n'est pas d'actualité », tranche la candidate. « Une simple boutade », complète Hollande. On se dit que décidément, au PS, la politique et la vie privée sont inextricablement liées. Impossible en effet de comprendre le scénario qui se trame à son sommet sans savoir ce que peuvent bien se raconter, dans l'intimité, Ségolène et François. On apprendra quelques temps plus tard que les rumeurs de mésentente au sein du couple étaient bel et bien fondées.

Pendant ce temps, la future candidate doit à la fois défendre son couple, mais aussi son image de femme. Lors de ses interventions à l'Assemblée, il lui est arrivé d'entendre, par le passé, un tonitruant « À poil » sifflé à travers les rangs de l'hémicycle. À un agresseur qui

1. Cécile Amar et Didier Hassoux, *Ségolène et François*, Michel Lafon, 2006.

l'avait un jour insultée en lançant : « Tiens, la vache folle ! », elle rétorqua : « C'est mieux que le vieux cochon ! » À l'automne 2005, quand elle laisse entrevoir sa candidature à l'élection présidentielle, ses camarades du PS se déchaînent. Michel Charasse : « Ce sera comme pour la mère Merkel ! Pan dans le popotin ! » Jean-Luc Mélenchon : « La présidence de la République n'est pas un concours de beauté. » En janvier 2006, l'égérie socialiste apporte son soutien à Michelle Bachelet, future présidente du Chili. La presse locale relate avec ironie les pérégrinations de « Ségo » dans un faubourg pauvre de Santiago du Chili, où elle s'enfonce dans la boue avec ses talons aiguilles. Le chroniqueur du *Monde* Éric Fottorino ne se montre pas moins acide : « Ségolène Royal n'a pas trouvé indécent d'aérer ses escarpins dans les quartiers pauvres de Puente Alto. » La *presidenta* de Poitou-Charentes se vexe. À la descente de l'avion à Roissy-Charles-de-Gaulle, elle apostrophe d'un ton glacial l'un des reporters français qui a suivi le déplacement : « Vous êtes fétichiste[1] ? »

Pourtant, elle fait mine d'être au-dessus des agressions. En novembre 2005 déjà, dans une interview à *Elle* intitulée « Sa réponse aux machos de la politique », elle avait commenté : « Ce n'est pas en politique que le machisme quotidien est le pire. Dans les campagnes électorales, les plaisanteries grasses que nous entendions il y a une quinzaine d'années sont en recul[2]. » Elle concède simplement : « Les femmes politiques continuent de susciter aujourd'hui, chez leurs pairs plus que chez les électeurs d'ailleurs, d'étranges interrogations. » Ségolène connaît les périls qu'il lui faut éviter. Ne passer ni pour une virago féministe, ni pour une séductrice. Ne pas apparaître asexuée comme Arlette Laguiller, ni trop virile comme la ministre de la Défense Michèle Alliot-Marie. Au moment où elle se lance dans

---

1. *Le Parisien*, 13 janvier 2006.
2. *Elle*, 10 novembre 2005.

la campagne électorale, elle réussit l'exploit de passer à la fois pour une femme libre et très attachée à son couple. Nombre d'hommes politiques croient qu'il faut être malheureux en mariage pour faire carrière. Elle, non. Contrairement à ces hommes, elle ne veut rien sacrifier. Et si Mme Royal allait mettre à bas, ainsi, le vieux modèle monarchique français ?

Si Ségolène venait à être élue, exercerait-elle le pouvoir autrement qu'un homme ? À cette question, l'intéressée répondit avec franchise au magazine *Elle* : « Ce serait une première, mais le symbole n'est pas tout. Souvenez-vous de Mme Thatcher... » Un jour, en Conseil des ministres, François Mitterrand avait fait presque la même réponse à Yvette Roudy, ministre des Droits de la femme. Michel Rocard s'en souvient. En substance : « Je constate que les femmes qui ont exercé le pouvoir dans le monde n'ont pas été douces : Margaret Thatcher en Grande-Bretagne, Benazir Bhutto au Pakistan, Indira Gandhi en Inde et Golda Meir en Israël. Êtes-vous sûre qu'elles ont apporté des valeurs plus pacifiantes et moins viriles ? » Sans doute pas. Sans doute est-ce le pouvoir qui change les individus plutôt que l'inverse.

En février 2006, Jacques Chirac et son épouse Bernadette effectuent un voyage officiel en Inde. Celle que l'on a coutume d'appeler « la première dame de France », comme si c'était une fonction, profite d'une promenade sur le Gange pour glisser son avis sur Ségolène Royal : « Ses petits camarades socialistes ne lui feront pas de cadeaux, mais l'heure des femmes a sonné. Regardez Angela Merkel en Allemagne[1]. » La *first Lady*, qui s'est sentie obligée de préciser quelques instants auparavant : « Ce n'est pas moi qui commande à l'Élysée », insiste : « À l'avenir, il y aura de plus en plus de femmes pour commander aux hommes. C'est bien embêtant pour eux, mais c'est ainsi. » Comme on

---

1. *Le Parisien*, 21 février 2006.

sait, Ségolène Royal échouera au second tour de l'élection présidentielle, mais la preuve est faite que le pays change. Par une ordonnance de 1944, les femmes avaient obtenu le droit de vote. Plus de soixante ans plus tard, voilà que les femmes en politique ne sont plus obligées d'être soit les épouses, soit les maîtresses ! Enfin, elles peuvent être des hommes politiques comme les autres... Ségolène Royal va illustrer ce principe à sa manière en congédiant son compagnon quelques semaines plus tard.

HUITIÈME PARTIE

Révolutions de palais

Finalement, Sarkozy est porté à l'Élysée sur le thème de la « rupture ». Le mot d'ordre de la campagne présidentielle va bientôt prendre un sens plus concret, pour le nouveau chef de l'État et sa rivale du second tour...

1

Le départ de Cécilia

« Séparément, tout devient possible. » Il est des slogans de campagne aisés à parodier. Le 18 octobre 2007, à 13 heures 20, l'Élysée fait paraître un communiqué qui officialise une vérité déjà parvenue aux oreilles d'à peu près tous les Français : « Cécilia et Nicolas Sarkozy annoncent leur séparation par consentement mutuel. » L'Élysée a d'étranges pudeurs, en annonçant une « séparation ». C'est un divorce pur et simple, préparé par une avocate renommée.

Il y a une raison. Cécilia consent un peu plus au divorce que Nicolas. Le chef de l'État, lui, aurait voulu que cela dure. Après le retour de son épouse en 2006, il a cru que son couple pourrait renouer avec le bonheur marital. Il a espéré. Il a usé de la méthode Coué. Dans son livre *Témoignage*, publié en juillet 2006, celui qui n'était encore que candidat à l'élection présidentielle écrivait : « Aujourd'hui, Cécilia et moi nous nous sommes retrouvés pour de bon, pour de vrai, sans doute pour toujours. » C'était beau comme un roman à l'eau de rose.

Mais le volontarisme a ses limites et la vie n'est pas une œuvre romantique. Il ne s'en cache guère, Sarkozy apprécie beaucoup l'écrivain Albert Cohen, auteur de *Belle du seigneur*. De ses lectures, le chef de l'État aurait dû se souvenir que le couple si parfait, ce duo harmonieux que constituent Ariane et Solal dans ce chef-d'œuvre, finit par passer de l'autre côté du miroir et par découvrir que la passion idéale était du cinéma pour soi-même. Les tourtereaux du livre interprétaient un rôle d'amoureux…

Justement, Nicolas Sarkozy avait dit que son épouse « jouerait un rôle à l'Élysée ». Personne ne s'était interrogé sur le double sens de l'expression. On avait entendu, alors, qu'elle aurait un rôle, une fonction. Mais peut-être Sarkozy espérait-il, même de manière inconsciente, que son épouse jouerait un rôle, c'est-à-dire qu'elle ferait semblant, comme d'autres anciennes femmes de président. Mais elle ne l'entendait pas de cette oreille. Jouer un rôle était au-dessus de ses forces.

Le 6 mai 2006, Cécilia n'a pas voté. Elle aurait pu se rendre au bureau de vote glisser un bulletin dans l'urne, mais non. Le soir de sa victoire, Sarkozy a traversé Paris en compagnie des deux filles de Cécilia, deux blondes, les téléspectateurs ont compris que la voiture était vide. Au concert, à la Concorde, Cécilia avait l'air triste, le regard vague, tandis qu'Enrico Macias entonnait au micro le refrain « qu'elles sont belles les filles de Sarkozy ! » À ses proches, ce soir-là, elle a confié : « La totalité des femmes rêveraient d'être à ma place et moi je rêve de me tirer… » Paillettes, strass et stress.

Le jour de l'investiture, le 16 mai 2007, le nouveau président de la République admire son épouse en robe Prada, il l'embrasse devant les caméras, fait mine d'effacer sur sa joue une larme, mais la larme n'a pas coulé, et de son côté à elle, on le sait maintenant, le cœur n'y est pas. Le 14 juillet, à la *garden-party*, en public, il chante les louanges de sa femme et de sa belle fille : « Je voudrais dire à Cécilia et Judith qu'elles sont très belles toutes les deux. » Émouvante déclaration. Toute sa vie Sarkozy a rêvé de l'Élysée, et à peine y entre-t-il que sa vie familiale se délite. Le chef de l'État essaie bien de dérider Cécilia, en la faisant profiter des résidences officielles, telles le fort de Brégançon dans le Var ou le pavillon de la Lanterne au château de Versailles, mais rien n'y fait. À ses proches, le président confie pourtant que son principal souci, c'est sa femme. Il espère à nouveau que le spleen s'envolera quand elle joue les *missi dominici* auprès du chef de la Révolution libyenne, Mouammar Kadhafi, dans le cadre de la libération des infirmières bulgares.

Dans un couple, quand le poison du doute a filé dans les artères, trouver l'antidote relève souvent de la gageure. Sarkozy, qui sait si bien haranguer les foules et les faire vibrer, ne saura ni trouver les mots pour sa femme ni lui redonner l'enthousiasme. En juin 2007, au sommet du G8 à Heiligendamm, dans le nord de l'Allemagne, elle sèche le programme officiel des conjointes. Le motif invoqué : elle doit préparer l'anniversaire de sa fille à Paris. Tant de désinvolture surprend dans les cercles du pouvoir. Pendant l'été, alors que les Sarkozy passent de fort onéreuses vacances aux États-Unis, ils sont invités à déjeuner par la famille Bush au grand complet. Le président français arrivera avec pas moins d'une heure de retard. Pour présenter ses excuses à son hôte, Sarkozy invoque une angine blanche que Cécilia aurait contractée... Le lendemain, des témoins la verront en pleine forme, faire des courses...

Le jour du divorce, le communiqué de l'Élysée précise que les ex-époux, qui pourtant se sont tant exposés par le passé, « ne feront aucun commentaire ». C'est peu de dire que Cécilia ne va pas respecter l'injonction. Elle a le devoir, dit-elle, d'expliquer aux Français son choix. Elle raconte à une journaliste : « Ce qui m'arrive est arrivé à des millions de gens : un jour, vous n'avez plus votre place dans le couple. Le couple n'est plus la chose essentielle de votre vie, ça ne fonctionne plus, ça ne marche plus.[1] » Dès les jours qui suivent, elle se confie à *Elle* : « On reste à cause des dorures, des maîtres d'hôtel et des chauffeurs ?[2] » Sous entendu, une *first Lady* vieille école

---

1. *L'Est républicain*, 19 octobre 2007.
2. *Elle*, 22 octobre 2007.

peut rester, mais moi je ne reste pas. Je suis une femme simple : « Moi, ce qui me manque par-dessus tout, c'est aller faire des courses au supermarché avec mon fils Louis[1]. » Pourquoi alors était-elle revenue ? « Je ne voulais surtout pas être un problème pour lui, je voulais être à ses côtés, l'aider à réaliser son ambition[2]. »

À ce moment-là, Cécilia pose aussi pour *Paris Match*, mais elle est une ex-épouse digne. « J'ai un respect immense pour Nicolas », dit-elle à *Elle*[3]. Ailleurs, elle jure que Sarkozy est un homme d'État : « Je pense que la France le mérite et qu'il mérite la France.[4] » Mais ces belles paroles, c'est pour la galerie. En d'autres lieux, Cécilia use de termes moins élégants. Elle livre ses états d'âme à une jeune journaliste, jolie comme un cœur, mais qui n'oublie pas de prendre des notes. Cette journaliste, Anna Bitton, publiera un livre : *Cécilia*[5]. Selon les propos rapportés, Cécilia n'hésite pas à aborder les prétendues escapades de Nicolas Sarkozy.

Nous y revoilà. Comme les autres. Comme ses prédécesseurs. Le poids de l'histoire et de la nature humaine. À la différence près que parfois Sarkozy divorce. Il apparaît qu'avec lui la nouveauté ce n'est pas tant le comportement, non, c'est l'exposition publique. En parlant des frasques de son époux, Bernadette avait ouvert la voie. Le sarkozysme est un chiraquisme poussé à bout.

---

1. *Ibid.*
2. *Ibid.*
3. *Ibid.*
4. *Ibid.*
5. Anna Bitton, *Cécilia*, Flammarion, 2008.

2

François Hollande prié
de « quitter le domicile »

Début 2008, six mois après sa défaite aux présidentielles et l'officialisation de sa séparation avec François Hollande, Ségolène Royal solde les comptes. Assise dans le fauteuil de Michel Drucker pour l'émission *Vivement Dimanche* sur France 2, elle rayonne dans un ensemble noir rehaussé d'un collier éclatant. Un peu raide, mais visiblement libérée, elle revient sur l'épisode de sa rupture personnelle, cette séparation cachée avant que les Français ne se rendent aux urnes. Faussement prude, l'ancienne candidate confie tout simplement n'avoir pas voulu « exhiber » sa « souffrance » pendant la campagne. Si elle n'a pas dit toute la vérité sur le moment, nous dit-elle, ce n'est pas pour dissimuler ses tensions avec le premier secrétaire du PS, oh non, quelle mauvaise langue pourrait susurrer ça, mais pour épargner aux Français un tourment intime : « Ce qui m'a sauvée, c'est de continuer à penser aux Français, qui attendaient que je reste digne, que j'incarne la fonction présidentielle. » La délicate attention.

À demi-mots, Ségolène Royal suggère qu'il lui a manqué une épaule pour trouver du réconfort entre deux meetings épuisants. Laisse-t-elle entendre que même l'épaule de l'appareil politique du PS lui a fait défaut ? En tout cas, à l'heure des règlements de comptes intimes, Ségolène

Royal n'épargne guère son ancien compagnon, le père de ses enfants : « Ce n'est pas grave de changer de vie. Ce qui est insupportable pour moi, ce sont des situations de bigamie qui continuent. » Le terme de bigamie n'est pas neutre. Le vocable est plus violent même que celui d'adultère. Jamais encore en France un homme politique n'a été insulté de la sorte par son « ex ». Qui poursuit : « Ce qui est horrible pour tous ceux qui l'ont connu c'est le manque de vérité, le mensonge. » Et vlan. Elle conclut : « aujourd'hui, c'est cicatrisé ». Psychothérapie en direct. Confessions cathodiques. Audience garantie. La dame de fer du PS s'humanise par la magie de la confidence sur canapé. Du moins le croit-elle. Voilà qui n'est sans rappeler l'exercice dans lequel excelle sans complexe Nicolas Sarkozy. Celui-là même que Ségolène Royal accuse d'en faire trop sur le plan de l'exposition de sa vie privée.

D'ailleurs, au sein du Parti socialiste, ces confidences dignes de la télé réalité ne sont pas du goût de tout le monde. La charge la plus lourde vient d'une femme, Élisabeth Guigou. L'ancienne garde des Sceaux, gardienne des principes, ne mâche pas ses mots : « Je ne suis pas d'accord avec le fait de revenir sur un certain déballage de sa vie privée. Les Français méritent mieux. La politique, ce n'est pas *Les feux de l'amour*. » Scénario à l'eau de rose et acteurs guimauves… Élisabeth Guigou n'aime pas les séries B de la politique : « Pour la gauche, courir sur ce terrain-là, derrière Nicolas Sarkozy, n'est pas très malin. Je pense que nous aurions intérêt plutôt à prendre l'exact contre-pied, y compris sur le style. »

On imagine sans peine l'humeur de François Hollande à l'écoute de l'interview chez Drucker. Mais le Premier secrétaire du PS, qui sait se maîtriser, et qui sans doute se maîtrise souvent trop, répond sur *Europe 1* avec une forme de placidité : « Je pense que sur ces questions qui sont de l'ordre de l'intime, il faut avoir une règle simple, au-delà de la douleur de la séparation. La règle simple, c'est que nous ne pouvons pas mélanger, confondre, la vie politique et la vie personnelle. » Qu'en termes sobres ces choses-là sont dites. Il ajoute que ses difficultés conjugales n'ont pas influé sur la campagne, ce en quoi nous aimerions tant le croire : « Nous avons joué chacun notre rôle et moi, comme premier secrétaire du PS, j'ai joué plus que mon rôle. » Un rôle… Comme dans *Les feux de l'amour*, comme dans les feux de Cécilia et Nicolas à L'Élysée…

Cette rupture n'a pas été sans douleur. Depuis des mois, le couple vivait une crise, jonglant entre les rumeurs du Tout-Paris politique et les démentis maladroits. La femme trompée a donc bouté son compagnon hors du domicile conjugal au moment même où elle accusait le parti de ne pas la soutenir assez pour l'élection présidentielle. Mélange inédit de l'intime et du politique. Il semble que l'horloge des sentiments ait été réglée sur le tempo politique. L'épilogue marital fut annoncé au soir des élections législatives de juin 2007. Quelques jours auparavant, en toute discrétion, Ségolène Royal avait accordé un entretien à deux journalistes, dans lequel elle attaquait François Hollande, à moins qu'il ne s'agisse du premier secrétaire du Parti socialiste, on s'y perd… Annoncée par communiqué, la rupture fut sèche comme une lettre de licenciement : « J'ai demandé à François Hollande de quitter le domicile, de vivre son histoire sentimentale de son côté, désormais étalée dans les livres et les journaux et je lui ai souhaité d'être heureux », explique-t-elle dans le livre *Les coulisses d'une défaite*[1]. Ainsi Ségolène Royal faisait-elle allusion au lien « sentimental » de son compagnon avec une fort belle journaliste d'un hebdomadaire. Celle dont il a déjà été question en 2004.

Depuis, Ségolène Royal a décidé de tracer sa voie. En solo. Désormais, elle avance seule et assume. Un statut nouveau pour une femme politique de son envergure. Un célibat assumé, qui signe une révolution profonde des mœurs de la politique « à la française ». Un célibat que Sarkozy n'a pas assumé très longtemps, c'est le moins que l'on puisse écrire.

---

1. Christine Courcol et Thierry Masure, *Les coulisses d'une défaite*, L'Archipel, 2007.

3

La liberté de Carla

Le 8 janvier 2008, des centaines de journalistes sont amassés dans la salle des fêtes de l'Élysée pour une conférence de presse fleuve. Le clou du spectacle, chacun le sait, ce devrait être l'évocation par Nicolas Sarkozy de sa relation avec la mannequin Carla Bruni. Par l'intermédiaire de ses proches, le chef de l'État a promis qu'il ne se défausserait pas. La journaliste Roselyne Febvre, de France 24, pose très vite la question que tout le monde attend : « Est-ce que vous allez vous marier avec Carla Bruni, et quand ? » À la jolie journaliste, le chef de l'État lance d'abord : « C'est votre côté sentimental et après tout je le suis aussi. » Est-il en train de lui conter fleurette ? Bien entendu non. Encore que le mâle au micro devienne vite ambigu. En s'adressant à la séduisante jeune femme, il ironise : « Votre vie politique a commencé il y a huit mois avec moi, enfin, en tout bien tout honneur... » En tout bien tout honneur, dans le langage courant, cela signifie « je n'ai pas couché avec vous ». Que vient donc faire là cette expression ? Sarkozy aurait-il trahi ses fantasmes par un lapsus que personne n'a relevé ?

Le président de la République promet que la France a changé d'époque. Il dénonce tout de go : « Je n'ai pas voulu mentir et je me suis inscrit en rupture avec une tradition déplorable de notre vie politique. » À quelle tradition fait-il allusion ? Celle de la gaudriole, de la sensualité ? Pas exactement : « Celle de l'hypocrisie, celle du mensonge. » Sarkozy crie haut et fort sa différence : « Avec Carla, nous avons décidé de ne pas mentir. » Sous-entendu, nous ne ferons pas comme François Mitterrand, ce prédécesseur dont les secrets étaient protégés par une « chape de plomb ». « Je ne voulais pas qu'on prenne une photo de moi au petit matin glauque, je ne voulais pas qu'on prenne une photo de moi le soir et je ne voulais pas que sous le manteau, vous décriviez la même hypocrisie. »

Nicolas Sarkozy parle beaucoup pour mieux se taire. À la fin, il précise simplement : « et puis vous l'avez compris, c'est du sérieux ». Du sérieux, en effet. Le samedi 2 février 2008, Nicolas Sarkozy passe la bague au doigt de sa nouvelle fiancée. Le mariage civil se déroule à l'Élysée sans appareils photos, ni caméras, ce qui n'est pas dans les manières du président. Du sérieux ? Les Français n'en sont pas nécessairement convaincus. D'abord, en matière sentimentale, l'ancien maire de Neuilly a fait trop de promesses non tenues. Ensuite, les citoyens commencent à connaître les sincérités successives de Sarkozy. Il n'y a pas si longtemps que l'homme politique affirmait que son épouse, Cécilia, était une partie de lui. Manifestement, il ne lui a pas fallu des lustres pour changer de moitié. L'éternité de l'amour dure ce que durent les beaux jours.

Ce n'est pas Carla Bruni qui dira le contraire. Quelques mois avant de rencontrer le président de la République française, la belle Italienne s'est confiée à Madame Figaro[1]. Elle a parlé de la séduction des phéromones, et de sa conception très libre de la sexualité : « Je m'ennuie follement dans la monogamie. » Au moins c'est clair. « Je suis monogame de temps en temps, mais je préfère la polygamie et la polyandrie. »

---

1. *Madame Figaro*, 15 février 2007.

Selon elle, la période du désir brûlant entre deux êtres ne dépasse pas deux à trois semaines.

Comme elle l'a précisé, pour tromper ses compagnons, Carla a du talent, et de l'expérience : « Comme les hommes, je sais très bien compartimenter. Je sais faire, mais avec un avantage sur eux : ma précision féminine. » Bref, notre cher président s'est amouraché d'une prédatrice qui revendique sa liberté, et jure *urbi et orbi* qu'un homme ne peut la retenir. Jusqu'à présent, les chefs de l'État étaient des bourreaux des cœurs. Ils avaient la maîtrise, n'en faisaient qu'à leur tête, à leur gré. Une collectionneuse dans le lit de l'Élysée, voilà qui met en péril le prestige de la fonction. Pour sauver l'honneur de la République, le chef de l'État saura-t-il domestiquer l'artiste volage ? Ou aura-t-elle raison de lui ?

Épilogue

Sexe, amour et politique. Une trilogie terriblement républicaine… et contemporaine. Quelques mois après la parution de la première version de *Sexus politicus*, deux séparations publiques très teintées de sensualité illustraient la thématique développée au fil des pages. Concomitants, ces deux événements privés semblent sonner le glas d'une spécificité française.

Le modèle du mâle dominant, qui avait parfois une fâcheuse tendance à reléguer les femmes au second rôle, celui de « femme de… », ou pis, de femme alibi, bafouée, malheureuse, en a pris un coup. Les femmes politiques, épouses et compagnes d'aujourd'hui récusent le jeu subtil du pouvoir phallocrate à la française. Plus question d'être les spectatrices passives d'une vie qui ne leur appartient pas. Elles prennent le pouvoir ou le fuient, mais ne se laissent plus faire. Désormais, la raison du cœur l'emporte sur la raison d'État. Une manière d'écrire la parité des sentiments, à défaut de celle de l'exercice du pouvoir.

La devise officieuse du régime, « Libertinage, égalité, fraternité », semble aujourd'hui mise à mal. Notamment parce que les leçons de morale commencent à poindre. À terme, les femmes pourraient-elles s'approprier cette jolie maxime ? On n'en est pas encore à l'avènement d'amazones modernes, ces fantasmatiques guerrières de la mythologie grecques. Mais demain ? En 1949, quand Henry Miller publiait *Sexus*, personne n'imaginait la révolution sexuelle à venir une décennie plus tard. En 2006, lors de la publication de *Sexus politicus*, personne n'imaginait que les fractures intimes s'imposeraient dans le débat public. Dans ce nouveau *soap opera* qu'est la vie politique, suite au prochain épisode.

Remerciements

Les auteurs tiennent à remercier :

David Abiker, Philippe Alexandre, Jean Amadou, Dominique Ambiel, Claude Angeli, Marie-Christine Arnautu, Pierre Arpaillange, Marie-Jo Aucouturier, Clémentine Autain, Jean-Luc Autexier, Roselyne Bachelot, Jean-Paul Baduel, Raphaëlle Bacqué, Frédéric de Baets, Tristane Banon, Françoise Barquin, Philippe Barret, Paul Barril, Michel Bassi, Dominique Baudis, André Bercoff, Yves Bertrand, Florence de Bollardière, Sophie Bottaï, Jean-Claude Bouchoux, Jeannette Bougrab, Sylvia Bourdon, Francis Caballero, Christian Cambier, Véronique Carrion, Jacqueline Chabridon, Marcel Chalet, Michel Charasse, Nicolas Charbonneau, Pierre Charon, Vincent Chatel, Sébastien Chenu, Alain Chouet, Alain Christnacht, Jean-Pierre Cochard, Daniel Cohn-Bendit, Michel Cointat, François Colcombet, Michèle Cotta, Édith Cresson, Évelyne Dassas, Michel de Decker, Jean-Michel Decugis, Jacques Delors, Stéphane Denis, Marianne Derogy, Patrick Devedjian, Christine Deviers-Joncour, Valérie Domain, René Dosière, Pierre Douglas, Philippe Douste-Blazy, Gérard Dubois, Georgina Dufoix, Christian Dulcy, Jean-Claude Elfassi, Pierre des Esseintes, Danielle Évenou, Kathleen Évin, Maurice Faure, Aurélie Filipetti, Olivier Foll, Nicole Fontaine, Dominique Fontvieille, Jacques Fournet, Marc Francelet, Daniel Gamba, Geneviève Gesvres, Franz-Olivier Giesbert, Claude Goasguen, Sylvie Guillaume, Éric Halphen, Brice Hortefeux, Jean-Paul Huchon, Bruno Illouz, Claude Imbert, Bruno Jeudy, Gilles Kaehlin, Georges Knecht (†), Ramzi Khiroune, Norito Kunisue, André Labarrère (†), Alain Lambert, Christian Lançon, Emmanuel de La Pagerie, Jean-

Claude Laumond, Eugénie Lebée, Jo Lécrivain, Roger Le Taillanter (†), Jean Lesieur, Franck Louvrier, Philippe Madelin, Ali Magoudi, Jacques Mailhot, Éric Mandonnet, Anne Mansouret, François Marcantoni, Alain Marsaud, Carl Meeus, Antoine Méléro, Constantin Melnik, Jean-Christophe Mitterrand, Jean-Pierre Mocky, Jean Montaldo, Pierre Moscovici, Jean-Pierre Murciano, Christian Naigeon, Catherine Nay, Frédéric N'Guyen, Christine Ockrent, Robert Pandraud, Charles Pasqua, René Patard, Laurent Payet, Catherine Pégard, Michèle de Perçins, Luce Perrot, Emmanuel Pierrat, Sylvie Pierre-Brossolette, Stéphane Pocrain, Jacques Poinas, Patrick Poivre d'Arvor, Jean-François Probst, Hubert Prolongeau, Patrick Rizzo, Jean Roberto, Michel Rocard, Jean-Luc Romero, Pascal Rostain, Peter Rothenbühler, Jean-Marie Rouart, Patrick Rougelet, Paul Roux, Sylvie Santini, Claude Sarraute, Ilana Schimmel, Patrick Sébastien, Philippe Sollers, Pierre Sorlut, Bernard Stanek, Francis Szpiner, Bertrand Tessier, Denis Tillinac, Pierre Tourlier, Jean-Marc Turc, Daniel Vaillant, Hubert Védrine, Jacques Vergès, Catherine Virgetti, Gérard de Villiers, Pascal Vivet.

Et tous ceux, anonymes, sans qui ce livre n'aurait pas vu le jour.

Sans oublier leur éditeur, Alexandre Wickham.

8661

Composition Nord Compo
Achevé d'imprimer en Espagne
par Blackprint Cpi
le 30 MAI 2011. 64877
EAN 9782290008652
1er dépôt légal dans la collection : mars 2008.
Éditions J'ai lu
87, quai Panhard-et-Levassor, 75013 Paris

Diffusion France et étranger : Flammarion